Die Pyramiden und das Pentagon

1. Auflage September 2014

Titel der amerikanischen Originalausgabe: *THE PYRAMIDS AND THE PENTAGON – The Government's Top Secret Pursuit of Mystical Relics, Ancient Astronauts, and Lost Civilizations*

Übersetzung: Übersetzungsbüro ALDEA, Köln / Angelika Orpin
Umschlaggestaltung: Christine Ibele
Satz und Layout: Agentur Pegasus, Zella-Mehlis
Druck und Bindung: GGP Media GmbH, Pößneck

ISBN 978-3-86445-132-4

FSC www.fsc.org
MIX
Papier aus verantwortungsvollen Quellen
FSC® C014496

Gerne senden wir Ihnen unser Verlagsverzeichnis
Kopp Verlag
Bertha-Benz-Straße 10
D-72108 Rottenburg
E-Mail: info@kopp-verlag.de
Tel.: (0 74 72) 98 06-0
Fax: (0 74 72) 98 06-11

Unser Buchprogramm finden Sie auch im Internet unter:
www.kopp-verlag.de

Nick Redfern

Die Pyramiden und das Pentagon

Die streng geheimen Forschungen von Regierungen und Geheimdiensten zu mystischen Relikten, untergegangenen Zivilisationen und außerirdischen Besuchern

TOP SECRET

KOPP VERLAG

WIDMUNG

Rich Reynolds – einem guten Freund und
einer Stimme der Vernunft

DANKSAGUNG

Aufrichtigen Dank und höchste Anerkennung möchte ich allen bei *New Page Books* und *Career Press* aussprechen, insbesondere Michael Pye, Laurie Kelly-Pye, Kirsten Dalley, Nicole DeFelice, Gina Talucci, Jeff Piasky und Adam Schwartz; ebenso wie allen Mitarbeitern von *Warwick Associates* für ihre hervorragenden Werbe- und PR-Kampagnen. Ganz besonders danke ich meiner Literaturagentin Lisa Hagan für ihre großartige Arbeit und Hilfe.

INHALT

EINLEITUNG

Am Anfang

In dem Film *Jäger des verlorenen Schatzes* aus dem Jahr 1981 mit Harrison Ford als Indiana Jones in der Hauptrolle jagen Nazi-Horden der legendären Bundeslade nach, einer geheimnisvollen Truhe, in der sich angeblich die Zehn Gebote befinden, die Moses auf dem Berg Sinai von Gott gegeben wurden. Da der Bundeslade ebenso gewaltige wie vernichtende Kräfte nachgesagt werden, plant Hitler, sich diese Kräfte nutzbar zu machen, sie gegen alle und jeden einzusetzen, der sich ihm in den Weg stellt, und die Weltherrschaft zu erlangen. Zum Glück läuft es nicht so, wie Hitler will. Nach einem wilden Abenteuer, das ihn von Peru in die Vereinigten Staaten und von Ägypten auf eine Insel in der Ägäis führt, rettet Indiana Jones die Lage, entreißt Hitlers Schergen die Bundeslade, bekommt das Mädchen, und alles nimmt ein gutes Ende. Wirklich denkwürdig sind allerdings die letzten Minuten des Films.

Nachdem die Nazis besiegt sind, wird die Bundeslade in die Vereinigten Staaten gebracht, wo Angehörige des militärischen Geheimdiensts dem erfreuten und zufriedenen Jones versichern, dass das kostbare Artefakt von den besten Experten und Wissenschaftlern sorgfältig untersucht werden wird. Diese Versicherung ist allerdings nichts als eine dreiste Lüge. Es kommt ganz anders. Jones erfährt es nie, aber die Bundeslade wird *nicht* untersucht. Die US-Regierung, die vielleicht befürchtet, sie könne die unglaublichen Kräfte der Lade entfesseln, entscheidet sich für den ihrer Meinung nach klügsten und sichersten Kurs: Die Lade wird in eine hölzerne Kiste verpackt, die ihrerseits sorgfältig und fest versiegelt wird, und in eine sichere Lagerhalle geschafft, wo sie neugierigen Blicken und Nachforschungen entzogen ist. Die Regierung ist entschlossen, dass der Geist gewissermaßen für alle Zeiten in der Flasche bleiben und niemals wieder auf die Welt losgelassen werden soll.

Das Pentagon: Hüter uralter Geheimnisse
(Copyright: Regierung der USA)

Der Film *Jäger des verlorenen Schatzes* war eine höchst unterhaltsame Fiktion und ist es bis heute, 30 Jahre nach seinem Erscheinen. Dass sich die US-Regierung im Verborgenen intensiv in der Erforschung antiker Artefakte, religiöser Reliquien und diverser archäologischer Wunder engagiert, ist dagegen ganz eindeutig *keine* Fiktion. Auf den folgenden Seiten werden Sie mehr über das erstaunliche Wissen offizieller Stellen über die Arche Noah, die Qumran-Rollen, die magische Geschichte von Stonehenge, Berichte über nukleare Auseinandersetzungen in ferner Vergangenheit, die Prophezeiungen der Maya und vieles andere erfahren, ebenso wie über ihre geheime Suche nach der Wahrheit hinter all diesen Phänomenen. Es ist eine abenteuerliche und erstaunliche Geschichte, die Jahrtausende umspannt und uns vom Innersten der Pyramiden bis in die Tiefen des Pentagons führen wird.

KAPITEL 1

ENTDECKUNGEN AM TOTEN MEER

Was wichtige Schlüsselereignisse der Weltgeschichte angeht, so war 1947 ein Jahr von besonders großer Bedeutung. Der Präsident der Vereinigten Staaten Harry S. Truman unterzeichnete den *National Security Act*, der den Weg für die Gründung der *Central Intelligence Agency* (CIA) frei machte. In Höhlen in der Nähe von Qumran, einer antiken historischen Stätte am Westufer des Jordan, wurden die ersten der unschätzbar wertvollen Schriftrollen entdeckt, die später als Qumran-Rollen bekannt wurden. Im Testgebiet von White Sands in New Mexico machten ein paar Fruchtfliegen Geschichte als die ersten Lebewesen, die bis an den Rand des Weltraums vordrangen, nachdem sie in einer erbeuteten deutschen V2-Rakete aus dem Zweiten Weltkrieg ins All geschossen worden waren. Unter großer Anteilnahme begann das Zeitalter der Fliegenden Untertassen, als der amerikanische Pilot Kenneth Arnold neun Luftschiffe von seltsamem Aussehen beobachtete, die in der Nähe des Mount Rainier im US-Bundesstaat Washington unterwegs waren. Und zahlreiche UFO-Forscher sind überzeugt, dass auf dem harten Boden einer abgelegenen Wüstenregion außerhalb von Roswell, New Mexico, ein außerirdisches Raumschiff aufschlug. Einzelne, isolierte Ereignisse in einer sich ständig wandelnden Welt immer neuer Wunder? Oder miteinander in Verbindung stehende Teile eines größeren und uralten Puzzles, gelenkt von den geheimnisvollen Händen der Vorsehung, des Schicksals, eines großen Plans? Die meisten Menschen würden wohl für die erste Alternative plädieren. Aber manchmal irrt die Mehrheit – sogar katastrophal.

Das Geheimnis der Höhlen

Die fast 1000 Qumran-Rollen sind ein wahrer Schatz von frühen Handschriften aus fast allen Büchern des Alten Testaments. Sie stammen größtenteils aus der Zeit von 150 bis 70 v. Chr. Die erstaunliche Geschichte ihrer Entdeckung spielt im Februar 1947, als Muhammad edh-Dibh, damals noch ein Jugendlicher, zusammen mit seinem kleinen Vetter zufällig bei Qumran am Nordwestende des Toten Meers, das im Osten an Jordanien und im Westen an Israel grenzt, eine Reihe von Höhlen entdeckte. Als sie eine der Höhlen näher erforschten, fand edh-Dibh zu seiner Überraschung mehrere antike Texte, säuberlich auf altem Pergament geschrieben. Aufgeregt sammelte edh-Dibh sie ein und rannte mit seinem Vetter im Schlepptau nach Hause in das Beduinenlager seiner Familie, um ihr seine Entdeckung zu zeigen. Es dauerte nicht lange, bis sich die Nachricht von einem ungewöhnlichen Fund verbreitete. Als in und um Bethlehem die Diskussion über die Schriftrollen lebhafter wurde und vor allem, als in den Jahren bis 1956 in elf anderen Höhlen weitere Schriftrollen gefunden wurden, begannen sich die Dinge förmlich zu überstürzen.

Jene Zeiten unmittelbar nach edh-Dibhs Fund waren

ziemlich wild und turbulent. Die Syrisch-Orthodoxe Kirche bekundete entschiedenes Interesse daran, die Schriftrollen zu sehen, ebenso wie Vertreter der *American Schools of Oriental Research*. Interessenten im Vatikan führten Geheimverhandlungen, um einige der Rollen zu erwerben; andere Interessenten aus dem Bereich Biblische Archäologie drängten sich danach, sie zu sehen und zu untersuchen; und einige Wissenschaftler forderten, die Schriftrollen sollten offizieller Kontrolle und Überwachung unterstellt werden, damit sie nicht in alle Welt verstreut, vielleicht gar verloren gehen oder zerstört würden.

Wegen der durch den Arabisch-Israelischen Krieg von 1948 verursachten Turbulenzen wurden die Schriftrollen hastig zur sicheren Verwahrung in den Libanon geschafft. Sechs Jahre später wurden sie zum Verkauf angeboten, schließlich für 250 000 US-Dollar an das Rockefeller-Museum verkauft und nach Jerusalem gebracht. Nach dem Sechstagekrieg von 1967 gelangten die Schriftrollen schließlich in den Schrein des Buches, eine Abteilung des Israelischen Museums in Jerusalem, wo sie sich auch heute noch befinden. Aber es gibt eine weitere Geschichte zu den Qumran-Rollen – voll finsterer Verschwörung und in Szene gesetzt von niemand anderem als der CIA.

Begegnung in der Botschaft

Während in Qumran diese ungewöhnlichen Funde gemacht wurden, kam es in den USA zu historischen Entwicklungen. Bereits Ende 1944 hatte William J. Donovan, der Gründer des *Office of Strategic Services* (OSS), das man wohl als ersten Vorläufer der späteren CIA bezeichnen könnte, sich mit dem Gedanken des ultimativen Nachrichtendienstes getragen. Als zentrale Behörde der Nation sollte er die Informationen sammeln und analysieren, die für die nationale Sicherheit und Verteidigung der USA relevant und unerlässlich waren. Präsident Franklin D. Roosevelt war an dem ehrgeizigen Gedanken höchst interessiert. Solange allerdings der Kampf um den Sieg über Deutschland, Italien und Japan noch andauerte, war Überleben erste Priorität. Erst am 26. Juli 1947, zwei Jahre, nachdem der Frieden in der Welt wiederhergestellt war, unterzeichnete Roosevelts Nachfolger Harry S. Truman den *National Security Act.* Die CIA war geboren.

Schon der Gedanke, die neu gegründete CIA könne eine entscheidende, wenn auch hochgeheime Rolle in der Geschichte um die Qumran-Rollen gespielt haben, klingt mehr als bizarr. Aber in diesem speziellen Fall trifft tatsächlich die alte Redensart zu, derzufolge die Wirklichkeit oft seltsamer ist als die Dichtung. Beispielhaft für die Geschwindigkeit des Aufstiegs der CIA zu einem wichtigen Spieler auf der globalen Bühne ist, dass sie innerhalb weniger Wochen nach ihrer Gründung ihre Fühler sehr weit ausgestreckt hatte. Viele ihrer neuen Mitarbeiter waren zuvor während des Krieges als verdeckte Auslandsagenten des *Office of Strategic Services* (OSS) und der *Central Intelligence Group* (IG) tätig gewesen. Daher waren viele bereits zur Stelle, um das erfolgreiche Wachstum und den Einfluss ihrer neuen Präsenz weltweit sicherzustellen.

Einer der Männer, die in den für die Entwicklung der CIA entscheidenden Jahren eine interessante und bedeutende Rolle spielen sollten – und vorher im *Strategic Services Unit* (SSU) und dem *Counter Intelligence Corps* (CIC) gedient hatten –, war Miles Axe Copeland Junior. 1947 war Copeland in der alten Stadt Damaskus, der Hauptstadt von Syrien, für die Förderung und den Ausbau amerikanischer Interessen tätig. Genauer gesagt, er war CIA-Stationsleiter dort – wahrlich ein hoher Posten. Die Mitarbeiter der *Agency* werden für den Umgang mit Unvorhersehbarem, mit Entscheidungen auf Leben und Tod und mit katastrophalen, eskalierenden Situationen ausgebildet. Aber vielleicht war selbst Copeland unvorbereitet auf die sicher eigenartigste Erfahrung, die er während seines Aufenthalts in der alten Stadt Damaskus machen sollte.

Eines Morgens im Herbst 1947 klopfte ein geheimnisvoller ägyptischer Kaufmann leise an die Tür von Copelands Büro, das unauffällig im Gebäude der US-Botschaft untergebracht war. Der in wallende Gewänder gekleidete und etwas verschlagen wirkende Besucher hatte ein Geschenk mitgebracht: ein sehr altes und etwas brüchiges, aufgerolltes Pergament mit einem Text in einer Sprache, die Copeland nicht kannte. Copeland sah und hörte gespannt und aufmerksam zu, während der Mann das Pergament entrollte und den Zweck seines Besuchs in der Botschaft erklärte: Der Mann erbat die Hilfe amerikanischer Stellen bei der Entzifferung des alten Pergaments. Copeland, dessen Interesse jetzt geweckt war, sah sich das Schriftstück genauer an. Bei der Schrift konnte es sich um Hebräisch oder Aramäisch handeln – da Copeland keines von beiden beherrschte, war er sich nicht sicher. Aber ein Freund und Kollege würde das sicherlich wissen: Kermit Roosevelt, einer der Leiter des *Institute of Arab American Affairs*, ein wichtiger Mann in der Abteilung Mittlerer Osten der CIA, der sowohl Hebräisch als auch Aramäisch fließend beherrschte. Der Ägypter schien zufrieden und erfreut, dass Roosevelt ihm voraussichtlich bei seinen Bemühungen um eine Übersetzung der Texte würde helfen können, machte auf dem Absatz kehrt und verschwand im Gewühl des Damaszener Nachmittags mit dem Versprechen, wiederzukommen. Das tat er nie. Wer auch immer der merkwürdige Besucher wirklich war, er war entschlossen, seine Identität geheim zu halten, nachdem er Copeland seine erstaunlichen Schätze übergeben hatte.

Was auch immer dieses Pergament war und wovon es handelte – Copeland war klar, dass es von großer Bedeutung sein musste. Sofort stieg er deshalb mit zwei Kollegen eilig auf das Dach der Botschaft und entrollte vorsichtig die einzigartige Schrift, um sie zu fotografieren. Zum Entsetzen der Drei blätterten jedoch Stückchen des alten Materials ab und zerfielen. Gleichzeitig kam plötzlich Wind auf. Hilflos musste Copeland zusehen, wie die Daten wie Schneeflöckchen in die verwinkelten Gassen hinuntersegelten. Er durfte keinen Augenblick verlieren. Copeland nahm sich zusammen und fotografierte so schnell und so viel wie möglich von dem, was noch von dem Pergament übrig war. Dann übergab er die etwa 30 entwickelten Fotos und die Originalnegative eigenhändig an Roosevelt, der zu der Zeit in der US-Botschaft in Beirut arbeitete. Roosevelt war genauso fasziniert wie Copeland und versprach, alles genau prüfen zu lassen. Die Reste des Pergaments wurden inzwischen pflichtgemäß in einer Schublade in Copelands Büro aufbewahrt, damit ihnen nichts passierte. Und hier wird die Spur kalt.

Später hörte Copeland leise Gerüchte aus der *Agency*, das Material sei ein Fragment der später als Qumran-Rollen bekannt gewordenen Schriftrollen und beziehe sich direkt auf das Buch des jüdischen Exilanten Daniel aus der hebräischen *Bibel*. Und obwohl Copeland erfuhr, dass der kostbare Text irgendwo im Staatsapparat eingehend analysiert wurde, ließ ihn nie jemand wissen, was die CIA bei der Untersuchung seiner einzigartigen Fotos herausgefunden hatte. Ebenso wenig erfuhr er je, warum er überhaupt von dem rätselhaften Ägypter aufgesucht wurde, der an jenem schicksalhaften Morgen im Herbst 1947 merkwürdigerweise vor seiner Tür gestanden hatte. Und es sollte noch seltsamer weitergehen: Das Originalmaterial, das Copeland sorgfältig in einer Schublade in seinem Büro verwahrt hatte, war eines Tages verschwunden und tauchte nie wieder auf. Fall geschlossen? Keineswegs. Er hatte sogar Berührungspunkte mit einer weiteren Kontroverse: jenen merkwürdigen schwebenden Objekten – den Fliegenden Untertassen –, die im Juni 1947, nur wenige Monate vor Copelands sonderbarem Erlebnis in Damaskus, so spektakulär auf der Weltbühne aufgeschlagen waren.

KAPITEL 2

UNTERTASSEN UND SCHRIFTROLLEN

Aufstieg der Untertassen

Am Nachmittag des 24. Juni 1947 war ein Pilot namens Kenneth Arnold auf der Suche nach einem Flugzeug, das Berichten zufolge an der Südwestflanke des Mount Rainier, eines hohen Gipfels in der imposanten Cascade Range im Bundesstaat Washington, abgestürzt war. »Ich war erst zwei oder drei Minuten auf diesen Kurs unterwegs, als mein Flugzeug plötzlich einen grellen Blitz reflektierte«, begann Arnold seinen Bericht, nachdem die erfolglose Suche nach dem Flugzeug beendet war. »Ich erschrak, weil ich dachte, ich sei einem anderen Flugzeug zu nahe gekommen. Ich suchte den ganzen Himmel ab und konnte nicht sehen, wo die Reflexion hergekommen war, bis ich nach links und nördlich am Mount Rainier vorbeischaute und eine Kette von neun merkwürdig aussehenden Flugzeugen sah, die in etwa 2900 Metern Höhe in nordsüdlicher Richtung und mit Kurs circa 170 Grad zu fliegen schienen« (Arnold, 1947).

Arnold fügte hinzu, die mysteriösen Flugzeuge hätten sich mit hoher Geschwindigkeit dem Berg genähert, und er gestand offen, dass ihre ungewöhnliche Form und Konstruktion ihn verblüfft hatten. »Ich fand es sehr merkwürdig, dass ich an ihnen kein Heck finden konnte«, sagte er, »aber ich hielt sie für eine Art Düsenflugzeug. Je länger ich diese Objekte beobachtete, desto unruhiger wurde ich, denn ich kenne fast alle Flugobjekte, ganz gleich, ob ich in Bodennähe oder in größeren Höhen fliege. Die Kette dieser untertassenförmigen Objekte [war] mindestens acht Kilometer lang. Ich war sicher, dass es nach meiner Landung irgendeine Erklärung für das, was ich da gesehen hatte, geben würde [sic]« (ebenda).

Nur eine gute Woche nach dem Erlebnis, das Kenneth Arnolds Leben verändern sollte, stürzte in der Wüste von Lincoln County, New Mexico, unweit der inzwischen berüchtigten Stadt Roswell etwas Ungewöhnliches auf die Erde. Das Ereignis wurde Thema von Dutzenden von Büchern, amtlichen Untersuchungen durch das *General Accounting Office* ebenso wie durch die US-Luftwaffe, einer Fülle von Fernsehdokumentarsendungen, einem Hollywood-Film namens *Roswell* und umfangreichen Nachforschungen der Medien. Infolge der zugegebenermaßen seltsamen Geschichte häuften sich die Theorien zur Erklärung des Vorfalls. Ein Wetterballon, ein zur Geheimüberwachung sowjetischer Atombombentests eingesetzter Ballon des *Project Mogul*, ein extraterrestrisches Raumschiff, irgendein zwielichtiges Experiment mit japanischen Kriegsgefangenen zur Klärung der Wirkungen des Aufenthalts in großen Höhen, eine Beinahekatastrophe aufgrund eines Unfalls im Zusammenhang mit einer Atombombe, der Absturz einer V2-Rakete mit rasierten Affen an Bord und ein Unglück unter Beteiligung eines frühen Flugzeugtyps, der heimlich von deutschen Wissenschaftlern gebaut worden war, die nach dem Zweiten Weltkrieg in die USA umgesiedelt waren, waren nur einige der Erklärungen.

Was genau auch immer das Objekt war, außergewöhnlich war es auf jeden Fall. Jesse A. Marcel, 1947 Nachrichtenoffizier der *509th Bomb Group* am *Roswell Army Air Field*, der einige der Reste des Objekts an der Absturzstelle auf der Foster-Ranch in Augenschein nahm, berührte und sogar sammelte, sagte darüber Jahre später: »Die Wrackteile lagen über eine Fläche von etwa 1200 Metern Länge und mehreren hundert Metern in der Breite verstreut. Was es war, wussten wir nicht. Wir haben die Bruchstücke einfach aufgehoben. Man konnte [es] nicht biegen oder zerbrechen …, nicht einmal mit einem Vorschlaghammer eine Beule hineinschlagen. [Es] wog praktisch nichts …, wie ein Metall mit den Eigenschaften von Kunststoff« (Moore, 1982).

Das Ereignis von Roswell war geboren und das Zeitalter der Fliegenden Untertassen angebrochen – auf spektakuläre Weise, könnte man durchaus sagen. Und nachdem wir den Ursprung des UFO-Rätsels jetzt geschildert haben, ist es Zeit herauszufinden, was in aller Welt, oder vielleicht auch außerhalb davon, all dies mit dem Interesse der US-Regierung an den Qumran-Rollen zu tun hat. Um dieses Rätsel zu lösen, müssen wir einen Riesensprung vom Zentrum von Damaskus im Jahr 1947 in das Kalifornien der frühen 1990er-Jahre machen.

Gespräche mit einem anonymen Informanten

1991 platzte ein Mann namens Timothy Cooper aus Big Bear Lake, Kalifornien, in die UFO-Forschungsszene und entfesselte eine wütende Debatte. Das war nicht verwunderlich, denn Cooper brachte eine Unmenge höchst brisanter Daten und amtlich aussehender und angeblich streng geheimer Dokumente in die Ufologie. Er behauptete, der kostbare Stapel sei ihm heimlich von einer Reihe anonymer Informanten aus höchsten Kreisen zugespielt worden, die persönlich Kenntnis von einigen der am strengsten gehüteten und beunruhigendsten Geheiminformationen über extraterrestrische Besuche hätten. Die Cooper angeblich zugespielten erstaunlichen Papiere berichteten von geheimen Ermittlungen zu UFO-Aktivitäten und Vorfällen mit abgestürzten UFOs in der Wüste von New Mexico im Jahr 1947. Sie berichteten zudem von einer Gruppe mächtiger Leute im Herzen der US-Regierung – Angehörige der CIA, der *National Security Agency*, des Militärs und einer Menge anderer Stellen –, die beauftragt worden waren, die Wahrheit über die Roswell-Affäre sowie andere sensationelle UFO-Vorfälle und Informationen über Außerirdische zu untersuchen und vor der Öffentlichkeit und den Medien geheim zu halten. Die geheime Gruppe führte angeblich die Bezeichnung MJ12 oder *Majestic 12*.

Einer der faszinierendsten Informanten Coopers war ein Mann, von dem Cooper zunächst nur als Bob sprach. Dieser besonders mitteilsame Informant behauptete Cooper gegenüber in einem persönlichen Interview am 9. September 1991, er (Bob) habe während seiner Stationierung auf der *Holloman Air Force Base* in New Mexico im Jahr 1948 ein längeres Dokument über den Absturz eines unglaublich hoch entwickelten Flugzeugs unbekannter Herkunft im Jahr zuvor, also 1947, zu Gesicht bekommen. Später stellte Cooper das auf den 16. Juli 1947 datierte Deckblatt eines Dokuments zur Verfügung, das er von einem anderen seiner Informanten erhalten hatte. Es trug den Titel »Air Accident Report on ›Flying Disc‹ Aircraft Near The White Sands Proving Ground,

New Mexico« (»Luftfahrtunfallbericht über Flugzeug des Typs ›Fliegende Scheibe‹ beim Testgelände von White Sands«) und bestätigte die Geschichte vom Absturz eines UFOs in New Mexico im Sommer 1947. Da zu jener Zeit das Testgelände von White Sands – das heute *White Sands Missile Range* heißt – einer der geheimsten Orte der USA war und das auch mit Sicherheit bis heute ist (hier arbeiteten unmittelbar nach dem Zweiten Weltkrieg gefangene nationalsozialistische Wissenschaftler jahrelang an Raketen- und Flugkörperprogrammen), verstärkte dieses Dokument den Eindruck, Cooper pflege höchst interessante Kontakte zu Informanten sowohl beim Militär als auch den Nachrichtendiensten.

Im Laufe der Jahre trat Cooper verständlicherweise innerhalb der UFO-Forschung immer stärker in Erscheinung, ebenso wie die komplizierten Einzelheiten seiner langen und verwickelten Geschichte, die mit rasanter Geschwindigkeit immer zahlreicher wurden. 1996 wurde bekannt, dass der Whistleblower-Informant, der Cooper in die Geschichte des UFO-Absturzes von White Sands eingeweiht hatte – der geheimnisvolle Bob – niemand anderes war als sein eigener Vater Harry B. Cooper, der auf eine lange und nachweisbare Karriere beim US-Militär zurückblickte.

Nach Coopers Schilderung beschloss sein Vater, sich ihm anzuvertrauen, als er sah, wie Timothy das erste Buch las, das über die Roswell-Affäre erschien – *The Roswell Incident* von Charles Berlitz und William Moore, das 1980 veröffentlicht wurde. Insgeheim und ausgesprochen vorsichtig erzählte Harry Cooper seinem Sohn nicht nur, dass das Buch von Berlitz und Moore nur die Grundzüge eines wahren und höchst ungewöhnlichen UFO-Vorfalls schilderte. Er fügte auch hinzu, dass er in durchaus verantwortlicher Position im Reprographics-Gebäude in Holloman tätig gewesen sei und persönlich einiges über die Sache wusste. Harry Cooper fuhr fort, bei einer Gelegenheit im Jahr 1948 sei ein gewisser Oberst Paul Helmick – ein früherer Befehlshaber der *Alamogordo Army Air Force* in New Mexico – mit einer an seinem Handgelenk angeschlossenen Aktentasche und flankiert von zwei bedrohlich wirkenden Militärpolizisten mit Maschinengewehren auf dem Stützpunkt erschienen. Offensichtlich waren sehr wichtige Dinge im Gange.

Harry Cooper berichtete, das gesamte diensthabende Personal außer ihm selbst sei angewiesen worden, das Büro zu verlassen, woraufhin Cooper auf ausdrücklichen und strengen Befehl Helmicks in mühsamer Kleinarbeit zehn Kopien des besagten Dokuments anfertigte. Eine Reihe von Fotos, die der Bericht enthielt und die angeblich ein 1947 in der Wüste bei White Sands abgestürztes UFO zeigten, wurden ebenfalls kopiert. Es ist nicht weiter verwunderlich, dass Cooper angewiesen wurde, alles gerade Gesehene zu vergessen, wenn er wisse, was gut für ihn sei, und sich für den Rest seiner Karriere darauf zu konzentrieren, ein anständiger Soldat zu sein. Cooper wusste sehr genau, was gut für ihn war, und tat exakt, wie ihm geheißen – jedenfalls, bis er sich schließlich Jahrzehnte später entschloss, seinen Sohn einzuweihen, vielleicht weil diese tiefen und ungeheuerlichen Geheimnisse seinem Gewissen keine Ruhe ließen.

Aufgrund der Kenntnis der verblüffenden Geschichte seines eigenen Vaters und der faszinierenden Sammlung von Unterlagen, die ihm seine kosmischen Wistleblower zugespielt hatten, erfuhr Timothy Cooper allerdings noch etwas anderes, und zwar etwas sehr Erstaunliches. Etwas, das sogar das Potenzial hatte, die Grundfesten von Geschichtsschreibung und Religion unwiderruflich ins Wanken zu bringen. Und es führte geradewegs zurück zu den Anfängen der CIA und zu den Qumran-Rollen.

Schriftrollen in der Untertasse

Die sensationellste Enthüllung im Zusammenhang mit dem Absturz der seltsamen Flugmaschine in dem von Bergen umgebenen White Sands im Jahr 1947 war nach Timothy Coopers Bericht die Tatsache, dass das mit der Bergung des Flugzeugs beauftragte Militärpersonal mit aller Vorsicht die Überreste einer uralten hebräischen *Bibel* aus dem Wrack rettete. Sein Vater hatte ihm gesagt, dass das kostbare Artefakt heimlich an einige ausgewählte und vertrauenswürdige Wissenschaftler in *Harvard* weitergegeben wurde, die – als Experten mit Kenntnissen der hebräischen Sprache bis zurück in ihre Anfänge – mit der Aufgabe betraut wurden, eine Übersetzung dieses komplexen Texts zu versuchen, was ihnen den Berichten nach nur teilweise gelang.

Einer derjenigen, die angeblich in *Harvard* das Material untersuchten, war ein Experte für Hebräisch namens William Foxwell Albright. Über die am Toten Meer gefundenen Qumran-Rollen hatte Albright John C. Trever (einem Mitarbeiter der *American Schools of Oriental Research* in Jerusalem und Verfasser von *The Untold Story of Qumran*) bemerkenswerterweise mitgeteilt, sie seien der »großartigste Manuskriptfund der Neuzeit, auf jeden Fall der wichtigste biblische Fund«. Albright, der unter anderem Bücher wie *The Archaeology of Palestine* und *The Biblical Period from Abraham to Ezra* veröffentlicht hatte, sei einer der besten und sicherlich einer der begeistertsten Mitarbeiter gewesen, den man für die Analyse des angeblichen Fundes von White Sands hätte rekrutieren können (Cook, 1994).

Aber, so sagte man Cooper, die Leute in *Harvard* hatten nach Jahren intensiver, geheimer Analyse immer noch große Schwierigkeiten bei der Entzifferung des Textes. Im Jahr 1955, so erfuhr Cooper, wurde daher die alte *Bibel* an einige der führenden Codebrecher und Sprachexperten der Nation in der *National Security Agency* (NSA) in Fort Meade, Maryland, weitergegeben, die darauf brannten, die nächste Stufe der Ermittlungen anzugehen.

Einer von Coopers Informanten ließ ihn – unter dem Pseudonym Thomas Cantwheel – wissen: »Es wurde bestätigt, dass die hebräische *Bibel* der lang gesuchte Schlüssel zum Verständnis extraterrestrischer UFO-Sichtungen ist, und diese Information wurde bereits 1949 dem Vatikan mitgeteilt.« Außerdem fügte Cooper hinzu, seine Informanten hätten ihm mitgeteilt, das in dem abgestürzten UFO gefundene Manuskript sei in einer proto-hebräischen Sprache verfasst. William F. Friedman (ein berühmter Codebrecher, der 1952 leitender Kryptologe der NSA war) und Lambros D. Callimahoes (ein Kollege und späterer Nachfolger von Friedman, der für die NSA einige Schriften zum Thema UFOs verfasste, die inzwischen unter dem *Freedom of Information Act* verfügbar sind) hielten es für ungeheuer alt und keineswegs leicht zu verstehen oder zu interpretieren (Cantwheel, 1996).

Drei Dinge standen allerdings fest: 1) die übersetzten Teile der 1947 in New Mexico gefundenen *Bibel* bildeten eine genaue Ergänzung zu einigen Informationen in den *ebenfalls* 1947, aber auf der anderen Seite der Erde entdeckten Qumran-Rollen, 2) die Seiten des Buches enthielten Geheimnisse, die die Religion infrage stellten und vermuten ließen, dass zahlreiche frühe Schilderungen von erstaunlichen Wundern, Engelserscheinungen, Dämonenaktivität, seltsamen Visionen und Träumen sowie Erscheinungen am Himmel des Nahen Ostens mehr mit den Taten hochtechnisierter Präastronauten zu tun hatten als mit den übernatürlichen Reichen von Himmel, Hölle, Gott und Teufel, und 3) der US-Staatsapparat investierte eine Menge Zeit in die Analyse der in dem geborgenen *Bibel*-Exemplar enthaltenen Informationen zum Buch Daniel.

Letzteres ist an sich schon sehr faszinierend, da das Buch Daniel – auf das, den Berichten zufolge, in dem an den CIA-Agenten im Herbst 1947 übergebenen Material häufig Bezug genommen wurde und das auch in mehreren der nachweisbaren Qumran-Rollen beschrieben wird – voll ist von Daniels bizarren und unheimlichen Visionen und Träumen. Viele davon hatte er während der Zeit, die er in Babylon am Hofe des sagenhaften Königs Nebukadnezar II. verbrachte, der sich von Daniel seine eigenen Träume und Albträume deuten ließ.

Schriftrollen und Untertassen in White Sands
(Copyright: Nick Redfern)

Führende Persönlichkeiten der NSA zogen daraus den drastischen Schluss, dass die tragenden Elemente der Weltreligionen möglicherweise nichts anderes waren als verzerrte Berichte über frühe Besuche von rätselhaften Reisenden aus den Tiefen entfernter Galaxien und dass dies irgendwie aus dem Material über die Daniel-Legende deutlich wurde, das in der in White Sands geborgenen Fliegenden Untertasse gefunden worden war. Es ist daher nicht weiter erstaunlich, dass man zu dem Schluss kam, dass diese Geschichte – und ihre Verbindung mit den Qumran-Rollen – *unter gar keinen Umständen* einer breiten Öffentlichkeit zu Ohren kommen durfte.

Geheime Wahrheiten versus verrückte Fantastereien

Die große Frage, die sich aus dem bisher Gesagten ergibt, ist: Wie viel von diesen außergewöhnlichen und zweifelsohne zu Kontroversen Anlass gebenden Informationen ist nachprüfbar? Ist irgendetwas davon nachprüfbar? Die Existenz der Qumran-Rollen bestreitet sicher niemand; schließlich sind sie eine historische Tatsache. Ebenso hat Miles Copeland – der 1991 starb – offiziell und freimütig mehrfach davon gesprochen, dass er anscheinend mit einem Teil der Qumran-Rollen zu tun hatte, und bestätigt, dass dies während seiner Zeit bei der CIA in Damaskus stattfand und die *Agency* eindeutig Interesse an den Schriftrollen zeigte. Ohne Zweifel war zudem die ganze Angelegenheit, wie sie von Copeland berichtet wird, höchst mysteriös, mit einem heimlichen Besucher, verschwundenen Papieren und einmaligen Fotos, die bis heute nicht aus den undurchdringlichen Archiven der CIA aufgetaucht sind. Ja, Kenneth Arnold hat 1947 tatsächlich am Himmel über dem US-Bundesstaat Washington etwas Seltsames gesehen. Und ganz sicher ist nur eine Woche nach Arnolds Erlebnis irgendeine fliegende Maschine, deren Art und Herkunft der US-Regierung anscheinend bis heute

Kopfzerbrechen bereiten, bei Roswell, New Mexico, auf die Erde gestürzt.

Aber was sollen wir von Timothy Coopers erstaunlicher Geschichte halten, die abgestürzte Fliegende Untertassen mit den Qumran-Rollen in Zusammenhang bringt? Sicher kann man darüber streiten, aber 2004 gelang es mir, vom *National Personnel Records Center* (NPRC) in St. Louis, Missouri, Kopien der offiziellen Militärpapiere seines Vaters zu bekommen. Aus ihnen geht hervor, dass Harry Cooper vom 26. September 1941 bis zum 24. Dezember 1945 im *Marine Corps* und vom 11. Oktober 1947 bis 13. Juli 1960 in der Luftwaffe diente. Während der zweiten Dienstzeit war Cooper 1948 in Holloman, New Mexico, stationiert und später auf der *March Air Force Base* in Kalifornien und im Stützpunkt Wiesbaden in Deutschland, seinem letzten Dienstort. Harry B. Cooper starb am 2. September 2000 und wurde auf dem *Riverside National Cemetery* in Kalifornien begraben.

Hatte Cooper Zugang zu echten Informationen und Dokumenten? Bestanden sie aus Täuschungen und Lügen, die mit einer großzügigen Portion Wahrheit vermischt worden waren, um Cooper bei seinen UFO-Forschungen zu verwirren und zu verblüffen? Hat er, wie manche glauben, das Ganze selbst gefälscht? Oder hat Cooper vielleicht vollkommen echte Daten erhalten, die aber so präsentiert wurden, dass er keine Repressalien seitens der US-Regierung zu befürchten hatte, falls er beschließen sollte, mit seiner erstaunlichen Story an die Öffentlichkeit zu gehen? Interessanterweise behaupten Coopers eigene Quellen, dass genau das letzte Szenario das richtige sei.

Am 29. Februar 1996 erhielt Cooper einen letzten denkwürdigen Brief von dem schemenhaften Thomas Cantwheel. Er war genau eine Woche vorher datiert und begann mit den dramatischen, aufrüttelnden Worten: »Lieber Mr. Cooper, wenn Sie diesen Brief erhalten, bin ich nicht mehr auf dieser Welt. Ich habe Krebs und nicht mehr viel Zeit.« In demselben Brief lieferte Cantwheel noch weitere Informationen über das, was ihn angeblich dazu bewogen habe, mit Cooper zu sprechen. Zudem enthüllte er eine erstaunliche Tatsache: dass es sich nämlich bei dem Material, das er an Cooper weitergegeben habe, nicht um echte, offizielle Dokumente gehandelt habe. Fälschungen seien es aber auch nicht gewesen. Vielmehr seien die Dokumente, wie Cantwheel vorzog es auszudrücken, »Konstrukte« gewesen (Cooper, 1996).

In seiner letzten Botschaft an Cooper erklärte Cantwheel genauer, was er unter »Konstrukten« verstand: »Es gäbe noch vieles über die Entdeckungen von 1947 in New Mexico zu berichten, an denen ich selbst beteiligt war, aber das Grab ruft mit allem Nachdruck und wartet nicht länger. Was die Dokumente angeht, so muss ich annehmen, dass Sie sie inzwischen von den sogenannten ›Experten‹ prüfen ließen und bemerkt haben, dass einige offensichtlich gefälscht waren. Das tut mir leid. Die übrigen waren *Xerox*-Kopien von Originalen. Diese stammten aus meinen persönlichen Akten« (ebenda).

Allerdings seien die Dokumente nicht gefälscht worden, um Cooper zu täuschen, versicherte ihm Cantwheel. Ganz im Gegenteil hätten sie Cooper bei der Suche nach der Wahrheit hinter dem UFO-Rätsel helfen sollen: »Was die Art betrifft, auf die sie Ihnen übermittelt wurden, so war es notwendig, sie in einer Form zu konstruieren, die Sie vor Strafverfolgung schützte. Ich versichere Ihnen jedoch, dass die Namen, Daten und Orte korrekt sind. Ich denke, ich habe Ihnen genug Anhaltspunkte geliefert, um wertvolle Informationen zu finden, die in jeder Bibliothek verfügbar sind. Ich hoffe, Sie denken nicht schlecht von mir, weil ich Sie so lange in die Irre geführt habe. Ich glaube, dass die

Dienste zu gegebener Zeit gezwungen sein werden, der Öffentlichkeit mehr nachrichtendienstliche Dossiers über UFOs zugänglich zu machen. UFOs werden nicht verschwinden, sie werden sogar noch häufiger kommen« (ebenda).

Dass die Cooper zur Verfügung gestellten Informationen in einigen Punkten verfälscht waren, um ihn für den Fall einer Eskalation vor der Strafverfolgung durch die US-Regierung zu schützen, könnte erklären, warum 1986 ein UFO-Forscher namens William Steinman eine sehr ähnliche Geschichte über ein in einem abgestürzten UFO gefundenes antikes Pergament veröffentlichte. Steinmans Insiderquellen erklärten allerdings, der Absturz habe 1948, nicht 1947 stattgefunden. Außerdem habe er sich nicht auf dem Testgelände von White Sands abgespielt, wie man Cooper mitgeteilt hatte, sondern auf einem Tafelberg unmittelbar außerhalb des Städtchens Aztec im Norden des Staates New Mexico. Vielleicht wurde Steinman mit einem ähnlichen Paket verzerrter Informationen versorgt wie Cooper. Vielleicht werden wir das alles nie wissen, bis auf eines: Sowohl Steinman als auch Cooper scheinen Adressaten relativ umfangreicher und detaillierter Informationen zu abgestürzten UFOs und den Qumran-Rollen gewesen zu sein, die irgendjemand im Staatsapparat unbedingt öffentlich machen wollte. Der pseudonyme Thomas Cantwheel ist – wie alle Informanten Coopers – wieder in dem schattenhaften Dunkel verschwunden, aus dem er ursprünglich aufgetaucht war.

KAPITEL 3

Geheimnisse der Arche Noah

Tiefe Wasser

In der *Bibel* heißt es im Buch Genesis: »Da sah Gott auf die Erde, und siehe, sie war verderbt; denn alles Fleisch hatte seinen Weg verderbt auf Erden. Da sprach Gott zu Noah: Alles Fleisches Ende ist vor mich gekommen; denn die Erde ist voll Frevels von ihnen; und siehe da, ich will sie verderben mit der Erde« (Genesis 6, 12–13).

Aber nicht alle sollten ausgelöscht werden. Die alte Legende besagt: Gott hatte große, historische Pläne mit Noah, den die *Bibel* als Enkel Methusalems, des ältesten je in der *Bibel* erwähnten Menschen bezeichnet. Noah erhielt von Gott den Befehl: »Mache dir einen Kasten von Tannenholz und mache Kammern darin und verpiche ihn mit Pech inwendig und auswendig. Und mache ihn also: 300 Ellen sei die Länge, 50 Ellen die Weite und 30 Ellen die Höhe. Ein Fenster sollst du daran machen obenan, eine Elle groß. Die Tür sollst du mitten in seine Seite setzen. Und er soll drei Boden haben: einen unten, den andern in der Mitte, den dritten in der Höhe« (Genesis 6, 14–16).

Der Grund für Gottes Entscheidung, Noah die riesige, mächtige Arche bauen zu lassen, wurde im weiteren Verlauf erschreckend klar. Gott selbst, so wird uns berichtet, sprach mit Donnerstimme: »Denn siehe, ich will eine Sintflut mit Wasser kommen lassen auf Erden, zu verderben alles Fleisch, darin ein lebendiger Odem ist, unter dem Himmel. Alles, was auf Erden ist, soll untergehen« (Genesis 6, 17).

Noah allerdings sollte von Gottes Zorn sowie der von ihm geplanten Vernichtung des gesamten Lebens durch die Sintflut verschont bleiben: »Aber mit dir will ich einen Bund aufrichten; und du sollst in den Kasten gehen mit deinen Söhnen, mit deinem Weibe und mit deiner Söhne Weibern. Und du sollst in den Kasten tun allerlei Tiere von allem

Noah bereitet sich auf die Sintflut vor.
(Gemälde von Edward Hicks, 1846)

Fleisch, je ein Paar, Männlein und Weiblein, dass sie lebendig bleiben bei dir. Von den Vögeln nach ihrer Art, von dem Vieh nach seiner Art und von allerlei Gewürm auf Erden nach seiner Art: von den allen soll je ein Paar zu dir hineingehen, dass sie leben bleiben. Und du sollst allerlei Speise zu dir nehmen, die man isst, und sollst sie bei dir sammeln, dass sie dir und ihnen zur Nahrung da sei« (Genesis 6, 19–20).

Das ist der Ursprung der inzwischen weltberühmten Geschichte von der Arche Noah, die darin gipfelte, dass Noah selbst, seine Familie und seine ganze riesige Menagerie die 40 Tage und Nächte der Katastrophe im sicheren Rumpf der Arche überlebte. Danach, so wird berichtet, kam das riesige Schiff ebenso wie die wilden tobenden Wasser zur Ruhe. Die Geschichte ist zweifelsohne umstritten, besonders, wenn man bedenkt, dass sogar unter Theologen erhebliche Uneinigkeit über den Ursprung und das Wesen der Geschichte herrscht und sogar über den Ort, an dem die Arche letztlich strandete. Die Mehrzahl der Christen nimmt heute an, dass er sich irgendwo hoch an den kalten Hängen des Arafat in der Türkei befindet.

Die anderen Sintfluten

Es ist erwähnenswert, dass Flutlegenden in den Geschichten, Volksüberlieferungen und Mythologien vieler verschiedener Kulturen in der ganzen Welt eine Rolle spielen; sie sind keineswegs auf die christliche Lehre oder auch nur auf den Ararat und seine Umgebung beschränkt. Das beweisen die Erzählungen von großen Fluten, die in ferner Vorzeit die Erde überschwemmten und zerstörten, die sich in so unterschiedlichen Gegenden beziehungsweise Ländern wie Wales, Schweden, Dänemark, Norwegen, Finnland, Griechenland,

Korea, China, Argentinien, Bolivien, Peru sowie bei einer ganzen Reihe nordamerikanischer Indianerstämme finden. Und die Geschichten weisen im Kern eine erstaunliche Ähnlichkeit auf.

Die hinduistische Lehre berichtet von dem mächtigen Manu, dem ersten Brahmanenkönig, der über unsere Erde geherrscht haben soll und in der Frühzeit der menschlichen Zivilisation die Menschheit aus der Gewalt einer alles zerstörenden Flut rettete. In dieser Geschichte ist der Landeplatz des riesigen Schiffes, das Manu (nicht Noah) gebaut hatte, allerdings nicht der Ararat, sondern die Berge von Malaya, die heute als Western Ghats bezeichnet werden, eine lange Gebirgskette im Westen Indiens.

Auch das sumerische *Gilgamesch-Epos* – das ausführlich auf einem Dutzend großer Tafeln aus der Bibliothek des assyrischen Königs Assurbanipal niedergeschrieben ist, der im siebten vorchristlichen Jahrhundert herrschte – hat seine eigene Legende von einer Flutkatastrophe. Die Tafeln entstanden um das Jahr 650 v. Chr., aber sie erzählen eine Geschichte, die vermutlich viel, *viel* weiter zurückliegt. Frank Lorey behauptet von den Tafeln, sie enthielten »wenig von Wert für Christen«, weil ihr Schwerpunkt auf »polytheistischen Mythen, wie sie für die heidnischen Völker jener Zeit typisch waren«, liege (Lorey, 2011).

Dennoch sind die deutlichen Parallelen zur Geschichte der Arche Noah ebenso ausgeprägt wie unverkennbar. Im *Gilgamesch-Epos* baut ein Mann namens Utnapischtim ein riesiges Schiff, auf dem er, seine Familie und viele Tiere eine verheerende weltweite Flut überleben. Klingt bekannt? Die amerikanischen Indianer haben ihre eigene Geschichte von einer Flut. Sie glauben, dass die Menschen, nachdem sie bei dem großen Manitu (einer indianischen Schöpfergestalt, deren Name je nach Stamm unterschiedlich geschrieben wird) in Ungnade gefallen waren, mit riesigen Überschwemmungen gestraft wurden, die einen Großteil der auf der Erde lebenden Geschöpfe, Menschen ebenso wie Tiere, auslöschte.

Die Geschichten von Sintfluten scheinen also bis zu einem gewissen Grad auf historischer Realität zu beruhen. Kulturelle Vorstellungen, lokale Traditionen, religiöse Präferenzen und Vorurteile haben jedoch mit Sicherheit eine Trennung der Realität von Fiktion und der Übertreibungen von den Verzerrungen der über viele Jahrhunderte mündlich weitergegebenen Überlieferung ungeheuer erschwert. Dass es allerdings in der Vergangenheit riesige Fluten *gab* – und vielleicht solche mit katastrophalen und dauerhaften Auswirkungen auf riesige Landmassen und ganze Populationen –, ist kein bloßes Märchen. Es ist albtraumhafte Wirklichkeit.

1997 trugen Walter Clarksen Pitmann III., ein emeritierter Professor und Geophysiker an der *Columbia University*, und ein Geologe namens William Ryan die Theorie vor, die Geschichte der biblischen Sintflut sei möglicherweise schon 5600 v. Chr. im Gefolge einer größeren Überschwemmung des Schwarzen Meeres entstanden, an das auch die Türkei mit dem Ararat grenzt. Dann gibt es die Erkenntnisse von Bruce Masse, einem Ökoarchäologen am *Los Alamos National Laboratory*, und seine Theorie, dass möglicherweise vor etwa 5000 Jahren ein riesiger Komet – mit verheerender Gewalt – vor der Küste von Madagaskar einschlug und gigantische Flutwellen auslöste, die Tod und Verderben von schier unvorstellbaren Ausmaßen mit sich brachten und die Entwicklung von Flutlegenden eben jenes Typs, wie wir sie heute kennen. Dass sich in anderen Teilen der Welt vor Jahrtausenden ähnliche Ereignisse zugetragen haben mögen, kann zur Entstehung ähnlicher Schilderungen von gewaltigen Überschwemmungen beigetragen haben. In einem wichtigen Punkt unterscheidet sich die Geschichte der Arche

Noah allerdings von allen anderen bekannten Flutlegenden: in dem intensiven Interesse, mit dem die US-Regierung die Kontroverse insgeheim verfolgte.

Die Arche auf Film

Am Morgen des 17. Juni 1949 stieg unauffällig eine Crew der US-Luftwaffe in einer geheimen und heiklen Mission von einem Militärstützpunkt in Europa auf. Der Plan war, eine beunruhigende Verstärkung sowjetischer Militäreinrichtungen und Waffen nahe der türkischen Grenze fotografisch zu dokumentieren, von der die amerikanischen Dienste erfahren hatten. Der geheime Flug sollte die Crew über den riesigen, fast 5200 Meter hohen, schneebedeckten Ararat führen – was sich als ein historisches Erlebnis herausstellen sollte, das das Leben der Männer an Bord des Flugzeugs veränderte und insgeheim seitdem die besten Köpfe des Pentagons, der CIA, des Militärs und vieler anderer Nachrichtendienste beschäftigt.

Als sie eine Höhe von etwa 4250 Metern erreicht hatten, sah der Cheffotograf an Bord zu seinem Erstaunen etwas, das wie eine Art riesenhaftes, raffiniert konstruiertes Fahrzeug aussah – anscheinend nicht weniger als 150 und vielleicht sogar 180 Meter lang –, das teilweise aus der dicken Eisschicht herausragte, die einen Großteil der Südwestflanke des Ararat bedeckt. Die Crew war ebenso verdutzt wie fasziniert und brachte in gemeinsamer Anstrengung das Flugzeug eilig in eine andere Position, um das ungewöhnliche Objekt besser sehen zu können, was ihnen auch eindeutig gelang. Der Pilot flog geschickt, wenn auch vorsichtig näher heran, während die anderen Männer sich an die Fenster drängten und die Hälse reckten, um aus der Nähe einen

Blick darauf werfen zu können. Während sie das noch taten, rief einer von ihnen plötzlich, er könne nicht weit entfernt auf der anderen Seite des Ararat etwas sehen, das wie ein ganz ähnliches und genauso riesiges Objekt aussähe.

Es war kaum zu glauben, aber als der Pilot daraufhin wendete und seine Aufmerksamkeit diesem zweiten Rätsel zuwandte, konnten alle an Bord erkennen, dass es der Tragfläche eines Flugzeugs ähnelte, die in der dicken Eis- und Schneeschicht feststeckte. Aber wenn es tatsächlich eine Tragfläche war, gehörte sie ganz sicher nicht zu einem gewöhnlichen Flugzeug. Der Größe nach übertraf sie bei Weitem alles, was die Amerikaner oder die Russen damals flogen. Die Tragfläche, wenn es denn wirklich eine war, war *riesig*. Sofort wurden Fotos gemacht, die – wenig überraschend – alsbald unter dem Siegel von Geheimhaltung und Staatsräson auf Jahrzehnte in den finsteren Tiefen des Staatsapparats verschwanden. Damit hatte die geheime Untersuchung der Arche Noah und des mysteriösen Berges durch die US-Regierung begonnen. Aber es sollte nicht lange dauern, bis es weitere, ungewöhnliche Entwicklungen in dieser Angelegenheit gab.

Drei Jahre später sah ein Mann namens Bill Todd, der damals im US-Militär in der Türkei diente, ebenfalls auf dem Ararat ein riesiges, teilweise von Schnee und Eis verdecktes Objekt. Der rätselhafte Gegenstand habe ihn an ein großes, rechteckiges, schiefergraues Schiff erinnert, so lautete Todds aufschlussreiche Schilderung. Dann ist da noch die Geschichte von Oberstleutnant Robert Livingston. Im Jahr 1954 war er vorübergehend auf der *Wright-Patterson Air Force Base* stationiert, in einer Außenstelle des *Topographic Engineering Center*, dessen Zentrale Operationsbasis sich in Fort Belvoir, Virginia, befand. Livingston, der von 1948 bis 1972 in Fort Belvoir diente – und bis zum Leiter der Außenstelle aufgestiegen war –, war bereits über 80 und schon lange pensioniert, als er verriet, dass in *Wright-Patterson* eines Morgens im Jahr 1954 ein ihm unbekannter Hauptmann der Luftwaffe ihm ein einzelnes Foto ins Büro brachte, das angeblich von einem Attaché an der US-Botschaft in der Türkei stammte und von der Crew eines Militäraufklärungsflugzeugs der USA aufgenommen worden war.

Livingston erinnerte sich, dass auf dem Foto deutlich ein längliches, rechteckiges Objekt mit dunklem Umriss erkennbar war, das anscheinend unter einer Eisschicht lag. Er und sein Team wurden von dem Oberst angewiesen, die Größe dieser ungewöhnlichen Formation zu bestimmen, was sie nach einer etwa einstündigen Untersuchung des Fotos auch taten. Der Hauptmann nahm die Fotografie daraufhin wieder an sich, dankte den Männern und ging – und wurde nie wieder gesehen.

Aus mittlerweile freigegebenen CIA-Akten geht hervor, dass zwölf Monate darauf, im Jahr 1955, ein französischer Abenteurer namens Fernand Navarra relativ dicht bei einem der 1949 von der US-Luftwaffe fotografierten Orte ein großes, sehr altes Holzstück mit deutlichen Zeichen menschlicher Bearbeitung fand. Sehr wichtig ist hier die Tatsache, dass die Fotos der Luftwaffe von 1949 auch 1955 noch unter Verschluss gehalten wurden, denn es bedeutet, dass Navarra das wertvolle hölzerne Artefakt ohne Wissen und völlig unabhängig von den Erkenntnissen der Luftwaffe entdeckte. Das stützt die Vorstellung, dass es in diesem Gebiet tatsächlich eine Art antikes Fahrzeug gab.

Dann haben wir noch die bemerkenswerte Aussage von Hauptmann Gregor Schwinghammer. Irgendwann gegen Ende der 1950er-Jahre während seiner Stationierung bei der US-Luftwaffe im türkischen Adana hatte auch Schwinghammer das Glück, etwas zu sehen, das durchaus die Überreste von Noahs technischem Meisterwerk gewesen sein könnten. Es sah aus, so erinnerte er sich, wie ein riesiger, rechteckiger Kahn. Schwinghammer fügte hinzu, dass seines Wissens bei mindestens einer Gelegenheit ein U-2-Spionageflugzeug eingesetzt worden war, um Nahaufnahmen von diesem »UFO«, dem »Unidentified Frozen Object« (Unidentifiziertes Gefrorenes Objekt), zu machen. Die Bilder ließen vermuten, dass die Arche irgendwann in der Vergangenheit den Hang hinabgerutscht und in Schräglage geraten war.

Ebenfalls gegen Ende der 1950er-Jahre gab das britische Äquivalent der CIA, der MI6, den amerikanischen Diensten Einblick in seine eigenen Akten zur Arche Noah. Zum großen Teil ging es in dem der CIA zur Verfügung gestellten Material um einen Versuch der Nazis in der Zeit zwischen Mitte 1944 und Anfang 1945, die Überreste der Arche Noah zu finden. Die Dossiers des MI6 geben keinen genauen Aufschluss, warum die Nazis so erpicht darauf waren, die Wahrheit über die Arche herauszufinden; jedoch bestand kein Zweifel, dass konzentrierte, geheime Anstrengungen diesbezüglich im Gange waren. Den türkischen Informanten des MI6 zufolge versuchten die Nazis, Fotos des Gebiets zu machen, in der die Arche angeblich zu finden war, und starteten zu diesem Zweck mindestens zwei Ballonmissionen über dem Ararat. Die Versuche blieben anscheinend erfolglos, aber sie waren mit ein Grund, warum die US-amerikanischen Behörden Ende der 1950er-Jahre glaubten, dass, wenn die Deutschen schon ein Jahrzehnt früher nach der Arche gesucht hatten und auch die Briten sich insgeheim mit dem Thema beschäftigten, dann da oben wohl etwas Lohnendes zu finden sein müsse.

Geheimnisse in der *Smithsonian*

Die brisante Idee, die *Smithsonian Institution* in Washington, D. C., halte vielleicht wichtige, geheime archäologische Daten über die Arche Noah verborgen, klingt wie das perfekte Drehbuch für den nächsten Indiana-Jones-Film – vorausgesetzt natürlich, Harrison Ford macht mit. Aber genau diese erstaunliche Behauptung wurde tatsächlich geäußert, wobei sie nicht das Geringste mit der Filmwelt von Hollywood zu tun hat. Sie stammt von David Duckworth, der Ende 1968 Mitarbeiter der *Smithsonian* war. Eines Tages wurden dort vorsichtig und diskret mehrere Holzkisten angeliefert, die angeblich diverse alte Werkzeuge und Stücke von altem Holz enthielten und bei den Mitarbeitern großes Interesse und einiges Gerede auslösten.

Möglicherweise war für die Dokumentation über die Suche der Nazis nach der Arche, die der MI6 der CIA zukommen ließ, die Tatsache von Bedeutung, dass der Ladung einige Fotos beilagen, wie Duckworth sich erinnert, die angeblich von einem Ballon aus aufgenommen worden waren und ein bootartiges Objekt halb unter einer dicken Eisschicht zeigten. Doch nicht nur das: Duckworth fragte bei seinen Kollegen näher nach und erfuhr, dass die kuriosen Gegenstände, die in die *Smithsonian* gebracht worden waren, aus der Arche Noah stammten. Nicht einmal eine Woche später schloss sich allerdings der Deckel der Geheimhaltung mit derselben Wucht, mit der vor so langer Zeit die Flutwellen hereingebrochen waren. Die Mitarbeiter wurden angewiesen, nicht weiter über den wertvollen Fund zu sprechen, und alle Beweisstücke wurden sorgfältig eingesammelt und an einen unbekannten Ort abtransportiert. Damit war die Geschichte allerdings noch nicht zu Ende.

Entgegen der klaren Anweisung wahrte Duckworth nicht

völliges Stillschweigen, und Teile seiner Geschichte tauchten auf den Seiten von Violet Cummings 1982 erschienenem Buch *Has Anyone Seen Noah's Ark?* auf. Obwohl Cummings Buch erst viele Jahre nach Duckworths Erlebnis bei der *Smithsonian* veröffentlicht wurde, gab es interessanterweise offensichtlich immer noch jemanden, der ihn insgeheim beobachtete oder zumindest alle Entwicklungen der Arche-Story verfolgte. Vielleicht war es auch eine Kombination von beidem. Der Beweis? Es dauerte gar nicht lange, bis das FBI Duckworth das Leben zur Hölle und ihm in einem persönlichen Gespräch sehr klar machte, dass es höchst unklug sei, noch mehr über seine Erinnerungen in Bezug auf die Arche aus den 1960er-Jahren zu berichten. Duckworth hielt sich auch weitgehend daran. Das Interesse der Regierung an der Arche Noah blieb jedoch auch nach dem Ende der 1960er-Jahre und dem Beginn des neuen Jahrzehnts bestehen, geheim und kontinuierlich hinter verschlossenen Türen.

KAPITEL 4

Der Ararat und die *Agency*

Geheim-»ARCH-ive«

Einer der wichtigsten Beiträge zur Arche-Noah-Debatte ist zweifelsohne ein Stapel amtlicher Dokumente zu diesem Thema, der infolge des *Freedom of Information Act* aus den CIA-Archiven auftauchte. Zugegeben, die Papiere enthalten keine zweifelsfrei stichhaltigen Beweise oder Fotos von uralten, verrottenden Holzstücken, aber zusammen betrachtet sind sie dennoch ein wesentlicher und faszinierender Bestandteil der Geschichte insgesamt. Obwohl, wie wir gesehen haben, zahlreiche aktenkundige Aussagen das intensive Interesse des Militärs und der Regierung an der Geschichte der Arche Noah seit Ende der 1940er- bis zum Ende der 1960er-Jahre belegen, finden sich in den Akten der CIA selbst keinerlei Dossiers oder Dokumente aus diesem Zeitraum. Tatsächlich datiert das Material, das die CIA bisher freigegeben hat, ausschließlich aus den früheren 1970ern oder später. Verständlicherweise wurde daher unterstellt, dass das interessanteste, frühere Material weiterhin hinter verschlossenen

Türen lagert – eine Theorie, die, wie wir sehen werden, durchaus ihre Berechtigung haben könnte.

Aus Memoranden der CIA geht hervor, dass der Direktor der CIA, William Colby, sich am 13. Mai 1973 an das *Directorate of Science and Technology* der *Agency* wandte und gleichzeitig Sayre Stevens, einen früheren Stellvertretenden Nachrichtendirektor, informierte, Oberstleutnant Walter Brown von der *US Air Force Academy* habe kürzlich Erkundungen eingezogen, ob auf den von der CIA aufgenommenen Fotos irgendwelche Beweise für die Existenz der Arche Noah gefunden worden seien. Offensichtlich waren Brown Gerüchte über *irgendetwas* zu Ohren gekommen. Wir wissen nicht, was sich im CIA-Hauptquartier in Langley, Virginia, hinter den Kulissen abspielte, aber Brown erhielt umgehend den Bescheid, dass zwar tatsächlich Fotos des Berges aufgenommen worden waren – genauer gesagt, vom Piloten eines U-2-Spionageflugzeugs am 10. September 1957 –, aber nichts Geheimnisvolles oder auch nur im Entferntesten Bedeutungsvolles darauf zu sehen sei. Trotzdem weigerte sich die CIA rundheraus, die angeblich harmlosen Fotos freizugeben, zu veröffentlichen oder Brown sie zumindest sehen zu lassen.

Sofern auf den Bildern tatsächlich nur Mengen von Fels, Schnee, Eis und sonst nicht viel zu sehen war, drängen sich unweigerlich ein paar wichtige Fragen auf: Warum dieser unbedingte Wunsch, die Bilder hinter Schloss und Riegel zu behalten? Was konnte es schaden, ein paar Bilder eines türkischen Bergs freizugeben? Und eine Freigabe der Bilder hätte doch mit Sicherheit die Verschwörungstheorien aus der Welt geschafft, denen zufolge die CIA viel mehr wusste, als sie öffentlich zu sagen bereit war. Was auch immer dahintersteckte: Festzuhalten ist, dass das Eingeständnis der CIA, dass ein U-2-Spionageflugzeug in den 1950er-Jahren eingesetzt wurde, um den Ararat zu fotografieren, sehr gut zu der Aussage von Hauptmann Gregor Schwinghammer passt. Auch er hatte das ja erwähnt, aber seine Äußerung stand insofern im Widerspruch zu jener der CIA, als er behauptet hatte, dass die von der U-2 aufgenommenen Bilder sehr wohl Anzeichen eines Archen-ähnlichen Gebildes auf dem Berg zeigten.

Die umstrittene Ararat-Anomalie
(Copyright: US-Luftwaffe)

Anfragen im Kongress

In den CIA-Dossiers ist vermerkt, dass nur ein gutes Jahr später, am 6. August 1974, der Kongressabgeordnete Bob Wilson sich an die *Agency* mit der Frage wandte, ob ein Dr. John Morris, Sohn des Dr. Henry Morris und zu jener Zeit Leiter der *Institution of Creation Research* in San Diego,

Kalifornien, Zugang zu bestimmten Fotos des Ararat erhalten könne, die die Kontroverse rund um die Existenz oder Nichtexistenz der Arche Noah endgültig entscheiden könnten. Eine knappe, aber aufschlussreiche Antwort kam von Angus Theurmer, dem damaligen Pressesprecher der CIA. Möglicherweise war diesem klar, dass er es mit einem Mitglied der Regierung (dem Abgeordneten Wilson) zu tun hatte, dem offensichtlich das offizielle Interesse an der Kontroverse um den Ararat und das Objekt, das vielleicht unter seiner Schneeoberfläche lag, nicht völlig unbekannt war. Jedenfalls räumte Theurmer in seiner vorsichtigen Antwort an den Abgeordneten ein, ja, was die Arche Noah angehe, so habe sich die CIA tatsächlich recht eingehend mit der Frage beschäftigt. Allerdings fügte er hinzu, die *Agency* sei außerstande, irgendwelche Informationen oder Unterstützung zu liefern. Mit anderen Worten: Lassen Sie uns in Ruhe. Was der Kongressabgeordnete Wilson allerdings nicht tat.

Am 30. Januar 1975 schrieb Dr. John Morris erneut an Wilson und teilte ihm mit, er habe von weiteren Informanten erfahren, dass Luftbilder von der Arche anscheinend auch noch 1974 aufgenommen worden seien, und zwar speziell von US-Nachrichtendiensten. Weiterhin teilte Morris dem Abgeordneten mit, er habe gehört, diese Fotos seien von offizieller Seite als geheim eingestuft worden. Woher genau Morris all dies wusste, bleibt bis heute aufreizend unklar, aber jedenfalls hatte er völlig recht. Nachdem Wilson sich noch einmal an die CIA gewandt hatte, wurde ihm und Morris mitgeteilt, ja, die Fotos gebe es. Aber, nein, man könne sie unter keinen Umständen zur Verfügung stellen. Dass sie allerdings eine schriftliche Bestätigung erhielten, dass geheime Fotos vom Ararat existierten, war ein Schritt in die richtige Richtung.

Bücherbeobachtung

Die nächste Enthüllung in den Dossiers der CIA straft wirklich die Vorstellung Lügen, die Regierung sei an der Story von der Arche Noah weitgehend uninteressiert gewesen. Vom 27. März 1975 bis zum 5. April 1975 machte der bereits erwähnte Fernand Navarra an einem Stand im Einkaufszentrum Iverson in Washington, D. C., eifrig Werbung für sein 1974 erschienenes Buch *Noah's Ark: I Touched It*. Ein ganz wichtiges Beweisstück war dabei ebenfalls zu sehen: nichts anderes als ein Stück Holz, das Navarra für ein echtes Stück der Arche hielt, das in einer Aktion, die eines James Bond (007) würdig gewesen wäre, in die USA geschmuggelt worden sei.

Rätselhafterweise geht aus CIA-Aufzeichnungen hervor, dass mehrere Analysten des *National Photographic Interpretation Center* (NPIC) an den Stand kamen, ohne sich Navarra zu erkennen zu geben, um mehr über »das Arche-Problem« zu erfahren, wie es die CIA in Zusammenfassungen der relevanten Dokumente von 1975 nannte. Angesichts dieses nachdenklich stimmenden Zitats ist man versucht, eine ganz entscheidende Frage zu stellen: Wieso gab es überhaupt ein Problem, wenn die CIA die Arche Noah nie gefunden hatte und auf den Ararat-Fotos nichts Besonderes zu sehen war? Und worin genau bestand dieses mysteriöse »Problem« (*Central Intelligence Agency*, 1982)? Fragen gibt es in diesem Zusammenhang mehr als genug. Endgültige Antworten auf diese Fragen allerdings keineswegs.

Die CIA interessierte sich nicht nur insgeheim für Fernand Navarras Buch. Die Analysten der *Agency* prüften auch Thomas Nelsons *The Ark on Ararat*, das im Juli 1975 erschienen war. Sie vermerkten in den Akten, dass Nelson die Geschichte von den geheimen Fotos der CIA und den dazugehörigen

Gerüchten über die Arche gehört und (zu ihrem großen Ingrimm) veröffentlicht hatte. Drei Monate später wurde die CIA aufmerksam, als eine Gruppierung in Frankston, Texas, die sich *Holy Ground Mission* nannte, ein Foto in Umlauf brachte, das einer ihrer Mitarbeiter 1974 während einer Expedition zum Ararat aufgenommen hatte. Das Bild, so glaubte die *Holy Ground Mission*, zeigte angeblich nichts Geringeres als die Überreste der alten Arche. Als sich Archen-Fans mit der Bitte um einen Kommentar an die CIA wandten, bekamen sie eine sehr heftige Abfuhr.

Der Astronaut und die Arche

Die Debatte verschärfte sich weiter, als im Februar des Jahres 1982 James B. Irwin (der Pilot der NASA-Mondlandefähre von *Apollo 15* und einer der wenigen Menschen, die je den Fuß auf den Erdtrabanten setzten) aus heiterem Himmel bei Dino A. Brugioni, einem früheren Mitarbeiter des *National Photographic Interpretation Center* (NPIC) der *Agency*, zu Hause anrief. Irwin, der offensichtlich wusste, dass das NPIC und Brugioni irgendetwas mit der Archen-Angelegenheit zu tun hatten, erkundigte sich, was es mit den Ararat-Fotografien und denen des geheimnisvollen riesigen Schiffs auf sich habe und ob man sie sehen könne. Das war absolut nicht überraschend: Von 1973 an hatte Irwin auf der Suche nach der Arche selbst mehrere ehrgeizige Expeditionen zum Ararat geleitet, die leider ein Ende fanden, als er sich 1982 bei der Besteigung des tückischen, mächtigen Berges schwer verletzte. Brugioni, den Irwins unerwarteter Anruf einigermaßen in Verlegenheit brachte, gab eine rasche und entschiedene Antwort: Die CIA habe nie Beweise für die Existenz der Arche Noah gefunden. Wie sich gleich herausstellen wird, heizten Brugionis Worte die Debatte noch zusätzlich an.

Es klafft also eine gähnende Lücke von zehn Jahren in den Akten, die die CIA zum Thema Arche Noah freizugeben bereit war. 1992 wandte sich ein Archen-Fan namens Charles P. Aaron an die *Agency* und gab vor, die Unterstützung des *Apollo*-Astronauten Irwin und mehrerer US-Senatoren zu haben, und wollte wissen, ob die CIA bereit wäre, seiner Gruppierung – der sogenannten *Tsirah Foundation* – zu helfen, endlich die Arche zu finden. Nach einer kurzen internen Diskussion erteilte die CIA eine höflich formulierte Absage, aber sie hätte ebenso gut »Nein, verdammt noch mal!« sagen können. Viel interessanter für die Mitarbeiter der *Agency* war jedoch Aarons Enthüllung – möglicherweise eine höchst *unkluge* Enthüllung –, dass interne Quellen ihn informiert hatten, bestimmte Kreise der US-Regierung hätten insgeheim eine Technologie entwickelt, mit der man durch dicke Eisschichten hindurch fotografieren konnte. Interessierte CIA-Mitarbeiter schickten Memos hin und her, in denen die Frage debattiert und diskutiert wurde, ob an dieser angeblich existierenden Technologie irgendetwas dran sei, leugneten aber Aaron gegenüber jegliche Kenntnis davon.

Zwölf Monate später informierte ein CIA-Mitarbeiter, dessen Name in den freigegebenen Dokumenten sorgfältig unkenntlich gemacht wurde, den Direktor der *Agency* über den letzten Stand der Arche-Noah-Kontroverse. Interessanterweise vermerkte derselbe Mitarbeiter am Rande, dass und unter welchen Umständen einer nicht namentlich genannten Fernsehproduktionsfirma kurz zuvor der Zugang zu »bestimmtem Bildmaterial der Arche Noah« verweigert worden sei, das sich in den Händen der CIA befinde. Man beachte: Die Rede war nicht vom Ararat oder auch von irgendeinem anormalen, undefinierbaren Klecks am Berghang, sondern ganz ausdrücklich von der »Arche Noah« (*Central Intelligence Agency*, 1993). War das nur eine harmlose, ungeschickte Formulierung? Oder vielleicht doch ein Hinweis auf etwas wesentlich Aufregenderes? Wenn irgendwelche Leute in der CIA das wissen, lassen sie jedenfalls nichts nach außen dringen.

Eine ebenso bemerkenswerte Erklärung purzelte 2006 aus den CIA-Archiven, als ein Memo vom 7. Februar 1994, verfasst vom *Office of the Deputy Director for Science and Technology* und gerichtet an den Direktor der CIA, R. James Woolsey, freigegeben wurde. Darin hieß es, es gebe in der CIA derzeit »keine Bemühungen, weitere Suchaktionen nach der Arche Noah auf dem Ararat durchzuführen«. Selbst der entschiedenste Skeptiker in Sachen Arche wird zugeben müssen, dass eine Erwähnung von »*weiteren* Suchaktionen« nur eines bedeuten kann: Irgendwann in ihrer Vergangenheit/Geschichte *hat* die CIA nach der Arche Noah gesucht (*Central Intelligence Agency*, 1994).

Das Geheimnis des Berges dauert an

Aufgrund der gezielten und hartnäckigen Nachfragen von Professor Porcher Taylor III. von der *University of Richmond*, der sich schon seit seiner Zeit als Kadett in West Point 1973 für die Geschichte von der Arche interessiert hatte, überraschte die *Defence Intelligence Agency* (DIA) am 14. März 1995 viele Archen-Forscher damit, dass sie eines der legendären Ararat-Fotos freigab, die 1949 von der Luftwaffe aufgenommen worden waren. In klarer und kluger Erkenntnis der Tatsache, dass die Freigabe des Fotos sowohl in den Medien als auch unter Arche-Suchern hohe Wellen schlagen würde, beschloss die DIA, dessen Bedeutung umgehend und energisch herunterzuspielen: »Die Anomalie befindet sich entlang eines instabilen Steilhangs nahe der Kante der Eiskappe des Ararat. Die angesammelten Schnee- und Eismassen längs des Steilhangs stürzen offensichtlich häufig den Hang hinab, wobei sie oft lange Bruchflächen hinterlassen. Bei der Anomalie scheint es sich um eine dieser Bruchflächen zu handeln« (*Defense Intelligence Agency*, 1995).

Als die DIA gezwungen war, noch mehr von dem Bildmaterial freizugeben, das die Luftwaffe im Jahr 1949 aufgenommen hatte, wurden die Leute wirklich aufmerksam. Ein Schiffbauingenieur namens Peter Hsu steuerte seine Meinung bei, dass die Anomalie auf den Fotos sehr wohl von Menschenhand geschaffen sein könne. Zudem wurde Taylor von einem Informanten kontaktiert, der in geheimem Auftrag der CIA 1959 und 1960 Luftbildmaterial der angeblichen Arche untersucht hatte und der Ansicht war, dass, was auch immer das Objekt auf den von der DIA 1995 freigegebenen Fotos war, es auf jeden Fall eine zu gerade Form hatte, um natürlichen Ursprungs zu sein, und teilweise von Eis bedeckt zu sein schien – etwas, das vielen anderen ebenfalls aufgefallen war, die das Fotomaterial untersucht hatten, auch Oberstleutnant Robert Livingston.

Sie erinnern sich, dass im Februar 1982 Dino Brugioni vom *National Photographic Interpretation Center* der CIA vom *Apollo*-Astronauten James Irwin in Verlegenheit gebracht wurde und bestritten hatte, dass der CIA irgendwelche Beweise dafür vorlägen, dass die Arche Noah je am Ararat gefunden wurde? Nun ja, 1997, zwei Jahre, nachdem die *Defence Intelligence Agency* die Luftwaffenfotos von 1949 freigab, änderte Brugioni seine frühere Aussage leicht. Als im Oktober 1973 der Jom-Kippur-Krieg ausbrach, hatte man von einem CIA-Satelliten in der Region, der insgeheim den sich zuspitzenden Konflikt ausspionierte, auch neue Bilder vom Ararat und von der seltsamen Anomalie aufnehmen lassen. 15 Jahre nach seiner kurzen Unterhaltung mit James Irwin und zu einer Zeit, als Geschichten über die Arche und den Staatsapparat ans Licht kamen, gab Brugioni zu, die Fotos von 1973 gesehen zu haben. Und obwohl er so fest wie eh und je dabei blieb, er sei nie zu dem Schluss gekommen, sie zeigten die Arche Noah, räumte Brugioni ein, dass sie zumindest *irgendetwas* auf dem Berg zeigten.

Ein weiterer Nachrichtenagent wagte sich im gleichen Zeitraum hervor mit der Feststellung, dass auf mindestens einem der Fotos etwas zu sehen war, das wie riesige, aus dem dichten Eis und Schnee hervorragende Balken aussah. Sogar George Alexander Carver Junior, der unter nicht weniger als drei CIA-Direktoren gedient und mehr als ein Vierteljahrhundert in den Diensten der Regierung gestanden hatte, räumte auf der Grundlage seiner Analyse der Fotos von 1973 vorsichtig ein, dass die Kontroverse um die Arche auf jeden Fall eingehender untersucht werden solle.

Aber warum genau waren die US-Regierung, das Pentagon und die Dienste in den 1950er- bis 1990er-Jahren so sehr an der Möglichkeit interessiert, dass die Arche Noah tatsächlich vor so vielen Jahren auf den eisigen Steilhängen des Ararat gelandet war? Selbst wenn die Arche echt *war*: Wäre ihre Entdeckung und Analyse nicht lediglich eine Angelegenheit für Historiker, Archäologen und die Kirche und nicht für die Geheimagenten der amerikanischen Nachrichtendienste? Sicher – wenn die Arche nicht mehr war als ein altes, verrottendes Schiff. Aber was, wenn sie *nicht* nur ein riesiges, vor Tausenden von Jahren erbautes hölzernes Schiff war? War sie vielleicht etwas viel Unglaublicheres – etwas, das buchstäblich nicht von dieser Welt war? Es ist vielleicht kein reiner Zufall, dass während des gleichen Zeitraums, in dem das Pentagon und die CIA ihre Aufmerksamkeit verstärkt den Ereignissen auf dem Ararat zuwandten, andere Regierungsstellen insgeheim eifrig mit der Frage beschäftigt waren, ob die Arche Noah nicht sehr viel mehr mit den Aktivitäten außerirdischer Raumfahrer zu tun hatte als mit Gott.

KAPITEL 5

Mondstaub auf dem Berg

Eine außerirdische Arche

Ursprünglich stammte George Wellington Van Tassel aus Jefferson County, Ohio, aber nach einigen Umwegen zog es ihn schließlich in das viel rauere Klima der kalifornischen Wüste. Jahrzehntelang habe er immer wieder Begegnungen mit sehr menschlich aussehenden Außerirdischen gehabt, behauptete er. Begonnen hätten diese im Sommer 1953 in der Nähe seines Wohnorts Yucca Valley. Eine Schilderung der bemerkenswerten Einzelheiten von Van Tassels Begegnung im August 1953 findet sich in einem ehemals geheimen Bericht vom 16. November 1954 an niemand Geringeren als den legendären FBI-Direktor J. Edgar Hoover. In den frühen Morgenstunden dieses Tages, so stand in dem geheimen Memorandum an Hoover, hätten Van Tassel und seine Frau beim Camping an einer Stelle in der Wüste bei Landers, Kalifornien (die wegen eines riesigen alten Felsens, der bis heute die Landschaft beherrscht, in der Gegend allgemein als *Giant Rock* bekannt ist), angeblich etwas wahrhaft Sensationelles und Außerirdisches erlebt. Den Unterlagen des FBI zufolge erhielt Van Tassel den Besuch eines waschechten Extraterrestrischen, der ganz ähnlich wie ein Pilot der US-Luftwaffe gekleidet war. Das außerirdische Wesen lud den erschrockenen Van Tassel zu einem kurzen Rundgang durch sein UFO ein, das angeblich nur wenige Minuten zuvor neben dem riesigen Felsen gelandet war. Ernsthaft erzählte Van Tassel zwei Spezialagenten des FBI, die ihn 1954 zu Hause besuchten, das besagte Gefährt habe die Form einer Glocke und einen Durchmesser von über neun Metern gehabt. Ein normales Flugzeug war es also nicht. Was die Außerirdischen selbst anging, so sagte Van Tassel, hätten sie nur per Telepathie kommuniziert. Sie seien ausdrücklich zu dem Zweck auf die Erde gekommen, so teilte man ihm mit, um die Menschheit eindringlich zu warnen, dass die Atomarsenale der Supermächte eine direkte und katastrophale Bedrohung für die Zukunft allen irdischen Lebens darstellten. Wenn die Menschheit nicht umkehre, so die Warnung an Van Tassel, würden wir unsere Welt bald eigenhändig zerstören.

Aufgewühlt und getrieben von den warnenden und weisen Worten seiner außerirdischen Besucher, zog Van Tassel daraufhin aus und predigte das Evangelium nach E. T. jedem, der es hören wollte – und das waren viele. Von 1954 an veranstaltete Van Tassel draußen in Landers alljährlich Konferenzen über Fliegende Untertassen, die zu ihrer Blütezeit Mitte der 1950er-Jahre eindrucksvolle fünfstellige Besucherzahlen anlockten. Was allerdings wirklich die Aufmerksamkeit des FBI erregte, waren Van Tassels Behauptungen, das Christentum sei aus dem Besuch Außerirdischer entstanden – den berühmten Präastronauten, wie sie später genannt wurden –, und seine Ansichten zu unserem alten Freund Noah und seiner mysteriösen großen Arche.

Am 17. April 1960 hielt Van Tassel auf Einladung der *Unidentified Flying Objects Investigative Society* von Denver, Colorado, einen längeren Vortrag im dortigen Phipps-Auditorium. Um sicherzugehen, dass der Vortrag ein durchschlagender Erfolg wurde, schaltete die *Society* bei den Rundfunkstationen von Denver zahlreiche Werbespots. Das FBI-Büro in Denver horchte auf und entsandte einen verdeckten Spezialagenten zu Van Tassels Vortrag, der über den Inhalt berichten sollte. Die einschlägigen Auszüge aus dessen Bericht lauten: »Das Programm bestand aus einem 45-minütigen Film, der mehrere Aufnahmen von angeblichen Fliegenden Untertassen enthielt, gefolgt von mehreren Interviews mit den unterschiedlichsten Personen zu ihren Sichtungen solcher Unidentifizierter Flugobjekte. Nach dem Film hielt Van Tassel einen Vortrag, in dem es eher um religiös-wirtschaftliche Themen als um Unidentifizierte Flugobjekte ging« (*Federal Bureau of Investigation*, 1960).

Insbesondere der »religiös-wirtschaftliche« Aspekt des Vortrags ließ J. Edgar Hoovers beste Leute aufhorchen. Der bei dem Vortrag anwesende Spezialagent schrieb in einem ausführlichen Bericht zwei Tage später: »Größtenteils war [van Tassels] Vortrag der Erklärung biblischer Ereignisse und ihres Zusammenhangs mit den Außerirdischen gewidmet. Er sagte, am Anfang der Welt seien die Außerirdischen auf die Erde gekommen und hätten hier Tiere hinterlassen. Dies seien die prähistorischen Tierarten mit einer Körpertemperatur von 40,5 Grad gewesen; dann habe es jedoch einen Polsprung gegeben, sodass die Pole sich umgekehrt hätten und die tropischen Klimazonen von einer Eis- und Schneedecke überzogen worden seien, und umgekehrt« (ebenda).

Um sicherzustellen, dass es auch nach der Eiszeit Leben auf der Erde gab, so führte Van Tassel dem Bericht des heimlichen Zuhörers vom FBI zufolge aus, hätten außerirdische Besucher unseren Planeten mit anderen Tierarten bevölkert, und diese Aktion sei es gewesen, die unmittelbar zur Entstehung der Arche-Noah-Legende geführt habe. Weiter erklärte Van Tassel allerdings, dass Jahrtausende nach dieser ehrgeizigen Mega-Neubestockung unseres Planeten die Außerirdischen noch einmal gezwungen waren, eilig zurückzukehren und ganze Scharen der menschlichen und tierischen Bevölkerung der Erde zu retten, als eine weltweite Überschwemmung, verursacht durch einen erneuten, unerwarteten Polsprung, Verheerungen, Katastrophen und Zerstörungen ungeheuren Ausmaßes verursachte. Damit wurde die ohnehin schon komplexe Geschichte von der Arche Noah noch vielschichtiger.

Zu den anderen biblischen Schilderungen und Geschichten führte Van Tassel weiter aus, unmittelbar nach dem oben erwähnten ersten Polsprung hätten Außerirdische aus einer weit entfernten Welt auf der Erde eine ausschließlich männliche Kolonie gegründet mit der Absicht, zu einem späteren Zeitpunkt in sogenannten »Nachschubfahrzeugen« die Frauen zu liefern. Dies, so sagte Van Tassel, sei »aus der Tatsache ersichtlich, dass Adam keine Frau habe. Adam war kein Individuum, sondern die menschliche Rasse.« Weiter heißt es in den jetzt freigegebenen FBI-Akten: »[Van Tassel] sagte, diese Rasse habe sich dann mit ›intelligenten, aufrecht gehenden Tieren‹ vermischt, der Rasse EVA [sic]. Als dann die Außerirdischen in den Nachschubfahrzeugen zurückgekehrt seien, hätten sie gesehen, was passiert war, und seien nicht gelandet; wegen ADAMs Herkunft hätten sie aber seitdem stets über die Menschen auf der Erde gewacht« (ebenda).

Zu diesem geheimen Überwachungsvorgang, so behauptete Van Tassel (was das FBI auch getreulich festhielt), gehörte auch, dass die Außerirdischen dafür sorgten, dass die Menschen bestimmte Regeln, Verhaltensweisen und Moralvorstellungen gelehrt wurden mit dem Ziel, uns zu kontrollieren und zu manipulieren. Diese Regeln, Verhaltensweisen und Moralvorstellungen, so behauptete Van Tassel, seien in Wirklichkeit nichts anderes als die legendären Zehn Gebote, die Moses auf dem Berg Sinai von Gott erhalten habe. Van Tassels kühne Behauptung lautete, die Zehn Gebote hätten nicht das Geringste mit irgendeinem – christlichen oder sonstigen – Gott zu tun. Vielmehr seien die Zehn Gebote in Wirklichkeit »die Gesetze der Außerirdischen«. Ebenso, so berichtete Van Tassel seinen Zuhörern im Phipps-Auditorium, sei Jesus Christus selbst ein solcher Außerirdischer, den Van Tassel als Produkt der Maria beschrieb, »einer Außerirdischen, die als bereits Schwangere hierher entsandt wurde, um den Menschen auf der Erde die rechte Art zu leben zu zeigen« (ebenda).

Obwohl Van Tassel sicher eine höchst umstrittene Figur war, interessierte sich das FBI sehr für den Mann und seine Behauptungen über UFOs, die Heilige Schrift, die Arche Noah und die Ursprünge des Christentums. Das beweist die FBI-Akte über ihn, die fast 400 Seiten und einen Zeitraum von 15 Jahren umfasst und von der *vollständige* Kopien sowohl der CIA als auch der *National Security Agency* zugeleitet wurden. Noch wichtiger ist, dass die US-Geheimdienste, zumindest soweit man das feststellen kann, hier zum ersten Mal intensives Interesse an den Behauptungen einer Person an den Tag legten, die von einem Zusammenhang zwischen der Arche Noah und Taten von Präastronauten sprach, die vor Jahrtausenden auf die Erde gekommen waren. Das letzte Mal war es allerdings keineswegs.

Das mysteriöse *Moon-Dust*-Projekt

Der bemerkenswerteste Beitrag zur Verbindung zwischen Außerirdischen und der Arche Noah stammt von Don Riggs, dessen Vater Ende der 1970er-Jahre für das *National Reconnaissance Office* in der Fotoauswertung tätig gewesen war. Riggs zufolge hatte ihm sein Vater kurz vor seinem Tod 1997 eine erstaunliche Geschichte über Aufzeichnungen und Bildmaterial von der Arche Noah erzählt. Eine kleine Gruppe von Leuten, die auf der *Wright-Patterson Air Force Base* in Dayton, Ohio, stationiert und an einer Operation namens *Project Moon Dust* beteiligt war, hatte dem NRO diese Materialien zugeleitet.

Der Ararat: Liegt dort eine prähistorische Arche oder ein abgestürztes UFO? *(Copyright: NASA)*

Falls einige UFOs tatsächlich Raumfahrzeuge von Außerirdischen sind und ein kleiner Prozentsatz dieser Fahrzeuge auf die Erde abstürzte, sind einige der wichtigsten Fragen, mit denen die UFO-Gemeinde derzeit konfrontiert ist, doch sicher: a) Welche staatliche Stelle ist für die Koordination der Bergung solcher Fahrzeuge verantwortlich? b) Wie gelingt es den mit der Bergung Beauftragten, die UFO-Absturzstellen anscheinend rasch und problemlos abzusichern? c) Wohin werden die geborgenen außerirdischen Materialien und Trümmer gebracht? Und d): Können wir die wichtigsten und entscheidenden Mitwirkenden an dieser Kontroverse identifizieren?

Um diese ganz entscheidenden Fragen zumindest teilweise zu beantworten, müssen wir uns einem offiziellen Projekt des US-Militärgeheimdiensts namens *Moon Dust* zuwenden, das von 1950 an in Fort Belvoir, Virginia, untergebracht war und nach offiziellen und mittlerweile freigegebenen Dokumenten das Ziel hatte, fremde und exotische Technologien zu bergen und auszuwerten. Obwohl sich *Project Moon Dust* offensichtlich ganz überwiegend mit der sorgfältigen Bergung und Analyse von abgestürzten sowjetischen Weltraumsatelliten und Raketentrümmern befasste, gibt es deutliche Hinweise, dass seine Arbeit sich auch auf sehr viel seltsamere – und vielleicht sogar außerirdische – Bereiche erstreckte, die für die Geschichte von der Arche Noah von erheblichem Belang sind.

Ein Dokument der *Air Force Intelligence* vom November 1961 über die Aktivitäten von und Richtlinien für Mitarbeiter des *Project Moon Dust*, insbesondere an ihrer Operationsbasis bei der *1127th Air Activities Group* in Fort Belvoir (auch unter den Bezeichnungen *4602nd Air Intelligence Service Squadron* und *1006th Air Intelligence Service Squadron* bekannt), umriss Charakter und Umfang von *Moon Dust* genau. Unter dem Titel »AFCIN Intelligence Team Personnel« heißt es in dem Dokument über die *1127th Air Activities Group*: »Zusätzlich zu ihren Stabsdienstaufgaben versehen die Mitarbeiter des Nachrichtenteams in Friedenszeiten unterstützende Aufgaben bei Luftwaffenprojekten wie *Moon Dust*, *Blue Fly* und *UFO* sowie anderen von AFCIN geleiteten schnellen Eingreifprojekten, für die nachrichtendienstliche operative Kapazitäten erforderlich sind« (*Department of the Air Force*, 1961).

Der Verfasser des Dokuments fügte hinzu: »*Unidentified Flying Objects (UFO): Headquarters USAF* hat ein Programm zur Untersuchung Unidentifizierter Flugobjekte innerhalb der Vereinigten Staaten eingerichtet, zu denen verlässliche Berichte vorliegen. *Blue Fly*: *Operation Blue Fly* wurde eingerichtet, um die rasche Weiterleitung von im Zusammenhang mit *Moon Dust* aufgetauchten oder anderen Gegenständen von hohem technischem Interesse an die *Foreign Technology Division* zu erleichtern. *Moon Dust*: Als Spezialisierung seines übergreifenden Programms zur Auswertung von Material hat *USAF Headquarters* das *Project Moon Dust* zur Lokalisierung, Bergung und Weiterleitung fremder Raumfahrzeuge eingerichtet« (ebenda).

Aber wie hing die Arche Noah mit dem *Project Moon Dust* zusammen?

Der Whistleblower

Riggs Bericht zufolge hatte sein Vater ihm erzählt, in der Akte, die er gesehen habe, sei es um das beginnende Interesse der *Moon-Dust*-Mitarbeiter an der Geschichte der Arche Ende der 1960er-Jahre gegangen – interessanterweise genau zu der Zeit, als David Duckworth bei der *Smithsonian Institution* mit Material über die Arche zu tun hatte. Sein Vater habe sieben Schwarz-Weiß-Fotos erwähnt, die er gesehen hatte und die anscheinend aus allernächster Nähe die Arche auf dem Berg zeigten. Er habe weiter erklärt, zwei der Fotos hätten zweifelsfrei einen »sehr großen, *metallisch aussehenden* [Hervorhebung durch den Verfasser], rechteckigen Gegenstand [gezeigt], der teilweise aus dem Eis hervorragte. Das sei auf keinen Fall Holz gewesen, sagte er, wie es für den Bau einer Arche verwendet worden wäre«, meinte Riggs (Redfern, 2007).

Riggs fuhr fort, die Fotos seien unmittelbar, nachdem sie »irgendwann um das Jahr [19]59 von einem U-2-Flugzeug [sic]« aufgenommen worden seien, als geheim eingestuft und an diverse Stellen innerhalb der US-Nachrichtendienste weitergeleitet worden, um herauszufinden, was da unter der dicken Schnee- und Eisschicht auf dem Ararat lag. »Mein Dad meinte, die Bilder allein seien nicht sehr aufschlussreich gewesen, weil der Berg außer für Flugzeuge, Spionagekameras und Satelliten zu unzugänglich war. Damals war es unmöglich, zu Fuß den genauen Standort zu erreichen, um die Sache zu überprüfen«, informierte Riggs (ebenda).

Allerdings blieb Riggs bei der Behauptung, sein Vater habe ihm verraten, dass irgendwann im Sommer 1975 ein verdeckter Auftrag erteilt wurde, bei dem ein Team von, wie Riggs sich ausdrückte, »*Delta-Force*-Typen, denk ich mal, oder sowas Ähnliches« insgeheim eines Nachts spät in dem Gebiet »abgesetzt« wurde und »den Weg zu der Stelle fand«. Riggs berichtete weiter, sein Vater habe diese jüngeren Fotos zu Analysezwecken erhalten, und zwar einige Zeit, nachdem ihm die ersten zugänglich gemacht worden seien (ebenda).

Riggs fügte hinzu, dass ein ausführlicher Bericht vom Teamleiter zu den Akten gegeben und auch an eine Gruppe weitergeleitet wurde, die »*Moon Dust* genannt wurde, sagte mein Dad«. Er fügte weiter hinzu, sein Vater habe keinen Zweifel daran gelassen, dass die Anomalie schwere Schäden aufwies, sehr alt zu sein schien, tief im Eis lag, »innen leer war, als hätte man sie weggeworfen, und nur eine metallene Hülle« und ganz eindeutig nicht »bloß ein altes Holzboot« war (ebenda).

Angeblich, so ließ Riggs wissen, stammte die Dokumentation aus *Wright-Patterson*, »und ein [Kurier] erhielt den Auftrag, sie meinem Dad zu bringen, der die Fotos daraufhin prüfen sollte, ob darauf irgendwelche Hinweise zu sehen waren, was dieses Ding sein könnte« (ebenda). *Wright-Patterson* war bekanntlich der Ort, an den Robert Livingston 1954 ein Foto der Arche zu sehen bekam.

»*Auf allem*«, so fügte Riggs mit Nachdruck hinzu, »war ein Stempel von *Moon Dust* – auf jeder einzelnen Seite. Über die Geschichte der Arche, oder was es auch immer war, stand nichts drin, auch keinerlei Hintergrundinformation, die meinem Dad einen Anhaltspunkt gegeben hätten«, außer der Beschreibung des Objekts, den Fotos und kurzen Angaben zu dem Team, das dort gelandet war und die Aufnahmen gemacht hatte. Harold Riggs bekam nie irgendeine Information von seinem Kontaktmann in *Wright-Patterson*, um welches Objekt es sich handelte, nur den Auftrag zur Auswertung der Fotos. Aber, sagte Riggs, »Dad unterhielt sich mit seinen Kollegen über eine Sache, die ich immer auffallend fand«, nämlich dass »das nicht bloß so etwas wie ein großes altes Boot oder eine Arche war. Mein Dad sagte, es habe wie ein Metallgerät ausgesehen, das auf das Eis gestürzt war – wahrscheinlich vor Tausenden von Jahren, erfuhren sie von irgendjemandem« (ebenda).

Riggs schloss mit der kurzen, aber höchst bedeutsamen Bemerkung: »Die Rede war in Wirklichkeit von einem UFO, das vor ewigen Zeiten auf dem Berg eingeschlagen [sic] war und den Ausgangspunkt für die Geschichte von der Arche bildete, wie sie heute in der *Bibel* steht« (ebenda).

Wie das geschilderte Szenario zeigt, scheinen Mitarbeiter sowohl von *Wright-Patterson* als auch vom *Project Moon Dust* im Zusammenhang mit der Arche eine zentrale Rolle gespielt zu haben. Darüber hinaus ist auch die Tatsache sehr bedeutsam, dass der oben erwähnte Robert Livingston Verbindungen zum *Topographic Engineering Center* in Fort Belvoir hatte. Eine Zeit lang operierten speziell die Leute von *Project Moon Dust* von der *1127th Air Activities Group* vom selben Stützpunkt aus – Fort Belvoir.

Eine Armada von ETs

George Van Tassels Theorien und Don Riggs Enthüllungen sind nicht die einzigen Beweise für Verbindungen zwischen den Leuten, die mit der Arche Noah zu tun hatten, und der UFO-Kontroverse. Ein Mann, der auch nach seinem offiziellen Ausscheiden aus der Welt der Spionage noch auf dem Verteiler für diverse CIA-Dokumentationen stand und über sie auf dem Laufenden gehalten wurde, war Arthur C. Lundahl, ein früherer Direktor des *National Photographic Interpretation Centers* der *Agency*. Lundahl war nicht nur einer der Beteiligten der Arche-Noah-Kontroverse, sondern hatte auch – wenn auch unter bis heute und zugegebenermaßen ungeklärten Umständen – eine bedeutsame Verbindung zur Welt der UFOs und der offiziellen Geheimhaltung.

Nur eines der aktenkundigen Beispiele: Wie aus einem geheimen Bericht des Major Robert Friend vom UFO-Forschungsprogramm der US-Luftwaffe namens *Project Blue Book* hervorgeht, fand am 9. Juli 1959 im CIA-Hauptquartier in Washington ein geheimes Treffen unter Leitung von Lundahl statt, bei dem dieser die Möglichkeit eines Versuchs der Kontaktaufnahme mit außerirdischen Wesen mithilfe von Außersinnlicher Wahrnehmung (ASW) und telepathischen Phänomenen erörterte. Ganz offensichtlich mischte der Mann also bei einer ganzen Reihe von paranormalen Themen mit.

Dann haben wir die Geschichte von Senator Barry Goldwater, der Generalmajor der Luftwaffe, republikanischer Präsidentschaftskandidat bei den Wahlen von 1964 und Vorsitzender des Ausschusses für Geheimdienstfragen des US-Senats war. Am 1. September 1978 schrieb Goldwater einen Brief an den damaligen Direktor der CIA, Stansfield Turner, der mit den Worten begann: »Sie mögen dies für eine verrückte Anfrage halten, und vielleicht ist sie das auch, aber ich wüsste gern, ob Sie irgendetwas in diesem Zusammenhang unternehmen können« (Goldwater, 1978).

Dann fragte Goldwater, ob es möglich sei, »Satellitenfotos« zu prüfen, »um festzustellen, ob sich vielleicht etwas in der Art eines archäologischen Fundes nahe oder auf dem Gipfel [des Ararat] befindet«. Goldwater erklärte dem CIA-Direktor, er habe einen Brief erhalten »von einem Mann, in den ich großes Vertrauen habe, der mit Sicherheit kein Spinner ist, der die Türkei sehr gut kennt, aber glaubt, es bestehe Grund zu der Annahme, dass die Arche auf oder nahe dem Gipfel des Berges liegt. Ich versichere Ihnen, dass ich dies mit jeglicher Geheimhaltungsstufe behandeln werde, die Sie wünschen, und wenn Sie mich zum Teufel schicken, kenne ich den Weg.« Die CIA antwortete, sie habe in ihren Akten keinerlei Informationen, aus denen hervorgehe, dass die Arche irgendwo auf dem Ararat oder auch an irgendeinem anderen Ort identifiziert oder gefunden worden sei (ebenda).

Goldwaters Bemerkung, er habe Verständnis dafür, dass die Arche unter »jegliche Geheimhaltungsstufe« fallen könnte, die die CIA dazu bewegen könnte, ihn »zum Teufel zu schicken«, erinnert stark an eine sehr merkwürdige Situation, in die Goldwater mehr als zehn Jahre zuvor geraten war (ebenda): Am 28. März 1975 schrieb Goldwater an einen UFO-Forscher namens Shlomo Arnon folgende hochinteressanten Worte: »Das Thema UFOs interessiert mich schon seit geraumer Zeit. Vor etwa zehn oder zwölf Jahren habe ich versucht herauszufinden, was sich in dem Gebäude auf der *Wright-Patterson Air Force Base* befindet, in dem die von der Luftwaffe gesammelten Informationen gelagert werden, und meine Anfrage wurde verständlicherweise abgewiesen. Die Informationen unterliegen immer noch der allerhöchsten Geheimhaltungsstufe.«

Später lieferte Goldwater die Klarstellung und ausführlichere Erläuterung, der General der US-Luftwaffe Curtis LeMay habe ihn fast in der Luft zerrissen, weil er zu fragen gewagt habe, ob er die allergeheimsten Informationen der US-Luftwaffe zu UFOs sehen könne, die Gerüchten nach in *Wright-Patterson* verwahrt wurden – unter denen sich möglicherweise auch konservierte Leichen von Außerirdischen und geborgene extraterrestrische Geräte und Technologie befanden. Des Weiteren hatte LeMay Goldwater in den allerdeutlichsten Worten mitgeteilt, er solle nicht einmal *im Traum daran denken*, das Thema ihm gegenüber *jemals wieder* auch nur zu erwähnen.

Wenn Goldwater mit seinem großen persönlichen Interesse an UFOs auch nur im Entferntesten ahnte oder vermutete, die Arche Noah hänge irgendwie mit dem Thema Außerirdische und nicht mit irgendwelchen religiösen Fragen zusammen, würde das erklären, warum er damit rechnete, 1978 von der CIA genauso zum Teufel geschickt zu werden, wie es ihm General LeMay Jahre zuvor im Zusammenhang mit den Gerüchten um geborgene UFOs auf der *Wright-Patterson Air Force Base* so wenig taktvoll nahegelegt hatte.

Falls es aber zwischen der Geschichte von der Arche Noah und den verschiedenen Legenden aus aller Welt über riesige

Schiffe, die vor langen Zeiten gebaut wurden, um einer drohenden Flutkatastrophe zu entfliehen, und dem UFO-Rätsel tatsächlich irgendeine Verbindung gibt, worin könnte sie bestehen? Eine Antwort auf diese Frage hat vielleicht der Forscher Bruce Rux, der glaubt, dass der Ursprung vieler biblischer Schilderungen, Legenden und Geschichten sich auf die Taten und die Anwesenheit extraterrestrischer Besucher auf unserem Planeten vor langer Zeit zurückführen lässt. Rux argumentiert einleuchtend: »Im *Gilgamesch-Epos* heißt es nicht, dass Noah zwei von jeder Tierart mit sich in das Schiff nahm, sondern ›die Samen des Lebens‹, was sehr viel plausibler ist, wenn man ein technisch hoch entwickeltes Verfahren zur Konservierung von DNS in Betracht zieht« (Rux, 1996).

Ist das tatsächlich der Kern der Legende von der Arche Noah und der zahlreichen anderen Geschichten aus der ganzen Welt über große Schiffe, die angeblich vor Jahrtausenden gebaut wurden, um einer furchtbaren Zerstörung zu entgehen, die den ganzen Planeten heimsuchen sollte? Dass nämlich sehr hoch entwickelte Außerirdische, in klarer Erkenntnis einer weltweit und unabänderlich sich abzeichnenden Katastrophe, fantastische, riesige Fahrzeuge konstruierten, in denen sowohl menschliches als auch tierisches Leben – wenn auch vielleicht gänzlich in Form von DNS und nicht in Gestalt von schwierig zu lenkenden, laufenden, sprechenden, fliegenden oder knurrenden Exemplaren – gerettet und erhalten werden konnte, wenn die schrecklichen Fluten unheilvoll anstiegen? Waren die Archen keine irdischen Schiffe, sondern in Wirklichkeit Raumfahrzeuge aus anderen Welten? Unternahm eine Armada von Außerirdischen eine Art Rettungsmission, um dafür zu sorgen, dass das Leben auf der Erde nach der Flut fortbestand? George Van Tassel war davon fest überzeugt, und das FBI wurde sehr aufmerksam, als er genau das sagte, ebenso wie die CIA und die *National Security Agency*, die beide Kopien der FBI-Dossiers über Van Tassel besaßen. Nach eingehendem Studium der Arche-Thematik kamen ja vielleicht auch die Mitarbeiter von *Moon Dust*, bei deren Arbeit UFOs eine große Rolle spielten, zu diesem Schluss.

Hier endet, soweit dies außerhalb der geheimen, innersten Korridore der Regierung bekannt ist, die Geschichte von dem seltsamen Interesse der US-Regierung an der Arche Noah. Allerdings gab es noch zahlreiche andere sehr alte, historische und religiöse Phänomene, die die Staatsmacht hinter den Kulissen jahrelang beschäftigten.

KAPITEL 6

LEVITATION UND DIE PHARAONEN

Einige der eindrucksvollsten und legendärsten Bauwerke der Menschheit – die ägyptischen Pyramiden, die ihnen ähnlichen Bauten, die über ausgedehnte Gebiete in Mittel- und Südamerika verstreut sind, und das englische Stonehenge – sollen mithilfe von Techniken errichtet worden sein, die längst im Nebel der Zeiten verschwunden sind. Es handelt sich dabei um eine umstrittene Theorie, die großes Interesse und große Aufmerksamkeit ebenso wie lauten und heftigen Widerspruch erregt.

Im Wesentlichen geht diese erstaunliche Theorie davon aus, dass der Transport und die Positionierung riesiger Steinblöcke in längst vergangenen Zeiten durch die Manipulation und Aufhebung der Schwerkraft, einfacher ausgedrückt: durch Antigravitation bewerkstelligt wurde. Oder durch die Anwendung bahnbrechender akustischer Levitationstechniken, mit denen durch den Einsatz präzise gesteuerter Schallwellen Materie in der Schwebe gehalten und manipuliert werden kann. Marie D. Jones und Larry Flaxman beschreiben akustische Levitation als ein Verfahren, bei dem durch Auslösung von »zwei entgegengesetzten Schallfrequenzen mit interferierenden Schallwellen eine Resonanzzone entsteht, die eine Levitation ermöglicht. Theoretisch müssen, um ein levitierendes Objekt zu bewegen, lediglich die beiden Schallwellen verändert oder modifiziert und entsprechend justiert werden« (Jones und Flaxman, 2009).

Noch sensationeller ist die Tatsache, dass sich das US-Militär nachweislich sehr für diese speziellen Fragestellungen und Annahmen interessiert. Zudem heißt es, das Pentagon lasse sich bei der Untersuchung dieser zweifelsohne unkonventionellen Fragestellungen insgeheim von den Arbeiten von Autoren auf dem Gebiet der Präastronautik inspirieren. Aber bevor wir überhaupt beginnen können, diese von Kontroversen aufgewühlten Gewässer auszuloten, sind einige Informationen zum geschichtlichen Hintergrund dringend erforderlich.

Ägyptische Rätsel

Unter der Vielfalt der architektonischen Wunderwerke der Menschheit stehen ganz ohne Zweifel die Pyramiden an oberster Stelle, sowohl hinsichtlich der Ehrfurcht und Bewunderung, die sie hervorrufen, als auch der zahlreichen heftigen Kontroversen und Debatten, die um sie entbrannten. Nach Ansicht der konventionellen Ägyptologie entstanden die Pyramiden in der Zeit, die wir heute als das Alte und das Mittlere Reich Ägyptens bezeichnen, das heißt, etwa von der Mitte des dritten vorchristlichen Jahrtausends bis ungefähr 1650 v. Chr. Der Grund für ihre Erbauung: Mit an Sicherheit grenzender Wahrscheinlichkeit, so die gängige Lesart, sollten sie den Pharaonen als Grabstätten dienen.

Unter den vielen verschiedenen Pyramiden Ägyptens sind die der Nekropolis von Gizeh etwa 24 Kilometer außerhalb der Kairoer Altstadt die bei Weitem berühmtesten. Und obwohl die Nekropolis durchaus als zusammengehörende Einheit gilt, erregt doch die Große Pyramide von Gizeh am meisten Aufmerksamkeit. Das ist wenig verwunderlich: Der riesige Bau wirkt ehrfurchtgebietend auf jeden, der sich der gewaltigen, bewegungslosen Form nähert. Die Diskussion darüber, zu welchem Zweck die Große Pyramide erbaut wurde, hält noch an, allerdings sind die meisten Gelehrten der Meinung, dass sie als Grabstätte für Pharao Cheops errichtet wurde, eines Herrschers der Vierten Dynastie, die von 2613 bis 2494 vor Christus dauerte. Ihre Ausmaße und statistischen Daten sind überwältigend.

Levitation: das Geheimnis der Pyramiden?
(COPYRIGHT: FELIX BONFILS, 1878)

Die Große Pyramide ist heute noch über 138 Meter hoch, ihre vier Seiten waren ursprünglich, bevor eine gewisse Erosion einsetzte, über 230 Meter lang, zu ihrer Erbauung waren mehr als eine halbe Million Tonnen Mörtel nötig, und ihre Gesamtmasse beträgt fast sechs Millionen Tonnen. Ja: *sechs Millionen*. Und hier wird die Sache richtig interessant. Die meisten Ägyptologen sind der Ansicht, dass der Bau der Großen Pyramide ungefähr 20 Jahre dauerte. Aber angesichts der schieren Anzahl von Kalksteinquadern, aus denen diese riesige Form zusammengesetzt ist – 2,5 Millionen, von denen einige das gewaltige Gewicht von 25 bis 80 Tonnen haben –, hätte es unglaubliche handwerkliche Fähigkeiten erfordert, eine solche Aufgabe innerhalb dieses Zeitraums zu vollenden. Die etablierte Archäologie versichert uns, dass diese handwerkliche Meisterleistung nur mit menschlicher Willenskraft und schierer Muskelkraft vollbracht wurde. Aber ob diese Willens- und Muskelkraft von Freiwilligen, Sklaven oder einer Kombination von beiden erbracht wurde, bleibt umstritten.

Was die Konstruktionsmethode an sich angeht, wird allgemein angenommen, dass die riesigen Blöcke mit Kupfermeißeln in Steinbrüchen gehauen wurden, von denen mindestens einer sich in Assuan befand, mehr als 500 Kilometer von der Nekropolis von Gizeh entfernt. Dann wurden, möglicherweise mithilfe einer komplizierten Kombination von Seilen, Rampen und Hebeln, die riesigen, viele Tonnen schweren Blöcke an Ort und Stelle gezogen, gerollt, geschoben und eingefügt. Dieses Szenario klingt ebenso erstaunlich wie fragwürdig und zweifelhaft. Es gibt jedoch eine andere mögliche Erklärung, wie die Pyramiden Ägyptens – ebenso wie viele andere antike Anlagen und Bauten – geschaffen wurden. Auch sie ist ohne Zweifel erstaunlich, wenn auch aus völlig anderen und höchst unorthodoxen Gründen.

Ein Buch voller Geheimnisse

Der auch als Herodot der Araber bekannte Abu al-Hasan Ali al-Mas'udi war ein sehr produktiver Schriftsteller des zehnten Jahrhunderts. Er wurde im Jahr 896 in Bagdad geboren und ist der Verfasser einer umfangreichen und sorgfältig recherchierten 30-teiligen Schriftenreihe über die Geschichte der Welt, für die ihm seine eigenen ausgedehnten Reisen in weit entfernte exotische Länder als Grundlage dienten. Seine eindrucksvollen und unermüdlichen Unternehmungen führten ihn in so entfernte Weltgegenden wie Indien, Ostafrika, Ägypten, Syrien und Armenien. Darüber hinaus war er ein guter Seemann und bereiste das Mittelmeer, das Kaspische Meer, das Rote Meer und den Indischen Ozean. Während seiner zahlreichen Reisen durch diese Gegenden sammelte al-Mas'udi die ebenso zahlreichen Berichte, Geschichten und Legenden, die den Weg in das oben erwähnte einzigartige vielbändige Werk fanden. Übersetzt lautet dessen Titel *Die Goldwiesen und Edelsteinminen*. Aus den vielen faszinierenden Informationen, die Abu al-Hasan Ali al-Mas'udi auf seinen zahlreichen Fahrten zusammentrug, sticht eine jedoch als besonders aufschlussreich und auch relevant für die in diesem Kapitel erzählte Geschichte hervor, sodass sie Erwähnung finden soll.

In seinen Schriften, die er 947 – neun Jahre, bevor er im Alter von 60 Jahren starb – vollendete, erwähnt al-Mas'udi eine faszinierende Geschichte aus alten arabischen Legenden, die vermuten ließ, dass der Bau der ägyptischen Pyramiden absolut nichts mit den gängigen Technologien jener Zeit zu tun hatte. Stattdessen, so schrieb al-Mas'udi, war er während seiner Reisen auf faszinierende, jahrhundertealte Überlieferungen gestoßen, die stark darauf hindeuteten, dass die Pyramiden mithilfe einer Methode erbaut wurden, die wir heute höchstwahrscheinlich als eine Form von Levitation bezeichnen würden.

Dies war die unglaubliche Geschichte, die al-Mas'udi entdeckt hatte: Beim Bau der Pyramiden platzierten ihre Schöpfer sorgfältig sogenannten magischen Papyrus unter die Kanten der mächtigen Steinblöcke, die für den Bau verwendet werden sollten. Dann wurde auf die Steine – einer nach dem anderen – mit etwas geschlagen, das seltsamerweise und ziemlich rätselhaft nur als Metallstab bezeichnet wurde. Und siehe da, daraufhin erhoben sich die Steine langsam in die Lüfte und schwebten wie pflichtbewusste Soldaten, die ohne Fragen einem Befehl gehorchten, langsam und ordentlich einer hinter dem anderen einige Fuß hoch über einem gepflasterten Weg entlang, der auf beiden Seiten von ähnlichen geheimnisvollen Metallstäben gesäumt war. Etwa 45 Meter, schreibt al-Mas'udi, bewegten sich die Steine vorwärts, angetrieben meist nur durch einen ganz sanften Stoß von dem, der den mysteriösen Stab in der Hand hielt, um dafür zu sorgen, dass sie nicht von der Richtung abkamen, bis sie schließlich ganz sanft zu Boden sanken.

Danach wurde die Prozedur wiederholt. Wieder wurde auf die Steine geschlagen, sie stiegen vom Boden auf und zogen etwa 45 Meter weiter in die gewünschte Richtung. Und so ging die seltsame, eintönige Arbeit weiter, wieder und wieder, bis endlich alle Steine ihr endgültiges Ziel erreicht hatten. Anschließend wurden in einer wesentlich komplexeren Aktion die Steine erneut angestoßen, diesmal allerdings so, dass sie noch höher in der Luft schwebten. Wenn sie den gewünschten Punkt erreicht hatten, wurden sie genau und unglaublich mühelos an ihren Platz dirigiert, einer nach dem anderen und nur mit der Hand, bis die betreffende riesige Pyramide schließlich vollendet war.

Ein solches Szenario klingt wahrhaft erstaunlich. Sicher

wird mancher über solche verblüffenden Behauptungen lachen. Andere werden das Ganze vielleicht als die Hirngespinste eines Verrückten abtun oder als bloße verfälschte Legende oder fantasievolles Volksmärchen. Allerdings stehen die Schriften von Abu al-Hasan Ali al-Mas'udi nicht allein. Es existieren unzählige, ganz ähnliche Schilderungen aus längst vergangenen Jahrhunderten und höchst unterschiedlichen und Tausende von Meilen auseinanderliegenden Ländern.

Erhebende Geschichten

Der Anomalieforscher Richard E. Mooney notierte eine Geschichte, die der von Abu al-Hasan Ali al-Mas'udi verblüffend ähnelt, aber von der anderen Seite der Erde stammt: »In der Mythologie des amerikanischen Kontinents existiert eine Überlieferung, dass ›die Priester die Steine leicht machten‹, sodass sie sich ohne Mühe bewegen ließen.« Er fügt hinzu: »Das stimmt überein mit der Legende der Levitation, die möglicherweise ursprünglich ein reales technisches Verfahren oder Gerät beschrieb, das längst in Vergessenheit geraten ist« (Mooney, 1974).

Zudem weist der Forscher John Anthony West, der die Rolle des Schalls im Leben der Alten Ägypter eingehend studiert hat, auf zwei wichtige und relevante Tatsachen hin: a) Unserer heutigen, zugebenermaßen noch sehr zaghaften Erforschung akustikgestützter Technologien ist es gelungen, kleinere Objekte leicht anzuheben, indem man sie in den durch die Reflexion von Schallwellen zwischen zwei Verstärkerscheiben entstehenden Taschen schweben lässt; und b) zahlreiche altägyptische Bauten sind bewusst auf Harmonieeffekte ausgelegt. Das heißt, sie erzeugen eine deutliche

Resonanz auf einer hörbaren Frequenz – einen Ton –, wenn man sie anschlägt.

Zu einem ähnlichen Phänomen bei der Großen Pyramide in Ägypten vermerkte der Forscher Andrew Collins: »Bei der Gestaltung ihres Äußeren und ihres Inneren wurde mit Präzisionsgeometrie gearbeitet, unter Berücksichtigung von Harmonielehre, Proportionen und Klangakustik.« Er fügte hinzu: »Schon lange ist bekannt, dass in vielen Tempeln und Monumenten des Ägyptens der Pharaonenzeit eine sehr genaue Kenntnis von Klangakustik Anwendung fand.« Interessanterweise schreibt Collins, er habe Belege dafür gefunden, dass in Tibet bis ins 20. Jahrhundert hinein manche Klöster »die Geheimnisse einer Schalltechnologie [bewahrten], die auch die Erzeugung von Schwerelosigkeit bei Steinblöcken umfasste« (Collins, 1998).

Darüber hinaus gibt es noch einen dritten sehr wichtigen Faktor. Die Historikerin Adeline Guerber hielt fest, dass der Gott Apollo »hinging, um Neptun zu helfen, … die Mauern von Troja zu bauen. Da er es verschmähte, niedere Arbeiten zu verrichten, setzte der Gott der Musik sich in der Nähe nieder und spielte so inspirierende Weisen, dass sich die Steine von selbst an ihren Platz bewegten« (Guerber, 1893).

Auch über den Bau der großen Mauern um die griechische Stadt Theben existiert eine seltsam ähnliche Geschichte. Es heißt, die Mauern seien zum Klang einer Leier (eines Saiteninstruments) erbaut worden, die einem gewissen Amphion gehört habe. Von ihm sagt die Legende, er sei ein Sohn des Zeus, des Herrschers über den Olymp, und der Antiope, der Tochter eines griechischen Flussgottes namens Asopos, gewesen. In der Folklore Phöniziens gab es eine ähnliche Überlieferung über den Gott Uranus, der in der Lage war, riesige Steine mit nahezu magischen Mitteln zu bewegen. Praktisch identische Erzählungen gibt es zuhauf über die Schaffung eines der berühmtesten steinernen Wunder der Welt: das englische Stonehenge. Zudem ist Stonehenge ein Ort, der auch bei militärischen Stellen große Aufmerksamkeit erregt hat. Die vollständige Geschichte zu diesem Rätsel ist Thema eines späteren Kapitels.

Nachdem wir uns mit den Vorstellungen der Menschen der Antike über den Bau der ägyptischen Pyramiden und anderer antiker Bauwerke mit, wie sie glaubten, nahezu magischen Methoden vertraut gemacht haben, wollen wir uns nun den jüngeren Erforschern solcher umstrittenen Fragen im 20. Jahrhundert zuwenden, ihren bahnbrechenden Arbeiten und der Art, wie der Staatsapparat ihre Erkenntnisse und Theorien insgeheim genau im Auge behielt.

KAPITEL 7

Pyramiden-Power

Die Wunder der Maya

Geht es um das Interesse der US-Regierung an Levitation, Antigravitation, der Möglichkeit, dass eine solche außergewöhnliche Technologie sich bereits vor Jahrtausenden in den Händen der Menschheit befand, und sogar an dem möglichen extraterrestrischen Ursprung dieser Technologie, dann müssen wir unsere Aufmerksamkeit zunächst einem Mann namens Morris Ketchum Jessup zuwenden. In seiner Geschichte ging es um erstaunliche Geheimnisse, längst vergangene Zivilisationen, Regierungsverschwörungen, höchst ungewöhnliche und unorthodoxe Experimente, und sie endete mit seinem tragischen und sehr rätselhaften Tod.

Jessup wurde im Jahr 1900 in Rockville, Indiana, geboren, diente in den späteren Jahren des Ersten Weltkriegs in der US-Armee und war fasziniert von Astronomie und Mathematik. Er erwarb an der *University of Michigan* 1925 einen Bachelor of Science und im folgenden Jahr einen Master of Science und hätte mit Sicherheit sein ursprüngliches

Ziel einer Promotion in Astrophysik erreicht, wenn er nicht auf der Höhe seiner akademischen Studien beschlossen hätte, sein Leben völlig umzukrempeln. Jessup hatte andere Interessen – höchst unorthodoxe Interessen –, weit über Astronomie und Mathematik hinaus. Sie reichten zurück bis in die fernen Anfänge der Geschichtsschreibung oder sogar noch weiter.

Morris K. Jessup, der sich zeitlebens für Archäologie interessierte, reiste Anfang der 1950er-Jahre mehrere Monate lang voller Begeisterung durch Mexiko, Südamerika sowie weite Teile Zentralamerikas einschließlich Guatemala und Belize auf der Suche nach antiken Städten, alten verfallenen Siedlungen und wertvollen Artefakten. Er wollte so viel wie möglich über die Geschichte und Kultur der Maya und der Inka erfahren.

Was Erstere angeht, so kann man ihre Anfänge etwa 4000 Jahre zurückverfolgen, und ihre Anwesenheit hat tiefe Spuren in den mexikanischen Bundesstaaten Tabasco und Chiapas ebenso wie an vielen Orten auf der Halbinsel Yucatán, in Honduras, Belize und Guatemala hinterlassen. Die Maya waren ein mächtiges Volk mit einem ausgeprägten Talent für die Schaffung unglaublicher Architekturdenkmäler von gewaltigen Ausmaßen einschließlich ausgedehnter exotischer Städte und reicher Tempel. Zudem waren sie ungeheuer fasziniert von Himmelsphänomenen, Astronomie und Mathematik – genauso wie Jessup. Das erklärt vielleicht teilweise, warum er so rasch eine so enge Verwandtschaft zu dieser alten Kultur und ihren Aktivitäten verspürte.

Ohne Zweifel sind das großartigste und dauerhafteste Erbe der Maya ihre ganz speziellen legendären Pyramiden, die trotz ihrer etwas anderen Architektur den Vergleich mit denen des Alten Ägypten als hervorragende Beispiele erstaunlicher Ingenieurskunst nicht zu scheuen brauchen. Ein

Beispiel dieser außergewöhnlichen Fertigkeiten bietet die große Pyramide der Maya in der Stadt Cholula im mexikanischen Bundesstaat Puebla, die zu Ehren des mesoamerikanischen Gottes Quetzalcoatl erbaut wurde: Sie hat eine Höhe von etwa 60 Metern und die erstaunliche Seitenlänge von fast 400 Metern. Gleichzeitig umgibt die Maya-Zivilisation jedoch auch ein großes Rätsel. Trotz ihrer jahrhundertelangen Position als eine der großen Kulturen der Welt waren die Maya vor dem zehnten Jahrhundert praktisch verschwunden. Über die Gründe hierfür herrscht Unklarheit. Die Theorien nennen unter anderem lange Trockenheit, eine katastrophale Epidemie, ökologische Faktoren, Überbevölkerung und daraus folgende Unfähigkeit, die Bevölkerung zu ernähren, und dramatische Klimaveränderungen. Vielleicht haben alle diese Faktoren beim Niedergang der Maya eine Rolle gespielt. Aber was auch immer genau der Grund für ihren Untergang war, ihre unglaublichen steinernen Schöpfungen sind geblieben. Und genau wie ihre Schöpfer sind sie immer noch eine Quelle zahlreicher Kontroversen und Debatten.

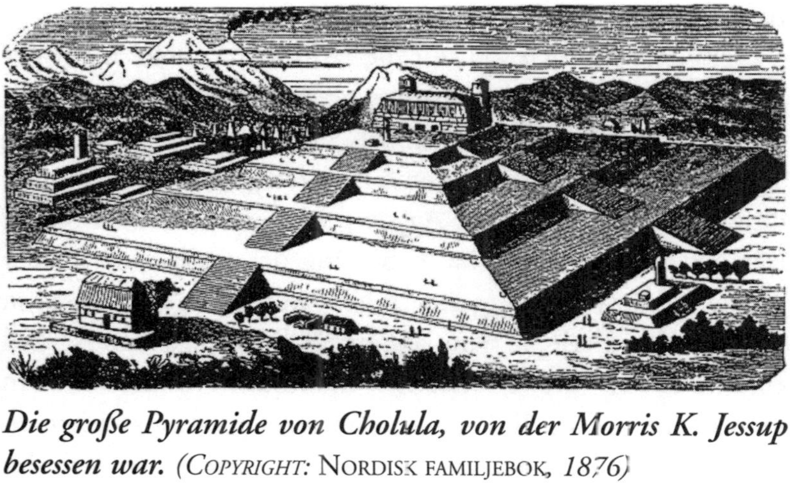

Die große Pyramide von Cholula, von der Morris K. Jessup besessen war. *(Copyright:* Nordisk familjebok, *1876)*

Zum Thema Kontroverse bezüglich der Maya sollte man sich ein wichtiges Ereignis im Jahr 2010 merken. Im November jenes Jahres fand in Cancun das *Pan-American/Iberian Meeting on Acoustics* statt. Die Veranstaltung befasste sich mit zahlreichen neuen Enthüllungen auf dem Gebiet der Schallphysik. Ein Vortrag stach besonders hervor. Das war der von Dr. David Lubman, der 1998 einen Artikel im *Journal of the Astronautical Society of America* veröffentlicht hatte, in dem die außerordentliche Akustik in einigen der von den Maya errichteten Bauten geschildert wurde. Lubman erörterte, dass ein Händeklatschen vor der Pyramide von El Castillo in Yucatan, Mexiko, einen Ton verursacht, der dem Ruf des Quetzalvogels verblüffend ähnelt. Das Thema wurde von Nico Declercq von der Universität in Gent, Belgien, aufgenommen, der einen weiteren erstaunlichen akustischen Effekt entdeckt hatte: Personen, die am Fuß der Pyramide gesessen hatten, berichteten, dass der Klang der Schritte von weiter oben auf der Pyramide herumgehenden Besuchern eine erstaunliche Ähnlichkeit mit dem Geräusch von Regen hatte. Lubman sagte: »Ich glaube, die Pyramiden waren im Wesentlichen Echo-Maschinen, die gebaut wurden, um spirituelle Empfindungen zu erzeugen« (Vergano, 2010).

Selbstverständlich soll mit diesen Ausführungen nicht der Vorstellung Vorschub geleistet werden, die Maya hätten sich bei der Erschaffung ihrer fantastischen Bauwerke akustischer Technologien bedient. Sie demonstrieren jedoch einmal mehr, dass, wie auch im Fall der Ägypter sowie im Zusammenhang mit den Legenden um die Erbauung der Stadt Troja in der Türkei und, wie wir später sehen werden, des englischen Stonehenge, Berichte von außergewöhnlicher Akustik und erstaunlichen, prähistorischen Steinbauwerken Hand in Hand gehen. Eine Geschichte allerdings passt tatsächlich zu der Vorstellung, dass eine Form der Levitation bei der

Konstruktion bestimmter Maya-Bauwerke eine Rolle gespielt haben könnte.

Uxmal ist heute eine überwältigende Ruinenstadt der Maya, deren Überreste auf der Halbinsel Yucatán liegen. Maya-Chroniken besagen, dass die ersten Grundsteine von Uxmal um das Jahr 500 n. Chr. gelegt wurden, die Bebauung ihren Höhepunkt im neunten und zehnten Jahrhundert erreichte, worauf die Stadt dann einen langsamen, aber stetigen Niedergang erlebte und um 1500 größtenteils verlassen wurde. Weit interessanter als die Geschichte von Uxmal ist allerdings die langlebige Legende, dass sie von einem oder mehreren mysteriösen zwergenartigen Wesen erbaut wurde, die die unheimliche Fähigkeit besaßen, riesige Steine lediglich durch Pfiffe zu befehligen. Oder durch den Einsatz einer seltsamen Form erstaunlicher akustischer Technologie, könnten wir jetzt argumentieren.

Die unglaublichen Inka

Die Blütezeit der Inka begann Anfang des 13. Jahrhunderts im peruanischen Hochland. Im 16. Jahrhundert waren sie zu einem echten Imperium aufgestiegen, das über weite Teile des westlichen Südamerikas herrschte, unter anderem über große Teile des heutigen Chile, Argentinien und Bolivien. Zumindest bis 1526, als die spanischen Konquistadoren unter der Führung von Francisco Pizarro über ihre Zivilisation herfielen und sich das Gesicht der Inka-Gesellschaft rasch und grundlegend zum Schlechteren veränderte. Überwältigt von den spanischen Eroberern und vernichtenden Pocken-, Typhus-, Diphterie- und Masernepidemien, war das Inka-Reich Anfang des 17. Jahrhunderts gebrochen und ausgelaugt. Ebenso wie die Maya hinterließen allerdings auch die

Inka ein überwältigendes und umfangreiches architektonisches Erbe, dem auch Morris K. Jessup große Aufmerksamkeit und einen Besuch widmete.

Einer der Orte, die Jessup so faszinierten, war Tiahuanaco, ein Vorläufer der Inka-Gesellschaft, dessen Überreste nahe dem Ufer des Titicacasees im Westen Boliviens liegen, einer von regelmäßiger vulkanischer Aktivität geprägten Gegend. Bemerkenswerterweise besagt eine Indiolegende des Gebietes, dass die allerersten Bewohner der Stadt archaische Geheimnisse gekannt hätten, mit deren Hilfe sie riesige Steine allein durch den Klang einer Trompete in die Luft steigen lassen konnten. Hier wird ein eindeutiges Muster sichtbar: Es erstreckt sich von Griechenland bis nach Ägypten und von Yucatán bis Stonehenge, und einer seiner Bestandteile ist das Anheben großer Steinblöcke durch eine Technologie, die anscheinend die Schwerkraft aufhob oder bei der akustische Technologie eine Rolle spielte. Oder beides.

Den Höhepunkt der bedeutenden Leistungen der Inka bildet ein historischer Komplex namens Machu Picchu, der in fast 2400 Metern über dem Meeresspiegel in bergigem Terrain oberhalb des malerischen peruanischen Urubamba-Tals liegt. Machu Picchu – mit dessen Bau allgemeinen Annahmen zufolge im 15. Jahrhundert begonnen wurde, und das für ein Trio besonders interessanter Bauwerke bekannt ist: den Sonnentempel, den Raum der drei Fenster und das Intihuatana – war nach Ansicht vieler Forscher und Wissenschaftler eine Kultstätte von höchster religiöser Bedeutung.

Darüber hinaus ist Machu Picchu berühmt für seine astronomische Bedeutung. So ist das Intihuatana, eine mächtige Steinsäule, deren Name sich etwa mit »um die Sonne anzubinden« übersetzen lässt, eng verbunden mit der Wintersonnenwende und der Furcht der Inka, dass mit den immer dunkler und länger werdenden Nächten unsere Sonne eines

Machu Picchu: ein peruanisches Rätsel
(Copyright: Bingham, 1911)

Tages völlig verschwinden und vielleicht nie wiederkehren würde, um unsere Welt zu erleuchten. Deshalb hielten die besorgten Menschen von Machu Picchu am Intihuatana komplizierte Zeremonien eigens zu dem Zweck ab, das Überleben der Sonne während der Sonnenwende zu sichern. Noch faszinierender ist die Tatsache, dass sich in Machu Picchu ein astronomisches Observatorium befindet, durch dessen Nordostfenster der Beobachter eine wunderbare Sicht auf die aufgehenden Plejaden oder das Siebengestirn hat, ein im Sternbild des Stiers gelegener Sternhaufen. Diese astronomische Verbindung zu Machu Picchu war es auch, die Morris K. Jessup, dem wir uns jetzt wieder zuwenden, so faszinierte.

The Case for the UFO

Für die Geschichte des Morris K. Jessup höchst relevant ist der Zeitraum, in den seine Expeditionen südlich der Vereinigten Staaten von Amerika fielen: die frühen 1950er-Jahre. Obwohl Jessup sowohl Yucatán als auch Peru bereits in den 1920ern bereist und im Amazonasgebiet für das US-Landwirtschaftsministerium Bezugsquellen für Kautschuk untersucht sowie mit finanzieller Unterstützung des *Carnegie Institute* einige Zeit in den Urwäldern Zentralamerikas verbracht hatte, brachten ihn erst vier wenig bekannte und selten diskutierte Reisen – eine nach Peru, eine zweite nach Mexiko, eine dritte nach Bolivien und eine vierte nach Belize – Ende 1952 auf einen Kurs, der sich direkt mit dem der UFO-Kontroverse kreuzte, die damals ihren Höhepunkt erreicht hatte. Man kann durchaus sagen, dass sich für Jessup diese Wege nicht nur kreuzten – sie liefen auf spektakuläre Art zusammen.

Im Juli 1952, nur wenige Monate vor Jessups Aufbruch zu seiner Reise in eine geheimnisvolle Vergangenheit, erschütterten wahre Schockwellen die US-amerikanische Regierung, das -Militär und die -Geheimdienste, als während eines Zeitraums von zwei Wochenenden zahlreiche UFO-Sichtungen aus allen Teilen der Hauptstadt Washington, D. C., berichtet wurden – manche von Luftwaffenpiloten und Radarbodenpersonal. Diese erstaunliche Welle von Sichtungen veranlasste die Luftwaffe, das FBI J. Edgar Hoovers insgeheim davon in Kenntnis zu setzen, dass die Möglichkeit nicht auszuschließen sei, dass es sich zumindest bei einigen der UFOs um das Werk von Besuchern vom Mars handeln könnte.

Jessup, der sich schon vorher für alles interessiert hatte, was mit dem Weltraum zusammenhing, nahm das UFO-Rätsel seit seinen Anfängen im Jahr 1947 – und besonders seit der massiven Welle vom Juli 1952 – aufmerksam zur Kenntnis und verfolgte die Debatte über die Natur des Phänomens mit stetig wachsender Begeisterung. Nach seiner

Reise durch Südamerika, Zentralamerika und Mexiko Anfang der 1950er-Jahre, auf der er sich noch näher mit den großartigen Bauwerken der Maya, Inka und einer ganzen Reihe mittelamerikanischer Kulturen befasste, gelangte Jessup dann zu einer bemerkenswerten Schlussfolgerung. Unmöglich, so glaubte Jessup, konnten diese ehrfurchtgebietenden Bauten jener lange vergangenen Zivilisationen ohne Hilfe von außen, von den Bewohnern anderer Welten, zustande gekommen sein: von Außerirdischen.

1955 stieß Jessup auf etwas, das praktisch in die längst vergangene Zeit des Abu al-Hasan Ali al-Mas'udi selbst zurückführte: »Ich habe in Südamerika Mauerwerk gesehen und berührt, das aus dem massiven Fels der Berge gehauen wurde und das sicher vor den Gletschern der Anden und beinahe ebenso sicher vor den Bergen selbst entstand. Technisch ist dieses Mauerwerk dem überlegen, was unsere heutige mechanisierte Zivilisation schafft. Ein großer Teil dieser Bauten, Strukturen und Tunnel konnte nur von anderen ›Kräften‹ erschaffen werden als jenen, die wir heute nutzen. Eine Lösung dieses Rätsels wäre die Möglichkeit von Levitationskräften … Auch die Aufrichtung der alten megalithischen Monumente muss durch Levitation erreicht worden sein« (Jessup, 1955).

Zu diesen alten megalithischen Monumenten, die nach Jessups Schlussfolgerungen durch Nutzung der Levitation errichtet wurden, gehörten auch die rätselhaften Figuren auf den Osterinseln und der große Stein der Schwangeren Frau in Baalbek im libanesischen Bekaatal, der das unglaubliche Gewicht von nahezu *1000 Tonnen* hat. Und gerechterweise sollte man sagen, dass Jessup für die bloße Vorstellung, diese Schöpfungen seien nur das Werk unzähliger Menschen, die über kaum mehr als Walzen, Rampen, Seile und Flaschenzüge verfügten, nur ein spöttisches Lächeln übrig hatte.

Obwohl, wie Jessup auch einräumte, eine solche Technologie tatsächlich existierte, schien ihre Verfügbarkeit, Reichweite und Nutzung doch bedauerlicherweise auf bestimmte Schlüsselzonen der Erde beschränkt gewesen zu sein. Das waren der Mittlere Osten, Indien, Pakistan, China und dessen unmittelbare Nachbarn, einige Teile Europas und große Teile Südamerikas, Mexikos und Zentralamerikas. Australien, Afrika, Kanada, die USA und die Weiten Russlands dagegen schienen – nach Jessups Ansicht jedenfalls – in der Vergangenheit keine besonders herausragende Rolle bei der Entwicklung levitationsgestützter Technologie gespielt zu haben.

Auf seinen Reisen kam Jessup außerdem an Informationen über bestimmte gut erhaltene, alte fernöstliche Dokumente über Levitation. Es hieß, sie seien eifersüchtigst in mehreren völlig abgelegenen Klöstern an verschiedenen Orten im Himalaya und Zentralchina gehütet worden. Wichtiger noch ist Jessups Beobachtung, dass nicht nur die US-Regierung versuchte, die uralte Wundertechnologie in die Hände zu bekommen, sondern dass die im Himalaya gehüteten Geheimnisse der Levitationstechnologie auch die damaligen Sowjets zu dem Versuch veranlassten, die Steine versetzenden Wunder dieser Klöster zu finden und zu erbeuten.

Bei seinem immer tieferen Vordringen in die Geheimnisse der Vergangenheit gelangte Jessup zu der Ansicht, dass vor etwa 100 000 Jahren eine mächtige, technisch hoch entwickelte Zivilisation auf der Erde existiert hatte, die schließlich ein katastrophales Ende, und zwar ein schnelles und unvorhergesehenes, nahm. Jessup schien – wie aus seinen persönlichen Briefen an Kollegen deutlich hervorgeht – geradezu besessen von der Idee, dass die Levitationstechnologie und die mächtigen Herrscher, die sie geschaffen hatten, vor langer Zeit plötzlich und gewaltsam vernichtet wurden.

Vielleicht wurde das Ende durch einen massiven militärischen Konflikt herbeigeführt, überlegte Jessup. Oder vielleicht war die Ursache der gewaltigen Zerstörung auch eine Naturkatastrophe, zum Beispiel eine weltweite Flut, die den gesamten Planeten erfasste und zur Entstehung zahlloser Sintflutmythen und -legenden genau der Art führte, die in den vorigen Kapiteln behandelt wurde. Einer Sache war sich Jessup allerdings völlig sicher: Diese alte Menschenrasse legte den Grundstein für die Legenden von Atlantis, ebenso wie für die Kulturen, die seiner Meinung nach schließlich lange nach dessen Zusammenbruch entstanden, einschließlich derer Zentralamerikas, Südamerikas, Ägyptens, Indiens und Tibets. Oder, um es in Jessups Begrifflichkeit auszudrücken: die wiederauflebenden Überreste.

Aber wie genau wurde Jessups Meinung nach eine so erstaunliche Levitation erreicht? Dazu hatte er durchaus einige Vorstellungen: »Ich habe den Begriff ›Levitation‹ anstelle von Energie oder Kraft verwendet. Ich habe postuliert, dass Fliegende Untertassen eine Form von Reaktion mit dem Gravitationsfeld nutzten. Dadurch konnten sie Beschleunigungs- oder Hebekräfte gleichzeitig auf alle Partikel eines Körpers sowohl innerhalb als auch außerhalb einwirken lassen und nicht durch nur äußere Gewalt in Form von Druck- oder Zugeinwirkung auf die Oberfläche. Ich glaube, dass diese oder eine ähnliche Kraft in sehr früher Zeit eingesetzt wurde, um Steine zu bewegen« (Jessup, 1957).

Das alles könnte man durchaus für nichts weiter als eine höchst unorthodoxe Theorie eines Mannes halten, der die Geheimnisse der Vergangenheit eingehend studiert hatte und daraufhin zu einer Reihe von bemerkenswerten und zweifellos originellen Schlussfolgerungen gelangt war. Allerdings führten Jessups Ideen und sein Buch *The Case for the UFO*, in dem er diese Ideen darlegte, zu einem sensationellen Ergebnis, das Jessup selbst wohl kaum vorausgesehen hatte. Beides ließ eine bestimmte wichtige Dienststelle im Innersten der US-Marine aufmerksam und besorgt aufhorchen.

KAPITEL 8

Verschwörungen bei der Marine

Nicht lange nach dem Erscheinen von *The Case for the UFO* erhielt Morris K. Jessup eine Reihe von äußerst seltsamen Briefen von einem gewissen Carlos Allende (alias Carl Allen) aus Pennsylvania. In seiner erstaunlichen Korrespondenz kommentierte Allende Jessups Theorien zur Levitation in der Antike und berichtete auch Einzelheiten über ein geheimes Experiment, das im Oktober 1943 angeblich von der US-Marine in der Marinewerft von Philadelphia durchgeführt worden war. Allendes unglaublicher Geschichte zufolge wurde während dieses Experiments ein Kriegsschiff optisch unsichtbar gemacht und innerhalb weniger Minuten nach Norfolk, Virginia, und wieder zurück teleportiert, wobei dieses unglaubliche Kunststück angeblich durch Anwendung von Albert Einsteins nie vollendeter einheitlicher Feldtheorie vollbracht wurde.

Allende erläuterte, bei dem in dem Experiment verwendeten Schiff habe es sich um die *DE 173 USS Eldrige* gehandelt. Zudem sei er, Allende, von seiner Position auf See an Bord eines Dampfers namens *SS Andrew Furuseth* selbst Zeuge eines der Versuche geworden, bei dem sowohl das Schiff als auch die Mannschaft unsichtbar gemacht werden sollten. Aus sicherer Entfernung auf der *Furuseth* habe er verblüfft beobachtet, wie die Luft rund um das Schiff sich zuerst leicht verdunkelte und dann das Aussehen eines grünen Nebels annahm. Dann war zu seiner noch größeren Verblüffung die *Eldridge* urplötzlich buchstäblich nicht mehr zu sehen.

Wenn Allende die Wahrheit sagte, beherrschte die Marine nicht nur die Technik des Unsichtbarmachens, sondern hatte auch das Geheimnis der Teleportation von der Art erschlossen, wie fiktive TV-Formate wie *Star Trek* und *The Fly* sie zeigen. In diesem Zusammenhang stellte Allende die beunruhigende Behauptung auf, dass das Experiment nicht nur einige Crew-Mitglieder in den Wahnsinn trieb, sondern dass andere sogar auf dem Höhepunkt des Experiments vom Schiff verschwanden und nie wieder auftauchten. Wieder andere verschmolzen angeblich mit dem metallenen Rumpf des Schiffs selbst, sodass sie eines grausamen und qualvollen Todes starben. Jessup war gleichzeitig fasziniert und höchst beunruhigt von dem, was ihm Allende 1956 in mehreren Briefen berichtete. Aber trotz dieser Atmosphäre höchster Fremdartigkeit, die ihn mittlerweile dank Allende umgab, war selbst Jessup nicht auf das nächste Kapitel dieser seltsamen Geschichte vorbereitet.

Die Marine wird auf Jessup aufmerksam

1956 schickte ein anonymer Absender ein Exemplar von Jessups *The Case for the UFO* an das *Office of Naval Research* (ONR) der US-Marine in Washington, das Major Darrell L. Ritter übergeben wurde. Dabei handelte es sich allerdings nicht um ein normales Exemplar von Jessups umstrittenem Werk. Überall auf den Seiten dieses Buches waren handschriftliche Kommentare eingestreut – in verschiedenfarbiger Tinte und mit merkwürdigen Kombinationen von großen und kleinen Buchstaben –, die auf ausgiebiges Wissen über UFOs, ihre Art der Fortbewegung und die Kultur und Ethik der Insassen ebendieser UFOs schließen ließen, die alle in unverkennbar wissenschaftlicher Sprache beschrieben wurden. Diese Kommentare und Kritzeleien lasen sich zumindest für Uneingeweihte wie das Werk eines Verrückten oder mehrerer Verrückter, da die Anmerkungen angeblich von drei Leuten mit sonderbaren Namen verfasst worden waren: Jemi, Mr. A. und Mr. B.

Zwei damals im ONR dienende Offiziere, Captain Sidney Sherby und Commander George W. Hoover, der seinerzeit Special Projects Officer beim ONR war, zeigten besonderes Interesse an Jessups *The Case for the UFO* und den Anmerkungen darin. Schnell hatten sie Jessup über seinen Verleger ausfindig gemacht. Anschließend taten Sherby und Hoover etwas sehr Ungewöhnliches: Sie luden Jessup umgehend ein, um mit ihm über sein Buch und die kuriosen Anmerkungen in dem der Marine vorliegenden Exemplar zu sprechen. Jessup war jetzt noch beunruhigter, aber auch sehr gespannt, was da im Gange sein mochte, ließ sich die Einladung ein Weilchen durch den Kopf gehen und fasste dann den wohl unvermeidlichen Entschluss, zu einem persönlichen Treffen nach Washington zu fliegen.

Bei seiner Ankunft wurde Jessup zum Abendessen eingeladen (vermutlich, um ihn in eine lockere Stimmung zu versetzen), und er bekam ein schönes Hotelzimmer und am nächsten Morgen ein gutes Frühstück. Ein paar Stunden später wurde es dann in einem Büro im ONR ernst: Eine intensive Befragung über sein Buch, die darin enthaltenen Daten und Theorien und natürlich die Diskussion über das unsichtbar gewordene Schiff und die seltsamen Anmerkungen von Jemi, Mr. A. und Mr. B. begann. Als Sherby und Hoover Jessup das Exemplar des Buches zeigten, das von dem anonymen Absender an das ONS geschickt worden war, erkannte Jessup sofort, dass die seltsame Schrift auf den Seiten der von Allende glich. Das sagte er den Offizieren auch und erzählte ihnen von den merkwürdigen Briefen, die er von Allende erhalten hatte.

Obwohl Allendes Behauptungen so erstaunlich waren, tat die Marine dann etwas noch Seltsameres: Sie gab bei der *Varo Corporation* in Garland, Texas, insgeheim und auf ihre Kosten Kopien von Jessups Buch in Auftrag. Das war ein unglaublich langweiliger Job für Miss Michael Ann Dunn,

Die Marinewerft von Philadelphia: Hort von Geheimnissen
(Copyright: US Navy*)*

die Sekretärin des Präsidenten der *Varo*. Ihr fiel die wenig beneidenswerte Aufgabe zu, zunächst die mehr als 200 Seiten von Jessups Buch vollständig abzutippen und dann sorgfältig sämtliche Anmerkungen von Allende genauso einzufügen, wie sie in dem an Major Darrell L. Ritter geschickten Exemplar aussahen – in genau denselben Farben, derselben Schrift und derselben seltsamen Kombination aus Groß- und Kleinschreibung. Dann musste Dunn volle 25 Kopien dieser Neuausgabe von Jessups Buch erstellen, von denen anscheinend eine an Jessup ging, die aber später aus seinem Büro verschwand. Im Gegensatz zur *USS Eldridge* tauchte Jessups Kopie der *Varo*-Edition allerdings nicht wieder auf. Mysteriöserweise lässt die Marine heute zu diesem speziellen Aspekt der verwirrenden Affäre nur wissen, dass a) sowohl Sherby als auch Hoover schon vor Jahren aus der Marine ausgeschieden sind, b) sie all ihre persönlichen Gegenstände mitgenommen haben und c) das ONR kein einziges der circa zwei Dutzend Exemplare von Jessups Buch mit den Anmerkungen mehr besitzt. Mit anderen Worten: Stellen Sie keine Fragen zu Dingen, die Sie nichts angehen.

Es sollte festgehalten werden, dass die Marine heute zwar einerseits einräumt, dass das ONR sich tatsächlich mit Jessups *The Case for the UFO* beschäftigte und er in die ONR-Büros kam, um dort über den Inhalt des Buches zu sprechen, andererseits jedoch betont, Sherbys und Hoovers Interesse an Jessup und seinem Werk sei rein privater Natur gewesen. Mit anderen Worten: Es hatte – jedenfalls offiziell – absolut nichts mit der Marine zu tun, und was deren Angestellte in ihrer Freizeit zu tun beliebten, war deren absolute Privatangelegenheit und nicht Sache der US-Marine. Zweifel an dieser Behauptung sind allerdings durchaus erlaubt, denn es stellte sich heraus, dass die Marine ganz offiziell sämtliche Kosten für Jessups Flug sowie für sein Taxi, Hotel und Verpflegung während seines Aufenthalts in Washington übernommen hatte.

Zudem stellte Anna Lykins Genzlinger, die die Jessup-Affäre Ende der 1970er- und Anfang der 1980er-Jahre eingehend untersuchte, fest, dass Sherby und Hoover an einem Programm der Marine mitarbeiteten, das einen Satelliten in eine erdnahe Umlaufbahn bringen sollte, und möglicherweise auch an »Forschungen zur Schwerkraft« beteiligt waren. Genzlinger schreibt, dies sei möglicherweise der Grund dafür, dass die beiden ONS-Leute ein solch »ungewöhnliches Interesse« an Jessups Buch an den Tag legten. All diese Enthüllungen passen überhaupt nicht zu der Vorstellung, das Interesse an Jessups Buch sei völlig inoffizieller Natur gewesen. Zusammengenommen lassen sie genau das Gegenteil vermuten (Genzlinger, 1981).

Ein rätselhafter Tod

Levitation in ferner Vergangenheit, schwebende Steine, durch Antigravitation erbaute Pyramiden, merkwürdige, erschreckende Todesfälle auf See, ein unsichtbar werdendes Schiff und die auffallende Aufmerksamkeit seitens des *Office of Naval Research*: Kein Wunder, dass Jessup bei seiner Abreise aus Washington nicht wusste, wo ihm der Kopf stand und in was er da hineingeraten war. Lange konnte er über diese Fragen aber nicht nachdenken. Am 29. April 1959 wurde er tot in seinem Auto im *Dale County Park* in Florida aufgefunden. Offiziell wurde als Todesursache Suizid durch Kohlenmonoxidvergiftung angegeben. Vertreter dieser Theorie führen an, dass Jessups Frau Ruby ihn 1958 verließ und er wegen dieser bedauerlichen privaten Turbulenzen deutliche Anzeichen von Depression gezeigt hatte. Dass seine Bücher kein großes Publikum mehr fanden und er für mehrere weitere Buchprojekte und Ideen nichts als Absagen von seinem Verleger kassierte, waren deren Ansicht nach weitere Faktoren, die ihn in die Verzweiflung und den Freitod getrieben hatten.

Allerdings schreit eine andere Frage geradezu nach Aufklärung: Jessups starb nur 24 Stunden, nachdem er einen nahen Freund und Kollegen, der seine Leidenschaft für antike Zivilisationen und die Rätsel der Vergangenheit teilte – Dr. Manson Valentine – angerufen und ihn um ein Treffen am folgenden Tag gebeten hatte. Grund für das Treffen war die Besprechung eines aufregenden neuen Durchbruchs, den Jessup angeblich im Zusammenhang mit der berüchtigten Geschichte von dem unsichtbar gewordenen Schiff in der Marinewerft von Philadelphia 1943 erzielt hatte. Es war ein Durchbruch, den Jessup nicht am Telefon zu besprechen wagte, weswegen ein persönliches Treffen vereinbart wurde. Es ist bedauerlich und geht vielleicht sogar nicht mit rechten Dingen zu, dass es nie zustande kam. Infolge seiner eigenen tragischen Handlung oder der finsteren und kaltblütigen Tat eines Auftragsmörders kam Jessup nie dazu, Valentine über jenen neuen Durchbruch zu berichten. Bis heute zirkulieren allerdings unter denjenigen, die von dem Verschwinden der *Eldridge* überzeugt sind, Gerüchte, dass Jessups Tod ein Musterbeispiel eines Mordes in staatlichem Auftrag war, gezielt ausgeführt im Rahmen des Versuchs offizieller Stellen, die Wahrheit über die seltsame Geschichte vom unsichtbaren Schiff und Jessups Forschungen zur Levitation in der Antike unter Verschluss zu halten. Dass die Marine in der Debatte um Jessups vorzeitigen Tod sorgfältig jeden Kommentar vermied, ist nicht weiter überraschend. Allerdings hat sie sich über die ihrer Ansicht nach möglichen Gründe für die Legende von dem Experiment in der Marinewerft von Philadelphia geäußert: »Personal des *Fourth Naval District* ist der Ansicht, dass die Fragen im Zusammenhang mit dem sogenannten ›Philadelphia-Experiment‹ sich aus durchaus normalen Forschungen ergeben, die im Zweiten Weltkrieg in der Marinewerft von Philadelphia durchgeführt wurden. Bis in jüngerer Zeit wurde angenommen, dass die zweifelhafte Geschichte auf Entmagnetisierungsexperimente zurückgeht, die ein Schiff für Magnetminen unauffindbar oder ›unsichtbar‹ machen« (*Department of the Navy*, 1996).

Die Marine führt weiter aus: »Entmagnetisierung ist ein Verfahren, bei dem ein System von elektrischen Kabeln, außen auf beiden Seiten vom Bug zum Heck verlaufend, um den Schiffsrumpf verlegt wird [sic]. Ein elektrischer Strom einer bestimmten Stärke wird durch diese Kabel geleitet, um das Magnetfeld des Schiffs zu kompensieren. Entmagnetisierungsanlagen wurden im Rumpf von Schiffen der Marine installiert und konnten eingeschaltet werden, wenn sich das Schiff in Gewässern befand, in denen mit Magnetminen zu rechnen war, in der Regel flachere Gewässer in Kampfgebieten. Man könnte sagen, dass eine korrekt durchgeführte Entmagnetisierung ein Schiff für die Sensoren von Magnetminen ›unsichtbar‹ macht; für das menschliche Auge, Radar und Unterwasserabhörgeräte bleibt das Schiff jedoch sichtbar« (*Department of the Navy*, 2000).

Um die Sache noch unübersichtlicher zu machen, bietet die Marine eine weitere Theorie zur Erklärung der Auswirkungen auf die Mannschaft an: »Eine weitere Ursache für die bizarren Berichte über Levitation, Teleportation und deren Auswirkungen auf die Mitglieder der Crew könnte Experimenten mit dem Generator eines Zerstörers, der *USS Timmermann,* zuzuschreiben sein. In den 1950er-Jahren war dieses Schiff an einem Experiment zur Prüfung der Wirksamkeit eines kompakten Hochfrequenzgenerators beteiligt, der statt der üblichen 400 Hz 1000 Hz lieferte. Der höherfrequente Generator erzeugte Koronaentladungen und weitere bei Hochfrequenzgeneratoren wohlbekannte Phänomene. Kein Mannschaftsangehöriger kam durch das Experiment zu Schaden« (*Department of the Navy*, 1996).

Allende und die Antigravitation

Eine letzte, entscheidend wichtige und für dieses Buch zutiefst relevante Frage ist von vielen, die sich mit der Jessup-Affäre beschäftigt haben, übersehen, falsch interpretiert oder schlichtweg ignoriert worden. Weil sich Carlos Allende in seinen Briefen an Jessup überwiegend mit den Unsichtbarkeitsexperimenten während des Krieges befasste, haben zahlreiche Kommentatoren behauptet, dies sei der Grund, warum die Marine sich so eingehend mit dem Exemplar von *The Case for The UFO* mit den seltsamen Anmerkungen beschäftigt habe, das beim ONR einging.

Was allerdings selten betont wird, ist die Tatsache, dass in auffallendem Gegensatz zu den Briefen an Jessup die meisten Kommentare, die in das anonym an die Marine gesendete Buch gekritzelt worden waren, absolut *nichts* mit dem zu tun hatten, was sich 1943 in den Gewässern vor Philadelphia abgespielt – oder auch nicht abgespielt – hatte. Allendes Vermerke in *The Case for The UFO* bezogen sich vielmehr *ausschließlich* auf Jessups Schriften darüber, wie und warum er zu dem Schluss gekommen war, dass antike Zivilisationen beim Bau der Pyramiden Ägyptens, Zentralamerikas und Südamerikas mit Levitation gearbeitet hatten. Um jegliche Zweifel in diesem Punkt auszuräumen: In einem bestimmten Abschnitt in *The Case for The UFO,* in dem er die Levitationstheorien behandelte, schrieb Jessup, seiner Ansicht nach seien die bei den alten Megalithbauten verwendeten Blöcke schlicht zu groß und sperrig gewesen, um sie anders als durch Levitation zu bewegen. In dem Exemplar der Marine hatte Allende Jessups diesbezügliche Worte sorgfältig und dick unterstrichen.

Genauso unterstrich Allende auch weitere relevante Sätze zu demselben Thema. Die so markierten Passagen enthalten Daten zur »Aufhebung der Schwerkraft«, zu einer sehr alten »mechanisierten Zivilisation«, zu »Levitationskräften«, zur »Kontrolle der Schwerkraft«, zu den »Geheimnissen des Fliegens in der Antike«, »riesigen unfertigen Steinen« (unter anderem dem 1000-Tonnen-Klotz von Baalbek), einer von den Peruanern vor langer Zeit entwickelten »Levitator«-Technologie und zur Manipulation von »Gravitationsfeldern« sowie insbesondere wiederholte Bemerkungen über ein höchst rätselhaftes, längst untergegangenes Volk, das mittlerweile kaum noch verstandene Technologien beherrschte, mit denen es riesige Steinblöcke in einer heute kaum vorstellbaren Menge und mit selbst heute unerreichten Methoden manövrieren konnte (Jessup, 1955).

Wie aus all dem hervorgeht, spricht sehr viel dafür, dass die Marine zwar Allendes brisante Behauptungen in seinen Briefen an Jessup zur Geschichte vom unsichtbar gewordenen Schiff nicht ignorierte, trotzdem aber weitaus mehr an den Passagen des Buches interessiert war, in denen Jessup über levitationsgestützte Technologien in einer Welt und einer Zeit schrieb, die für uns Heutige eher als primitiv gilt. Schließlich bezahlte die Marine Jessups Flug nach Washington, spendierte ihm ein Hotelzimmer und finanzierte sogar den Druck von über zwei Dutzend Exemplaren seines Buchs – klingt das nach mangelndem Interesse oder nach der Freizeitbeschäftigung von zwei ONR-Mitarbeitern? Ganz sicher nicht.

Morris K. Jessups Forschungen über die Geheimnisse der Vergangenheit und die bahnbrechenden wissenschaftlichen Errungenschaften der Antike hatten offensichtlich einen Nerv tief im Innern des Staatsapparats getroffen. Dieselben Forschungen könnten auch der Grund für seinen frühen und bis heute umstrittenen Tod in einem Park in Florida vor mehr als einem halben Jahrhundert gewesen sein. 1956 war im Übrigen ein wichtiges Jahr für weitere Aktivitäten der Regierung auf dem Gebiet der Manipulation der Schwerkraft und, wie wir sehen werden, gefolgt von weiterem offiziellen geheimen Interesse an den Behauptungen, dass die ägyptischen Pyramiden und andere riesige Bauten nicht so entstanden, wie die Geschichtswissenschaft, Archäologie und Naturwissenschaften uns versichern.

KAPITEL 9

DIE BEHERRSCHUNG DER SCHWERKRAFT

Anfang Januar 1956 erhielt eine britische Zeitschrift mit dem Titel *Aero Digest* von einem Insider der Regierung einen Geheimtipp, dass der Staatsapparat insgeheim daran arbeite, die Geheimnisse der Schwerkraft zum militärischen Vorteil zu nutzen. Zwei Monate lang recherchierte der *Aero Digest* hartnäckig und genau die verlockenden kleinen Informationssplitter, die ihm in die Hände geraten waren, und veröffentlichte schließlich in seiner März-Ausgabe 1956 einen Artikel mit dem Titel »Antigravitation boomt«. In seinem Kommentar zu den Enthüllungen des *Aero Digest* im *Journal of the British Interplanetary Society* bot A. V. Cleaver die denkwürdige Erklärung: »Die Amerikaner haben beschlossen, dem alten Science-Fiction-Traum von der Beherrschung der Schwerkraft oder ›Antigravitation‹ auf den Grund zu gehen, um die elementaren Eigenschaften von Gravitationsfeldern und ihren Zusammenhang mit elektromagnetischen und anderen Phänomenen sowohl theoretisch als auch (wenn möglich) praktisch zu untersuchen« (Cleaver, 1957).

Die Übereinstimmung dieses Zeitraums mit dem, in dem sich die US-Marine für die Schriften von Morris K. Jessup über prähistorische Bauwerke, die Maya, Inka, Levitation und Manipulation der Schwerkraft interessierte, ist ebenso auffallend wie bedeutsam. Und es ging noch weiter. Die Journalisten des *Aero Digest* hatten ganz offensichtlich sehr fundierte Informationen erhalten: Im September 1956, sechs Monate nach Erscheinen ihres Artikels, begann das *General Physics Laboratory* der *Aeronautical Research Laboratories* auf der *Wright-Patterson Air Force Base* in Ohio *sehr* geheim mit der Erforschung der Schwerkraft und der Möglichkeiten, sie zu manipulieren und zu beherrschen.

Trotz des eklatanten Mangels an offiziellen Dokumenten zu diesem Thema (wobei deren Fehlen in den Militärarchiven durchaus auffallend ist) weiß man, dass eine der Personen, die bei diesem Projekt eine wichtige Rolle spielten, Joshua N. Goldberg vom Physikalischen Institut der *Syracuse University* war. Und anscheinend war, ebenso wie 1956 im Fall des *Aero Digest*, einigen Whistleblowern sehr daran gelegen, diese Story auch anderen Medien zuzuspielen. Im Dezember 1957 schrieb die Zeitschrift *Product Engineering*: »Die Luftwaffe fördert Forschungen zur Elektrogravitation, und zahlreiche Unternehmen und Einzelpersonen arbeiten an dem Problem« (*Product Engineering*, 1957).

Als die 1950er-Jahre zu Ende gingen und die 1960er anfingen, ging die Schwerkraftforschung weiter – und wieder folgte die Pyramidenforschung dichtauf.

Ein Energienetz

Bruce Cathie, ein mittlerweile pensionierter Zivilpilot aus Neuseeland, hat eine interessante Theorie vorgelegt, derzufolge a) unseren gesamten Planeten ein Energienetz umspannt, das UFOs, die definitiv von außerirdischen Wesen gesteuert werden, bei ihrem Flug durch den Himmel über dem Planeten Erde als Energiequelle nutzen, und b) eine Technologie, auf die diese Beschreibung in groben Zügen passt, auch für den Transport und die Verarbeitung der gigantischen Steinblöcke beim Bau der ägyptischen Pyramiden und zahlreicher anderer riesiger Steinbauten eingesetzt wurde. Ende der 1960er-Jahre trat Cathie das erste Mal mit seinen Ansichten an die Öffentlichkeit.

Nach Cathies fester Überzeugung war es völlig ausgeschlossen, dass die Tausende von Steinblöcken, die beim Bau der verschiedenen Pyramiden auf unserer Erde verwendet wurden, ausschließlich von einer Vielzahl von Sklaven und Arbeitern behauen, transportiert und schließlich an Ort und Stelle eingepasst wurden. Wie Cathie zu Recht anmerkt, ergeben sich bei den konventionellen Theorien über den Pyramidenbau erhebliche, nahezu unüberwindliche Probleme. Einige der riesigen Steine, die in den ägyptischen Pyramiden verbaut wurden, stammten aus einem Steinbruch etwa 800 Kilometer südlich vom heutigen Standort der Pyramiden. Cathie fragte sich daher: Woher kamen die unzähligen Bäume, die man hätte abholzen und zu Walzen verarbeiten müssen, um die Steine für den Pyramidenbau zu transportieren? Sicher nicht aus der unfruchtbaren Wüste Ägyptens, schloss er, so viel war sicher. Seiner Ansicht nach gab es eine und nur eine Erklärung, wie die mächtigen Steine bewegt worden waren: durch Antigravitation, die – einfach ausgedrückt – bei einem Gegenstand die Schwerkraft aushebelt. Und damit kommen wir zu der Verbindung zwischen Bruce Cathie und der US-Regierung.

Kam Antigravitation in Ägypten zum Einsatz?
(Copyright: Eduard Spetterini, 1904)

Die Cathie-Dossiers

Als seine bahnbrechenden Forschungen in den 1960er-Jahren Ergebnisse zeigten, setzte sich Bruce Cathie mit der US-Botschaft in Neuseeland in Verbindung, hauptsächlich, um seine Ansichten offiziellen Stellen vorzutragen, von denen er sich Unterstützung bei seinen Bemühungen erhoffte, die Wahrheit über das sogenannte Erdnetz aufzudecken und in ihrem ganzen Umfang zu erfassen. Interessanterweise wurde er tatsächlich an die *Foreign Grid Technology Division* (FTD) auf der *Wright-Patterson Air Force Base* in Dayton, Ohio, verwiesen, einen Stützpunkt, dessen Rolle in den Forschungen des Jahres 1956 zur Beherrschung der Schwerkraft bereits weiter oben in diesem Kapitel behandelt wurde und dessen Personal auch mit der Arche-Noah-Affäre zu tun hatte.

Die ausdrückliche Beschreibung von Cathie als »hagerem, drahtigem Neuseeländer mit offensichtlich überdurchschnittlichen mathematischen Kenntnissen« in den ehemals geheimen Berichten der *Defense Intelligence Agency* und der Luftwaffe vom Februar 1968 und Mai 1969 zeigt, dass US-Geheimagenten den Hintergrund des Mannes überprüft hatten. Obwohl die verfügbaren Akten über Cathie dürftig und unvollständig sind, geht aus ihnen hervor, dass das FTD genau zuhörte, was Cathie zu sagen hatte (Walker, 1968).

Zudem verriet Cathie 1986, dass ein Oberst John Burnett vom FTD ihn nach *Wright-Patterson* eingeladen hatte, wo, wie man ihm sagte, rund um die Uhr intensive geheime UFO-Forschung betrieben wurde. Cathie war begeistert und freute sich über die Einladung – die dann seltsamerweise rasch wieder zurückgezogen wurde. »Vielleicht hat jemand in den USA sein Veto eingelegt«, überlegte Cathie in seinem Briefwechsel mit der englischen UFO-Autorität Timothy Good (Good, 1987).

Geheimüberwachung

Es deutet einiges darauf hin, dass Cathies Wühlen in so umstrittenen Themen wie den Ursprüngen der ägyptischen Pyramiden, UFO-Netzen und schwebenden Steinen bei offiziellen Stellen noch stärkere Aufmerksamkeit erregte – und vielleicht sogar eine geheime Überwachung auslöste. Ein mittlerweile freigegebenes Dokument des US-Verteidigungsministeriums vom Mai 1968 erwähnt die damals gerade von Cathie eingereichten Beschwerden, dass US-Agenten ihn insgeheim beschatteten. Verärgert und besorgt teilte Cathie den amerikanischen Beamten mit, er habe seit einiger Zeit den Verdacht, dass US-Regierungsagenten ihn verdeckt verfolgten, sein Verdacht sich jedoch erst bestätigt habe, als er in der Lobby des *Grand Hotel* von Invercargill in Neuseeland von drei Amerikanern angesprochen wurde, die sich ihm nicht vorstellten. Cathie war geistesgegenwärtig genug, ihre Aufforderung, sie an einen unbekannten Ort zu begleiten, rundheraus abzulehnen; er vermutete aber, dass die drei zu einem Schiff der US-Marine gehörten, von dem er wusste, dass es sich zur selben Zeit in der Gegend aufhielt.

Es ist schon eigenartig, dass die Marine sowohl im Zusammenhang mit Bruce Cathie als auch mit Morris K. Jessup auftauchte – zwei Forschern, die kein Hehl aus ihren Arbeiten zur Antigravitation machten. Cathie informierte das US-Verteidigungsministerium umgehend, dass seine Arbeit in Neuseeland von allerhöchsten Regierungsstellen einschließlich des Premierministers genehmigt worden war. Und schrieb dann energisch und ohne Umschweife an die US-Behörden: »Rufen Sie Ihre Agenten zurück. Ich habe die offizielle Erlaubnis, meine Arbeit fortzusetzen; ich will nicht, dass sie mich verfolgen« (Walker, 1968).

Dennoch gab es *irgendjemanden*, der sich weiter für ihn interessierte: Die Dossiers der *National Security Agency* bestehen weitgehend aus Fotokopien von Seiten aus seinen Büchern, Zeitschriftenartikeln und Buchbesprechungen – mit anderen Worten: frei verfügbaren Quellen. Sehr viel faszinierender ist allerdings ein Memorandum in einem freigegebenen NSA-Dokument über Cathie vom März 1972 mit folgender interessanter und teilweise redigierter Bemerkung: »Mr. Cathies Arbeit, theoretisch und [zwei Zeilen gestrichen] von von Däniken und den UFO-Fans ist nicht unbeachtet geblieben und einige Informanten für [gestrichen] bei der FTD [*Foreign Technology Division*] und [gestrichen] ermutigen die Beobachtung seiner weiteren Arbeiten über die Pyramiden und Nutzung der Schwerkraft« (Callimahos, 1972).

Bedauerlicherweise bleiben die genauen Gründe, warum Bruce Cathie anscheinend von Angehörigen der US-Dienste überwacht wurde, letzten Endes völlig unklar. Ist er zufällig auf die Wahrheit hinter der UFO-Debatte und deren Zusammenhang mit den Geheimnissen der wahren Bauweise der ägyptischen Pyramiden gestoßen? Es ist sehr schwierig, das mit Sicherheit zu sagen. UFO-Antriebssysteme, längst untergegangene Antigravitations- und Levitationstechnologien in den Händen der Pharaonen, Geheimakten des US-Verteidigungsministeriums und eine verdeckte Überwachungsaktion der Marine: lauter Schlüsselelemente in Bruce Cathies bemerkenswerten Leben und Werk.

Wenn allerdings das US-Militär in den 1950er- und 1960er-Jahren so umfangreiche Forschungen zu Levitations- und Antigravitationstechnologien unternahm und sich zumindest teilweise von den Arbeiten von Morris K. Jessup und Bruce Cathie über den Bau der antiken Pyramiden inspirieren ließ, warum finden wir dann keine Beweise dafür, dass solche Technologien heute allgemein eingesetzt werden? Vielleicht unterliegen die Ergebnisse immer noch der Geheimhaltung und bleiben hinter streng verschlossenen Türen. In einer Welt, die beherrscht und angetrieben ist von arabischem Öl und von Großunternehmen, die viel zu verlieren hätten, falls neue und radikale Technologien allen und jedem zur Verfügung stünden, ist das verständlich – wenn auch für uns Außenstehende höchst bedauerlich. Ein solches Szenario ist nicht unmöglich.

Donald E. Keyhoe, ein pensionierter Major des *Marine Corps*, stellte fest, dass Forschungen über die Kontrolle der Schwerkraft anscheinend in den Bereich des Militärs und vor allem der offiziellen Geheimhaltung fielen. Über die frühen Arbeiten der US-Luftwaffe zur Beherrschung und Manipulation der Schwerkraft sagte Keyhoe 1974: »Als den Forschern der Luftwaffe die erstaunlichen Möglichkeiten in vollem Umfang klar wurden, überzeugte das Hauptquartier Wissenschaftler, Flugzeughersteller und technische Laboratorien, Projekte zur Antigravitation auf den Weg zu bringen, viele davon unter geheimen Verträgen. Die Zahl der Projekte stieg von Jahr zu Jahr« (Keyhoe, 1974).

Bereits 1965, so verriet Keyhoe, waren ihm 46 (!) Programme im Zusammenhang mit Schwerkraftforschung bekannt, von denen über 30 der Luftwaffe unterstanden. In Sachen Schwerkraft scheint jedoch im Militär ein strenger Schweigekodex zu gelten. Falls die US-Regierung tatsächlich ohne unser Wissen herausgefunden hat, wie die Pyramiden längst vergangener Zeiten und Zivilisationen wirklich errichtet wurden – und der Schluss oder zumindest der Verdacht liegt nahe, dass dabei völlig unglaubliche und unorthodoxe Technologien eingesetzt wurden, die im Wesentlichen auf der Manipulation der Schwerkraft beruhten –, dann scheint sie fest entschlossen zu sein, uns Außenstehende darüber im Unklaren zu lassen. Und was die Geschichte von Morris K. Jessup angeht, so hat sie sich vielleicht sogar auf kaltblütigen Mord verlegt, um ihre Geheimnisse zu bewahren. Die Situation ist womöglich (in jedem Sinne des Wortes) schwerwiegender, als wir uns auch nur annähernd vorstellen können.

KAPITEL 10

Atomare Vernichtung in prähistorischer Zeit

Die Vorstellung, vor Tausenden von Jahren hätten technisch hoch entwickelte Zivilisationen existiert, die die Atomkraft gekannt und entsprechend genutzt hätten (bis zu dem Punkt, an dem sie sich praktisch selbst zerstörten), klingt äußerst unwahrscheinlich. Erstaunlicherweise ist ein solches ketzerisches Szenario nicht auszuschließen, ebenso wenig wie die Möglichkeit, dass ausgerechnet einer der Protagonisten des Programms, mit dem die US-Regierung selbst in den 1940er-Jahren das Atom als Waffe nutzen wollte, genau darüber geheimes, uraltes Wissen besaß. Möglicherweise machte der Mann, von dem hier die Rede ist – es war der legendäre J. Robert Oppenheimer –, auch mehr als einmal dezente Andeutungen über eben dieses Wissen, demzufolge lange vor unserer Zeit Zivilisationen aufstiegen und wegen ihres unbesonnenen Gebrauchs und Missbrauchs von Atomenergie untergingen. Die seltsame Geschichte stammt aus den Anfängen der indischen Zivilisation und Kultur, aus der eine besonders bedeutsame Schriftensammlung voll faszinierender Schilderungen über die frühen Kulturen, Königreiche, Lebensgewohnheiten und katastrophalen Kriege in dem Land existiert. Die Rede ist von einer der gewaltigsten Schriften in Sanskrit: dem *Mahabharata*.

Eine Schlacht droht

Zusammen mit dem *Mahayana* gilt das *Mahabharata* unter Indien-Kundlern als der bedeutendste Sanskrittext über diese uralte Nation, ihre Menschen, Geschichte und Kriege – unter Letzteren insbesondere den Kurukshetra-Krieg, der sich im heutigen Bundesstaat Haryana in Nordindien abspielte. Was den Zeitpunkt des Krieges angeht, so könnte er nach Ansicht einiger *Mahabharata*-Forscher bereits vor 8000 oder noch wesentlich mehr Jahren stattgefunden haben. Wie wir sehen werden, war es allerdings kein normaler Krieg, der mit so prähistorischen Waffen wie Speeren, Pfeil und Bogen ausgefochten wurde. Ganz im Gegenteil: Möglicherweise wurde der Konflikt durch die zerstörerische Kraft des Atoms entfacht.

Das *Mahabharata* berichtet, dass zur Zeit des Kurukshetra-Krieges in Nordindien eine indo-arische Kultur namens Kuru existierte. Sie erlebte ihre Blüte in vedischer Zeit, in der die ältesten aller hinduistischen Schriften, die *Veden*, erstmals niedergeschrieben wurden. Innerhalb dieser Kultur gab es zwei mächtige, konkurrierende und miteinander verbundene Gruppen: die Karauvas (was übersetzt Nachkommen des Kuru heißt) und die Pandavas, genannt nach König Pandu, der über Hartinapur im nördlichen Teil von Indien herrschte. Hartinapur war gleichzeitig die Hauptstadt des Reichs des Kauravasvolkes. Erbitterte Rivalitäten, ständige Gebietsstreitigkeiten und regelmäßiges militärisches Muskelspiel waren an der Tagesordnung, da beide Gruppen die Macht und Kontrolle über das gesamte Gebiet anstrebten.

Der irreversible finale und katastrophale Zusammenprall kam mit dem Ausbruch einer unerbittlichen, 18 Tage dauernden militärischen Konfrontation: dem Kurukshetra-Krieg. Dem Sieger winkte die Herrschaft über ausgedehnte Gebiete, unzählige Menschen und zahllose uralte, exotische kleine und große Städte. Andere indische Könige und Armeen, die die Bedeutung der rasch eskalierenden Auseinandersetzung begriffen, verbündeten sich schnellstmöglich mit dem, den sie als potenziellen Sieger sahen. Was als eine Reihe kleiner Scharmützel und Streitigkeiten begonnen hatte, war jetzt sehr viel mehr. Und alles endete mit einem plötzlichen, vernichtenden Tod vom Himmel.

Einige Wissenschaftler halten das *Mahabharata* für eine sehr fantasievolle und übertriebene Schilderung – im Grunde genommen für einen Mythos, ein Volksmärchen oder eine Legende. In den vergangenen Jahren wurde dieses einzigartige Werk allerdings verstärkt zum Studienobjekt derer, die sich von den Geheimnissen alter, längst vergangener Zivilisationen faszinieren lassen. Der Grund hierfür ist ebenso einfach wie nahezu unglaublich und undenkbar: Mit unserem heutigen Wissen lassen sich viele der *Mahabharata*-Texte als anschauliche Beschreibungen eines uralten totalen Atomkriegs und seiner schrecklichen Auswirkungen von Verstrahlung und umfassender Zerstörung lesen.

Skeptiker mögen spotten, aber niemand kann die eindrucksvollen Worte des *Mahabharata* abtun, die den deutlichen Eindruck vermitteln, dass in dieser frühen Zeit Wissen über das Atom existierte und angewendet wurde. Eine bemerkenswerte Passage ähnelt erschreckend genau der Schilderung der Zündung und Detonation einer Atomwaffe auf dem Höhepunkt einer Schlacht. Die Übersetzung beschreibt

Gab es bereits einen Atomkrieg im Alten Indien?
(Copyright: US Department of Energy*)*

eine Szene wie aus einem Albtraum: Ein Regen feuriger Pfeile fiel vom Himmel, die Gewässer kochten, die Erde selbst erbebte, die Sonne schien am Himmel zu taumeln, und unzählige Soldaten gingen in einem entsetzlichen, vom Himmel kommenden Inferno zugrunde. Interessanterweise berichtet das *Mahabharata* zudem, dass in den Jahren unmittelbar nach diesem schrecklichen Krieg dichte, unbewegliche Wolken die Sonne auslöschten und den Himmel dauerhaft verfinsterten. Das ähnelt sehr stark den Beschreibungen des sogenannten nuklearen Winters, der unserer Zivilisation nach einer größeren atomaren Auseinandersetzung zwischen den Großmächten drohen könnte.

Elitepiloten der Vergangenheit

Ebenfalls hochinteressant: Das *Mahabharata* berichtet über unglaubliche Luftschlachten zwischen ausgebildeten Piloten in sogenannten Vimanas über Indien während des Kurukshetra-Krieges. Ihre Beschreibung lässt an modernste Äquivalente der heutigen militärischen Kampfjets denken, mit unglaublichen Fluggeschwindigkeiten und -höhen und möglicherweise nuklearer Bewaffnung.

Eine solche uralte Schilderung von anscheinend atomaren Waffen, die von einem Vimana während des Kurukshetra-Krieges abgefeuert wurde, liest sich so: »Seinen schnellen und starken Vimana steuernd schleuderte Gurkha ein einziges Geschoss, ausgerüstet mit der ganzen Kraft des Universums, auf die drei Städte der Vrishnis und Andhakas. Eine glühende Säule von Rauch und Feuer, hell wie 10 000 Sonnen, stieg auf in all ihrem Glanz. Dies war die unbekannte Waffe, der Eiserne Donnerkeil, ein gigantischer Bote des Todes« (Majimdar, 1951).

Zudem vergiftete diese vernichtende Waffe von oben die Nahrung, ließ den Menschen Haare und Nägel ausfallen und trieb die Truppen dazu, sich in Bäche und Flüsse zu stürzen in dem Versuch, die Strahlung loszuwerden. Der Forscher Rene Noorbergen, der sich eingehend mit der Frage atomarer Kriegführung im Alten Indien beschäftigt hat, vermerkt, dass die alten Beschreibungen denen unserer eigenen Atomexplosionen »beunruhigend ähnlich« waren (Noorbergen, 2011).

Interessanterweise schrieb Oberst Henry S. Olcott, neben Helen Blavatsky und William Quan Judge einer der Begründer der Theosophischen Gesellschaft (deren ursprüngliches Ziel das Studium und die Aufklärung des Okkultismus war): »Die alten Hindus waren imstande, durch die Luft zu fliegen und nicht nur zu fliegen, sondern auch Luftkämpfe auszutragen wie Kriegsadler, die um die Herrschaft über die Wolken kämpfen. Um die Aeronautik so perfekt zu beherrschen, mussten sie Kenntnis von allen mit [Aeronautik] zusammenhängenden Künsten und Wissenschaften haben, einschließlich der Schichten und Strömungen in der Atmosphäre, der relativen Temperatur, Feuchtigkeit, Dichte und des spezifischen Gewichts der verschiedenen Gase« (Olcott, 1881).

Ähnlich äußerte sich auch Professor Ramachandra Dikshitar von der *Madras University* zu diesem Thema: »In der gegenwärtigen Weltsituation kann es keine interessantere Frage geben als den Beitrag Indiens zur Aeronautik. Eine große Zahl von Illustrationen in unserer umfangreichen puranischen und epischen Literatur zeigen, welch hervorragende Beherrscher der Lüfte die Alten Inder waren« (Dikshitar, 1944).

Sofern also die Vimanas wirklich existierten, welche unglaubliche Technologie wurde dann bei ihrem Bau und Betrieb angewandt? Im Sanskrittext *Samarangana Sutradhara*, der im elften Jahrhundert von König Raja Bhoja von Malwa verfasst wurde, wird über die Vimanas gesagt, dass sie robust, haltbar, leicht und von einem Quecksilbermotor angetrieben sein müssen. Dadurch, so heißt es in dem alten Dokument, könnte der Pilot mit dem Fahrzeug hoch in den Himmel aufsteigen, mit unglaublicher Geschwindigkeit fantastische

Strecken zurückzulegen und sogar in den Senkrecht- und Rückwärtsflug gehen.

Von großer Bedeutung für diese Frage eines Vimana mit Quecksilberantrieb ist die Erkenntnis von Henry Monteith, einem Mitarbeiter der *Sandia Laboratories* in New Mexico, dass Quecksilber in gasförmigem Zustand ein hocheffektives Turbinentreibmittel abgeben würde. Der Präastronautikforscher Richard Wingate schrieb über Monteith, der sich unter anderem für UFOs, übersinnliche Phänomene, Kosmologie und das seltsame Phänomen der Viehverstümmelungen interessiert, er sei »überzeugt, dass die indischen Ingenieure tatsächlich ein Vimana gebaut hatten«. Als Wingate Monteith, der an einer Reihe von Geheimprojekten des US-Militärs mitarbeitete, die Frage stellte, ob »wir heute irgendwo auf der Erde solche Fahrzeuge bauen«, zog Monteith es vor, sie nicht zu beantworten (Wingate, 2011).

Man braucht niemandem zu sagen, dass allein die Idee, vor Tausenden von Jahren seien Kriege mit Atomwaffen und Kampfflugzeugen geführt worden, sämtlichen von der Geschichtswissenschaft und Archäologie lieb gewonnenen Vorstellungen völlig zuwiderläuft. Allerdings lässt die Tatsache, dass *Mahabharata* und *Samarangana Sutradhara* uns möglicherweise anderes berichten, es vielleicht geboten erscheinen, die Vorstellung, unserer Zivilisation sei als Erster auf diesem Planeten die Nutzbarmachung der Atomenergie gelungen, zu überdenken. Sind wir vielleicht nur die Letzten in einer Reihe – in einer *langen* Reihe vielleicht sogar – von Menschen, die zum Verständnis des Atoms gelangt sind, denen es jedoch letzten Endes – und bei unserer kriegerischen Veranlagung vielleicht *immer* – bestimmt ist, sie zum Werkzeug umfassender Zerstörung und des endgültigen Untergangs zu machen? Diese Fragen waren vielleicht bestimmten Leuten, die an dem geheimsten Programm des Zweiten

Weltkriegs (dem *Manhattan Project*, das die Atombomben entwickelte, die zwei japanische Städte 1945 dem Erdboden gleichmachten) insgeheim mehr als vertraut.

Oppenheimers Geheimnisse

Ganz ohne Zweifel war es die Nutzung der Atomkraft, die mit der Vernichtung der japanischen Städte Hiroshima und Nagasaki durch von den USA entwickelte und abgeworfene Atombomben den Zweiten Weltkrieg entschied und beendete. Hiroshima wurde am 6. August 1945 bombardiert, Nagasaki drei Tage später. Sogar für diejenigen, die angesichts der vielen Gräueltaten, die das japanische Militär gegenüber den Truppen der Alliierten begangen hatte, die Aktion für gerechtfertigt hielten, kam das Ausmaß von Tod und Zerstörung als ein Schock. Die Zahl der Todesopfer in Hiroshima war sechsstellig, und in Nagasaki verloren Schätzungen zufolge über 80 000 Menschen ihr Leben – überwiegend keine Angehörigen der japanischen Streitkräfte, sondern Zivilisten.

Angesichts der drohenden und stetig fortschreitenden schrittweisen und vollständigen Vernichtung seines Volkes war es nicht überraschend, dass der japanische Kaiser Hirohito am 15. August die Kapitulation seines Landes erklärte. Während aber in den Rest der Welt der Frieden zurückkehrte, stand Japan vor der Aufgabe, ein zerstörtes und gezeichnetes Land wieder aufzubauen, den Verlust von Hunderttausenden von Menschen zu verkraften und Zehntausende von schwer verletzten, verstrahlten Menschen zu versorgen. Zwar sicherten Präsident Harry S. Trumans Handlungen den bitter nötigen Frieden in der Welt, aber als die unglaubliche Macht des Atoms so entsetzlich deutlich wurde, breitete sich

Grauen und Entsetzen auf unserem Planeten aus, und der Ruf wurde laut, niemals wieder Atomwaffen im Krieg einzusetzen, und bisher ist das auch nicht geschehen. Besonders interessant ist allerdings, was *nach* der Bombardierung Japans geschah.

Robert Oppenheimer, ein faszinierter Leser des **Mahabharata**

Kein Name ist im Zusammenhang mit Atomforschung und der Entwicklung der Bombe bekannter als der von J. Robert Oppenheimer. Der 1904 geborene Oppenheimer war theoretischer Physiker und Professor an der *University of California* in Berkeley. Er wurde auch »Vater der Atombombe« genannt und war einer der führenden Köpfe bei dem streng geheimen *Manhattan Project* des Zweiten Weltkriegs zur Entwicklung der ersten Atomwaffe.

Sein Platz in der Geschichte ist ihm mehr als sicher. Aber ebenso wie einige seiner Kollegen war Oppenheimer zutiefst entsetzt – und seelisch gezeichnet und verändert – von dem schieren Ausmaß von Tod und Vernichtung, das seine Schöpfungen über Japan und seine Menschen gebracht hatten. Wie Mary Shelleys fiktiver Dr. Victor Frankenstein bereute auch Oppenheimer später den Tag, an dem das von ihm erschaffene Ungeheuer auf eine ahnungslose Welt losgelassen wurde.

Die Folge war, dass er (zum großen Ärger der US-Regierung) ein entschiedener Verfechter der Idee wurde, die Entwicklung und Anwendung von Atomwaffen zu begrenzen und dauerhaft zu kontrollieren. In einer Zeit, in der der Kalte Krieg eskalierte und die allgemeine Furcht vor einer nuklearen Konfrontation mit den Sowjets wuchs, war das absolut nicht das, was die US-Regierung, die CIA, das FBI oder irgendeine andere Behörde hören wollte, am allerwenigsten ausgerechnet von dem Mann, der die Bombe entwickelt hatte. Da die Regierung ihn zudem im Verdacht hatte, gelegentlich mit dem Kommunismus sympathisiert zu haben, verlor Oppenheimer 1954 seinen Status als Geheimnisträger und war von da an ausgeschlossen aus der elitären geheimen Welt, die er im Zweiten Weltkrieg so dominiert hatte.

Seine Zugangsberechtigung zu den Insidergeheimnissen der Atomforschung mochte Oppenheimer verloren haben, aber er hatte ein paar ausgesuchte und interessante Kommentare über die amerikanische Entwicklung der Bombe zu machen. Viele dieser Kommentare führen unmittelbar zurück zu den Erzählungen des *Mahabharata.*

»Ich bin der Tod geworden«

Nur 48 Stunden vor dem ersten geheimen Atombombentest auf dem Testgelände von White Sands in Alamogordo, New Mexico, am 16. Juli 1945 musste Oppenheimer an ein Zitat aus einem indischen Text denken, dem 700 Verse langen Epos *Bhagavad Gita*, das zum *Mahabharata* gehört. Nach

Kriegsende sagte er, welche Worte das waren: »Im Kampf, im Dschungel, am Abgrund der Berge, auf dem weiten dunklen Meer, inmitten von Speeren und Pfeilen, im Schlaf, in der Verwirrung, in der tiefsten Scham sind die bisherigen guten Taten eines Mannes sein Schutz« (Majimdar, 1951).

Nach dem Abwurf der Atombomben über Japan im August 1945 reflektierte Oppenheimer: »Wir wussten, dass die Welt nicht mehr dieselbe sein würde. Einige Leute lachten, einige weinten, die meisten schwiegen. Ich erinnerte mich an die Zeile aus der hinduistischen Schrift, der *Bhagavad Gita*. Vishnu versucht, den Fürsten zu überzeugen, seine Pflicht zu tun. Um ihn zu beeindrucken, nimmt er seine vielarmige Form an und sagt: ›Jetzt bin ich der Tod geworden, der Zerstörer der Welten.‹ Wahrscheinlich haben wir alle so oder ähnlich gedacht« (J. Robert Oppenheimer, »Now I am become death …«, 1956).

Der Inhalt der *Bhagavad Gita* besteht größtenteils aus einem Gespräch zwischen dem Gott Krishna und Arjuna, einem Fürsten der Pandava. Es war kurz vor dem Ausbruch des Kurukshetra-Krieges, als praktisch alle Versuche der Diplomatie, das Unheil und eine direkte Konfrontation abzuwenden, elend gescheitert waren. Die *Bhagavad Gita* ist voll von Schilderungen furchtbarer Waffen, die die gegnerischen Armeen gegeneinander abfeuerten, sowie ihren Effekten. Aus Gründen, die wir leider nicht kennen, fühlte sich Oppenheimer gezwungen, öffentlich darauf hinzuweisen. Er tat dies sogar sehr oft und über Jahre hinweg, wenn er zu Atomwaffen befragt wurde.

Wir sollten auch die Worte Isidor Rabis bedenken, eines Physikers, Kollegen und Freundes von Oppenheimer, der ebenfalls am *Manhattan Project* mitarbeitete. Rabi, der später wissenschaftlicher Berater von Präsident Harry S. Truman wurde und den Nobelpreis für Physik erhielt, erwähnte

Oppenheimers »übermäßige Bildung auf den Gebieten, die außerhalb der wissenschaftlichen Tradition liegen, unter anderem sein Interesse an Religion, insbesondere der hinduistischen Religion, sodass sein Gemüt vom Mysterium des Universums fasziniert war, einem Gefühl, das ihn wie ein Nebel umgab«. Rabi fügte hinzu, Oppenheimer habe sich wegbewegt von »den harten, eindeutigen Methoden der theoretischen Physik in einen mystischen Bereich umfassender Intuition« (Rhodes, 1986).

»Ja, es war die Erste – in der Neuzeit, natürlich.«

Von Oppenheimer existiert eine sehr wichtige Bemerkung, die er im Jahr 1952 bei einer Konferenz über Atomwaffenforschung in der *University of Rochester*, New York, machte. Während einer Fragestunde wollte ein Konferenzteilnehmer von Oppenheimer wissen, ob die 1945 in Alamogordo getestete Atombombe die erste gewesen sei, die je gezündet wurde. Nach ein paar Sekunden antwortete Oppenheimer: »Ja, es war die Erste.« Und nach weiterem kurzem Zögern fügte er hinzu: »In der Neuzeit, natürlich.« Eine merkwürdige Bemerkung, gelinde gesagt. Vielleicht war Oppenheimer durch seine intensive Beschäftigung mit der so häufig von ihm zitierten *Bhagavad Gita* persönlich zu der Überzeugung gelangt, dass wir nicht die erste hoch entwickelte Kultur auf der Erde sind oder die erste, die die einschneidenden und katastrophalen Wirkungen eines Atomkriegs zu spüren bekam (Oppenheimer, 1954).

Robert Oppenheimer starb am 18. Februar 1967 an Kehlkopfkrebs. Sämtliche Geheimnisse rund um seine Beschäftigung mit dem *Mahabharata* und seine Kommentare von

1952 über eine atomare Vernichtung in der Vorzeit nahm er mit ins Grab.

Bemerkenswerterweise war ein anderer berühmter Wissenschaftler, der für seinen Beitrag auf dem Gebiet der Chemie radioaktiver Substanzen gefeierte Frederick Soddy, ebenfalls sehr vertraut mit dem *Mahabharata.* Dieser britische Wissenschaftler, der 1956 starb, also zwei Jahre, nachdem Oppenheimer seinen Status als Geheimnisträger verloren hatte, schrieb in seinem Buch *The Interpretation of Radium* mit Bezug auf das *Mahabharata*: »Können wir darin nicht eine gewisse Berechtigung für die Annahme finden, dass eine frühere vergessene Menschenrasse nicht nur das Wissen erlangte, das wir erst vor so kurzer Zeit gewonnen haben, sondern auch die Macht, die noch nicht die unsere ist?« (Soddy, 1912).

Soddy fuhr fort mit den bemerkenswerten Worten: »Ich glaube, dass es in der Vergangenheit Zivilisationen gab, die die Atomkraft kannten und durch ihren Missbrauch vollkommen vernichtet wurden« (ebenda).

Ist es bloßer Zufall, dass zwei mit dem *Mahabharata* sehr vertraute Wissenschaftler (Oppenheimer und Soddy), der eine etwas rätselhaft, der andere ganz offen über Atomwaffen in der fernen Vergangenheit sprachen? Oder wurde beiden durch ihren Kontakt mit der Welt offizieller Geheimhaltung und Betrügereien das verborgene Wissen der Regierung über Kulturen und Völker bekannt, die von ihrer eigenen Wissenschaft ausgelöscht worden waren? Und rührten Oppenheimers spätere Befürchtungen hinsichtlich des Gebrauchs und Missbrauchs von Atomwaffen aus seinem geheimen Wissen her, dass wir uns in großer, grauenhafter Gefahr befanden, das zu wiederholen, was einige indische Kulturen von Jahrtausenden getan hatten?

Vielleicht versuchte Oppenheimer, uns auf seine eigene

und indirekte Art Geheimnisse zu verraten, über die er nicht offen in allen Einzelheiten sprechen wollte. Vielleicht sollten wir auf seine Worte hören. Der Kalte Krieg ist vorbei, nicht aber der Krieg gegen den Terror. Und die schiere Anzahl von Atomsprengköpfen, über die viele Nationen verfügen, kann immer noch innerhalb von Minuten eine neue, schreckliche Welt mit unzähligen Toten und einem atomaren Albtraum heraufbeschwören. Falls wir Oppenheimers Warnungen und Kommentare ignorieren, könnte auch für uns der Tag kommen, an dem unsere Kultur ebenso in einem feurigen radioaktiven Inferno untergeht wie vielleicht vor Jahrtausenden jene mysteriösen, mächtigen Menschen des *Mahabharata*.

KAPITEL 11

SPRECHEN WIE EIN ÄGYPTER

Frühe ASW

Der 1918 als Henry Puharich geborene Andrija Puharich war Amerikaner jugoslawischer Abstammung. Sein intensives Interesse an Phänomenen Außersinnlicher Wahrnehmung (ASW) begann während seiner Zeit in einem Labor namens *Round Table Foundation* in Glen Cove, Maine, Ende der 1940er-Jahre, und er widmete einen großen Teil seines Lebens dem Versuch, dieses Phänomen zu verstehen und seine zahlreichen und vielschichtigen Geheimnisse zu entschlüsseln. Zudem hatte Puharich wichtige Kontakte in den Staatsapparat. Er war Hauptmann in der US-Armee und arbeitete von 1953 bis 1955 eng mit einer Reihe wichtiger Persönlichkeiten im *Army Chemical Center* in Edgewood, Maryland, zusammen. Es dauerte folglich nicht lange, bis sich die Regierung für Puharichs Untersuchungen der ungebärdigen und geheimnisvollen Strudel des menschlichen Geistes zu interessieren begann, und dieses Interesse stieg noch, als eben diese Untersuchungen sich auf das Alte Ägypten ausdehnten.

Seit 1947 hatte sich Puharich intensiv bemüht, in das Gebiet der ASW einzudringen, aber erst im August 1952 kam wirklich Bewegung in die Sache. In jenem Monat erhielt Puharich einen merkwürdigen Besuch von einem ranghohen Informanten der Armee. Auf den ersten Blick schien der Besuch völlig harmlos: Der Mann war ein alter Freund und Kollege von Puharich, und es schien, als sei er nur zu einem freundlichen Gespräch gekommen. Das wollte er vielleicht auch, aber der einzige Grund für seinen Besuch war es sicher nicht. Nach kürzester Zeit hatte Puharichs Freund eine scheinbar zwanglose Unterhaltung in eine Diskussion über Puharichs sich ausweitende Arbeiten über ASW umfunktioniert. Und genauso wenig Zeit brauchte Puharichs alter Freund, um ihm klarzumachen, dass die Armee gerne über etwaige Aspekte seiner Arbeit auf dem Laufenden gehalten werden wollte, die möglicherweise militärisch genutzt werden könnten, da das Pentagon von seinen Untersuchungen ganz besonders fasziniert sei.

Im November 1952 machte Puharich eine erstaunliche Entdeckung: Befanden sich Versuchspersonen in einem Faradayschen Käfig, so zeigten sie ein viel ausgeprägteres ASW-Potenzial und konnten es auch besser umsetzen. Dieser von dem englischen Physiker Michael Faraday erfundene Käfig beruht im Wesentlichen auf der Blockade elektrischer Felder mit ähnlichen Mitteln wie denen, die auch zum Schutz von elektronischen Geräten und Gebäuden vor starkem Blitzschlag eingesetzt werden. Puharichs Entdeckung fand großen Anklang bei der Armee, die ihn nach Washington einlud, um vor hohen Mitarbeitern des Pentagons einen Vortrag über ASW zu halten. Das tat er am 24. November 1952 und erregte damit große Aufmerksamkeit.

Der Zeitraum von Puharichs Forschungen ist höchst bedeutsam: Er deckte sich mit den frühen Jahren der geheimen und umstrittenen Forschungen der US-Regierung über psychedelische Drogen, Hypnose und psychologische Manipulation oder, um das Kind deutlich beim Namen zu nennen, Bewusstseinskontrolle. Ein großer Teil dieser Arbeiten fand unter dem Banner des mittlerweile berüchtigten CIA-Programms *MK-Ultra* statt, einer Geheimoperation, die vom *Office of Scientific Intelligence* der CIA ausging und in der Ära des Kalten Krieges Ende der 1940er- und Anfang der 1950er-Jahre begonnen hatte.

Dass *MK-Ultra* höchster Geheimhaltung unterlag, zeigt sich daran, dass es schon viele Jahre existiert hatte, bevor es außerhalb der Welt der Geheimdienste bekannt wurde, als nämlich 1975 der Church-Ausschuss und die Rockefeller-Kommission eigene, unabhängige Ermittlungen zu den CIA-Aktivitäten zum Thema Bewusstseinskontrolle einleiteten. Sie förderten eine mehr als brisante Geschichte zutage. In einem Dokument vom August 1977 mit dem Titel »The Senate MK-Ultra Hearings« (»Die Senatsanhörungen zu *MK-Ultra*«), verfasst von der Untersuchungskommission des Senats für Geheimdienstangelegenheiten und dem Senatsausschuss für Arbeitsrecht aufgrund ihrer Nachforschungen in der geheimen und finsteren Welt der CIA, wurde die volle Bandbreite des Projekts deutlich.

Der Verfasser des Dokuments erläuterte: »Forschungs- und Entwicklungsprogramme zur Identifizierung von Materialien, die für eine Bewusstseinsveränderung beim Menschen eingesetzt werden könnten, wurden bereits in den späten 1940er- und frühen 1950er-Jahren begonnen. Diese experimentellen Programme begannen mit Drogenexperimenten an informierten Versuchspersonen und gipfelten in Experimenten an menschlichen Versuchspersonen ohne deren Kenntnis und Einwilligung. Die Experimente sollten Aufschluss über mögliche Wirkungen chemischer oder biologischer Wirkstoffe geben, wenn diese operativ bei Personen eingesetzt wurde, ohne deren Wissen, dass ihnen eine Droge verabreicht worden war« (*Senate Select Committee*, 1977).

Mit großer Besorgnis nahm der Ausschuss zur Kenntnis, dass die normalerweise für Programme mit chemischen und biologischen Wirkstoffen geltenden administrativen Kontrollen der CIA bei den Projekten über Bewusstseinskontrolle und -manipulation gelockert worden waren – angeblich zur Gewährleistung von deren Geheimhaltung, sehr viel wahrscheinlicher aber zum Schutz der CIA-Mitarbeiter, denen klar war, dass sie gefährlich nah an der Illegalität operierten. Worüber der Ausschuss allerdings damals nicht wirklich Bescheid wusste, waren diverse Teilprojekte unter dem Dach von *MK-Ultra*, die sich auf ebenso zweifelhaften Pfaden bewegten wie die Arbeiten von Puharich. Kaum zu glauben, aber bei einem von ihnen ging es um etwas, das weit zurück in die frühen Jahre des Alten Ägypten reichte.

Pilze, Schamanen und Geheimagenten

Eine der Personen, die sich ungewöhnlicher ASW-Fähigkeiten rühmten und die Puharich in den 1950er-Jahren ausgiebig untersuchte, war ein Mann namens Harry Stone, ein holländischer Bildhauer, der den Berichten zufolge bei mehreren Gelegenheiten spontan in Trancezustände verfiel, während derer er Ägyptisch sprach und schrieb. Damit nicht genug: In diesem veränderten Bewusstseinszustand übernahm angeblich die Persönlichkeit eines lange verstorbenen ägyptischen Prinzen namens Rahotep die von Stone. Ob Stone Rahotep »channelte« oder tatsächlich in einer früheren Inkarnation Rahotep gewesen war, blieb umstritten. Aber da war noch viel mehr. Stone/Rahotep lieferte nicht nur eine

Menge faszinierender und unterschiedlichster Informationen über die Welt und Zeit der Pharaonen, er verriet Puharich auch eine entscheidende Voraussetzung für die Fähigkeit, in astraler Form zu existieren, zu reisen und sich zu manifestieren: *Amanita Muscaria* – mittlerweile unter dem Namen Heiliger Pilz bekannt.

Amanita Muscaria ist ein psychoaktiver Pilz, der beim Menschen extreme physische und psychische Wirkungen bis hin zu außergewöhnlichen Visionserlebnissen hervorrufen kann. Die etablierte Naturwissenschaft und Medizin ist der Ansicht, dass es sich bei solchen Visionen um ein ausschließlich internes Geschehen bei der wahrnehmenden Person ohne irgendeine greifbare Realität außerhalb des menschlichen Geistes handelt. Puharich dagegen gelangte zu der Überzeugung, dass dieser ausgesprochen magische Pilz buchstäblich Astralreisen, außerkörperliche Erfahrungen und vielleicht sogar den Wechsel nicht nur in andere, sehr viel ätherischere Welten, sondern vielleicht selbst über die Grenzen der Zeit hinweg ermöglicht.

Wer die Kraft des *Amanita Muscaria* wohlüberlegt zu nutzen lernte, konnte vielleicht eine Reise in die Anfangszeiten des Alten Ägypten unternehmen – oder wohin immer er wollte. Und fast schien es, als lenkten höhere Mächte tatsächlich jeden Schritt Puharichs: Nur eine Meile von seinem Labor entfernt stolperte er über ein prächtiges Exemplar von *Amanita Muscaria.* Zufällig konnte das nicht geschehen sein, dessen war sich Puharich sicher. Das Geschehen in Glen Cove wurde von etwas viel Seltsamerem gelenkt als dem reinen Zufall.

Dass sich für all das sehr bald die CIA interessierte, ist nicht weiter überraschend. Man stelle sich nur die Möglichkeiten vor: Anstatt ihre Agenten heimlich in den *Kreml* schicken zu müssen, um die neuesten sowjetischen Atomwaffenentwicklungen aufzudecken, konnte die CIA dieselben Agenten – per Verzehr von *Amanita Muscaria* – für Astralreisen nach Russland ausbilden, wo sie alle erforderlichen Informationen mithilfe außergewöhnlicher mentaler Kräfte sammeln konnten, anstatt in gesicherte, gut bewachte Tresore tief unter der Stadt Moskau einbrechen zu müssen. Zu der Zeit war die CIA bereits sehr aktiv in der Erforschung von LSD; die Verabreichung von ein paar Pilzen an eine geheime Truppe von Freiwilligen, Versuchskaninchen und ahnungslosen Probanden war in ihren Augen keine allzu umstrittene oder riskante Sache.

Genau das passierte im CIA-Hauptquartier und tief im Verborgenen in mehreren Universitäten und Kliniken an der Ostküste, die sich bereit erklärt hatten, solche umstrittenen Experimente für die CIA durchzuführen. Die Barrieren des Bewusstseins wurden überwunden; aus *Geheim*agenten wurden *Schamanen*agenten, die den Feind mit uralten, ausgesprochen archaischen, vollkommen seltsamen und nicht einmal genau verstandenen Methoden ausspähten. Das Wichtigste für die CIA war jedoch, dass (zumindest zeitweise) diese Methoden bei ihren Mitarbeitern auf genau dieselbe Weise funktionierten wie in den Forschungen und der Welt von Puharich.

Eine Reise in die Vergangenheit

Die CIA-Dokumente speziell zu diesem Thema sind äußerst dürftig und an vielen Stellen geschwärzt. Dennoch sind in dem bisher verfügbaren Material ein paar ungewöhnliche Schätze zu finden. Zumindest ab Oktober 1953 – also früher als einige von Puharichs wichtigeren Arbeiten, was darauf schließen lässt, dass er nicht der Einzige war, der die

Agency auf die Geheimnisse der Pilze und des Bewusstseins aufmerksam machte – unternahm die CIA bereits die ersten vorsichtigen Versuche in Sachen *Amanita Muscaria.*

Einige der verfügbaren Akten erwähnen negative physische und psychische Nebenwirkungen, über die einige noch nicht mit der Kraft des Heiligen Pilzes vertraute Leute berichteten, beispielsweise Übelkeit, Erbrechen, Panikattacken und Platzangst. Das ist keineswegs ungewöhnlich. Wie die CIA herausfand und die meisten Anwender psychedelischer Drogen wissen, sind bei einem Trip Rahmen und Stimmung ebenso wichtig wie der Wirkstoff an sich. Falls sich also der Trip in steriler Umgebung unter den strengen Blicken von CIA-Agenten abspielt, die aussehen, als wären sie geradewegs dem Hollywood-Set von *Men in Black* entstiegen, kann es durchaus ein zwar ereignisreicher, aber wenig entspannter, traumatischer, schlechter Trip werden. Ist hingegen der Teilnehmer offen und aufnahmebereit für alles, was da auf ihn wartet, und wenn er keinerlei äußerem Einfluss oder Einschüchterung ausgesetzt ist, kann die Wirkung eine völlig andere, sehr angenehme und bewusstseinserweiternde sein.

Besonders ein CIA-Dokument, das vom März 1956 datiert, berichtet von einem Experiment mit »Proband 16, Aberdeen, V77«, der nach Schilderung der CIA während eines Trips auf *Amanita Muscaria* eine »fantastische ›Reise‹ zu ägyptischen Pyramiden [gemacht habe] und berichtete, er habe ›fliegende Steine‹ und ›Fliegende Untertassen‹ gesehen«. Der Verfasser des Berichts fügte hinzu: »Wenn das alles ist, was wir von [dem Einsatz von *Amanita Muscaria*] erwarten können, sollten wir in Erwägung ziehen [Rest gestrichen].« Offensichtlich war der Verfasser dieses zensierten Berichts nicht sehr beeindruckt und hielt die Resultate für kaum mehr als drogeninduzierte Fantasien. Allerdings erinnern der Zeitraum (Mitte bis Ende der 1950er-Jahre) und das Bild von den »fliegenden Steinen« beim Bau der Pyramiden gespenstisch an die Schilderungen von Morris K. Jessup, dessen Arbeiten über ägyptische Levitation zur gleichen Zeit bei der US-Marine so großes Interesse erregten (*Central Intelligence Agency*, 1956).

Berühmte Medien und die CIA

Ein anderer CIA-Bericht aus dem Jahr 1956 erwähnt einen Teilnehmer am *Amanita-Muscaria*-Programm, bei dem sich nach mehreren pilzinduzierten Reisen ins Unbekannte eine unerklärliche Fixierung auf berühmte Medien wie Jeane Dixon und Ruth Montgomery entwickelt hatte, wobei Letztere zugleich eine bekannte Journalistin war. Montgomery hatte bezeichnenderweise auch eine von Dixon berichtete faszinierende Geschichte veröffentlicht, in der es um Ägypten ging und die ebenfalls die Aufmerksamkeit der CIA erregte.

Am 14. Juni 1960 veröffentlichte Ruth Montgomery in der Zeitung *New York Journal American* einen groß aufgemachten Artikel über die ASW-Forschungen der Regierung. Ihr Titel lautete: »Spionage durch Gedankenlesen«. Darin ließ sie durchblicken, ein Angehöriger des Staatsapparats habe Montgomery ein inoffizielles Briefing über das Zauberpilz-Programm der CIA gegeben. Tatsächlich waren es Montgomerys Enthüllungen im *Journal*, die den legendären FBI-Boss J. Edgar Hoover zu der Nachfrage veranlassten, ob an der Story irgendetwas dran sei. Hoover stellte sie in einem Memo an drei der geachtetsten und mächtigsten Männer des FBI: den stellvertretenden FBI-Direktor Clyde Tolson, den stellvertretenden Direktor der *Domestic Intelligence Division* des FBI und Cartha de Loach, der 1948 zur Verbindungsstelle zwischen dem FBI und der CIA wurde. Obwohl man Hoover zunächst sagte, die Behauptungen in Montgomerys Artikel seien völlig aus der Luft gegriffen, wechselten die *Army Intelligence* und die CIA kurz darauf zu einer radikal anderen Version und räumten Hoover gegenüber ein, solche Experimente seien zwar unternommen worden, aber mit gemischten Ergebnissen, womit sie definitiv nicht abstritten, dass die Resultate zumindest *teilweise* positiv waren.

Was Jeane Dixon angeht, so war ihre Faszination als Medium so stark, dass sie das Denken zweier US-Präsidenten beeinflusste: Richard Nixon und Ronald Reagan. Nixon setzte 1972 einen Terrorismusausschuss ein, nachdem Dixon eine Welle terroristischer Attacken auf dem Gebiet der Vereinigten Staaten vorausgesagt hatte. First Lady Nancy Reagan schwor auf Dixons Lehren. Sie sorgte dafür, dass der Präsident selbst sehr genau darauf hörte, was Dixon zu sagen hatte.

Wer sind die Neun?

Über Puharichs Geschichte ist zu sagen, dass der Gipfel der Merkwürdigkeiten noch nicht erreicht war. Ein Mann, dessen Erfahrungen und Fähigkeiten Puharich Anfang der 1950er-Jahre beeindruckten, war Dr. D. G. Vinod, ein maßgeblicher indischer Mystiker, der behauptete, er könne die sogenannten Neun Prinzipien, manchmal auch nur die Neun genannt, channeln. Der Ursprung des Namens war simpel: Die Neun repräsentierten die wichtigsten Gottheiten Ägyptens, nämlich den Gott Aton und unter ihm Set, Osiris, Shu, Tefnut, Geb, Isis, Nephtys und Nut, die in der Sonnenstadt Heliopolis unmittelbar östlich des Nils verehrt wurden. Die Neun behaupteten jedoch, sie, die Ennead, seien in Wirklichkeit Präastronauten aus dem Sternbild des Sirius, die um 32 400 v. Chr. die Gene der Menschheit nach Tibet gebracht hätten.

Danach wurde es noch seltsamer. 1971 tat sich Puharich ausgerechnet mit Uri Geller zusammen, der gerade auf dem Weg war, weltberühmt zu werden – oder vielleicht auch weltberüchtigt. Puharich traf sich 1971 mit Geller in Tel Aviv und hypnotisierte ihn, weil er herausfinden wollte, wo Gellers angeblich außergewöhnliche übersinnliche Fähigkeiten ihren Ursprung hatten. Als Nächstes, so geht die Geschichte, begann Geller Botschaften einer empfindungsfähigen, computergestützten, außerirdischen Intelligenz namens Spectra zu channeln. Bemerkenswerterweise äußerte Puharich die Vermutung, Spectra könne in Wirklichkeit einer der Neun gewesen sein.

Und siehe da, Spectra stimmte sofort zu, er, sie oder es sei tatsächlich eine(r) der Neun. Wie praktisch. Geller hatte all seine bemerkenswerten übersinnlichen Fähigkeiten den Neun zu verdanken. Und die Welt sollte das auch bald erfahren.

Aber wer genau waren die Neun? Das Team um Lynne Picknett und Clive Prince, das dieser Frage nachging, fand heraus, dass Puharich eine ziemlich dunkle Seite hatte. Die beiden enthüllten, dass Puharich diverse Möglichkeiten untersucht hatte, um bestimmte Denkprozesse zu modifizieren oder hervorzurufen, »bis zur Schaffung des Eindrucks von Stimmen im Kopf«. Zu diesen speziellen Methoden gehörten die Anwendung von »Drogen, Hypnose und das Senden von Funksignalen direkt in das Hirn des Probanden«. Picknett und Prince fügten hinzu, dass Puharichs Arbeiten auf diesem besonders umstrittenen Gebiet zur selben Zeit durchgeführt wurden, zu der auch die Neun erstmals in Glen Cove auftraten. Vor diesem Hintergrund sollte man besonders aufmerksam lesen, was Picknett und Prince weiter über Puharichs

Round Table Foundation schrieben: »Von der *Foundation* selbst ist mittlerweile bekannt, dass sie weitgehend vom Pentagon als Deckunternehmen für seine medizinischen und parapsychologischen Forschungen finanziert wird. Auch 1971, als Puharich Uri Geller aus Israel holte, arbeitete er noch für die CIA« (Picknett und Prince, 2002).

Noch dazu waren die Neun anscheinend ausgesprochene Rassisten und behaupteten, alle Rassen auf dem Planeten Erde seien das Ergebnis einer Intervention von Göttern aus dem Weltraum – das heißt, alle außer der schwarzen Rasse, der den Neun zufolge eine solche Ehre nicht zuteil wurde. Die eindeutige und absolut empörende Schlussfolgerung daraus ist die Überlegenheit des weißen Mannes über den Schwarzen aufgrund der Tatsache, dass Ersterer von höheren Wesen geschaffen wurde und Zweiterer nicht. Und woher wissen wir das? Präastronauten vom Sirius – die Neun – haben es uns wissen lassen, denn sie haben es ja so bestimmt!

Picknett und Prince äußern die bedenkenswerte Meinung, dass die Neun vielleicht nicht einem weit entfernten Sonnensystem, sondern geradewegs einem CIA-Programm entstammen, das die Unterjochung und Manipulation des menschlichen Geistes zum Ziel hat. Der Grund: die Kontrolle über die New-Age-Bewegung zu erlangen. Die Autoren vermerken zu dieser Bewegung sehr zutreffend, dass es »ein schwerer Fehler wäre, das wirtschaftliche oder sogar politische Potenzial dieser starken Subkultur zu unterschätzen« (ebenda).

Und wenn dieses schockierende Szenario stimmt, waren vielleicht auch diejenigen, die die Ideologie der Neun entwickelten und verbreiteten, ausgesprochene Rassisten und bestrebt, die weiße Rasse zur beherrschenden Macht auf dem Planeten Erde zu machen. Ein möglicher Beweis für die direkte Begründung – oder mindestens entscheidende Manipulation – des Mythos der Neun durch die CIA ist die Tatsache, dass die Neun den Islam verabscheuen. Muslime, so versichern uns die Neun voller Überzeugung, sind Kinder der Finsternis.

Der Siriustempel

Schließlich wurde, ebenso wie die Puharich-Geller-Affäre, eine weitere Verbindung zwischen der CIA und den Schilderungen über Präastronauten vom Sirius ebenfalls in den 1970er-Jahren bekannt. Robert Temples 1976 erschienenes Buch *The Sirius Mystery* enthält die Einzelheiten einer fantastischen Schilderung, die bei ihrem ersten Bekanntwerden weite Teile der Öffentlichkeit und der Medien in ihren Bann zog. In dieser Geschichte, die Temple seit 1967 hartnäckig und genau recherchiert hatte, geht es um Besuche Außerirdischer aus dem Sternbild des Sirius bei den Dogon, die in der Nähe der afrikanischen Stadt Bandiagra beheimatet sind.

1998 erschien Temples Buch in einer um umfangreiches Material erweiterten Neuauflage. In einer der zahlreichen Enthüllungen in der erweiterten Ausgabe von *The Sirius Mystery* wird berichtet, dass unmittelbar nach der Veröffentlichung der ersten Ausgabe 22 Jahre zuvor der Verfasser feststellte, dass er von britischen ebenso wie von amerikanischen Geheimdiensten genau beobachtet wurde. Temple hatte sich den Zorn einiger Leute bei der NASA zugezogen. Von dem pensionierten Brigadegeneral Shelford Bidwell erfuhr er, dass er das Interesse britischer Sicherheitsdienste erregt hatte, und diese Behauptung wurde von einem von Temples Freunden untermauert, der »vom MI5 [dem Gegenstück zum amerikanischen FBI] angesprochen wurde, einen Sicherheitsbericht über mich zu liefern«. Temple berichtete zudem von Versuchen der CIA, seine Aufnahme in die *Foreign Press Association* zu verhindern. An irgendeinem Punkt seiner Forschungen zur Sirius-Dogon-Connection hatte Temple den sehr empfindlichen Nerv einer Verschwörung getroffen.

Die New-Age-Bewegung ist riesig. Ist die Vorstellung also tatsächlich zu weit hergeholt, dass die CIA unter Umständen sowohl die Bewegung selbst als auch ihre – sehr zahlreichen und über den ganzen Planeten verteilten – Anhänger beeinflussen wollte, um die esoterischen Denksysteme in der westlichen Gesellschaft zu kontrollieren? Vielleicht ist das Interesse der CIA an Leuten wie Jeane Dixon und Ruth Montgomery nicht in dem begründet, was sie über die Alten Ägypter herausgefunden hatten. Vielleicht überwachte die CIA sie, um herauszufinden, wie erfolgreich sie damit waren, die New-Age-Szene mit gefälschten Geschichten über Präastronauten und ihren Bewusstseinsmanipulationen vom Typ *MK-Ultra* zu angeblichen Weltraumphänomenen wie den Neun zu steuern.

KAPITEL 12

Die Rätsel des Roten Planeten

Die Geheimnisse von Cydonia

In der sogenannten Cydonia-Region des Planeten Mars befindet sich ein eigenartiges, gewaltiges Gebilde, das unter Astronomen, Planetenforschern und Verschwörungstheoretikern Berühmtheit erlangt hat. Es ist etwa 1,6 Kilometer lang und 800 Meter breit und als »Marsgesicht« bekannt. Die Leute von der Abteilung für Öffentlichkeitsarbeit der NASA behaupten, das riesige Gesicht sei nur das Resultat einer ausgeprägten Pareidolie, des Prozesses, der das menschliche Gehirn befähigt, in zufällig zustande gekommene Bildern einen Sinn oder eine Bedeutung hineinzuinterpretieren. Ein klassisches Beispiel hierfür ist, dass die meisten von uns irgendwann einmal Gesichter in Wolken gesehen haben.

Aber ist das Marsgesicht wirklich nur ein Produkt der Pareidolie, wie die NASA der Öffentlichkeit gegenüber behauptet? Oder ist da etwas Merkwürdigeres im Gange? Ist das Marsgesicht vielleicht in Wirklichkeit eines der wenigen Überbleibsel einer alten Kultur auf dem Mars, die vor langer

Zeit einer planetarischen Katastrophe zum Opfer fiel? Und was ist mit den Behauptungen einiger Marsgesichtforscher, die eine Verbindung zwischen der riesigen Formation und den Pyramiden und der Sphinx in Ägypten vermuten? Um diese Fragen zu beantworten, wollen wir zum 25. Juli 1976 zurückgehen, als die NASA-Raumsonde *Viking 1* die ersten Aufnahmen des riesigen Gebildes machte – ob nun von der Natur oder von Marsianern erschaffen.

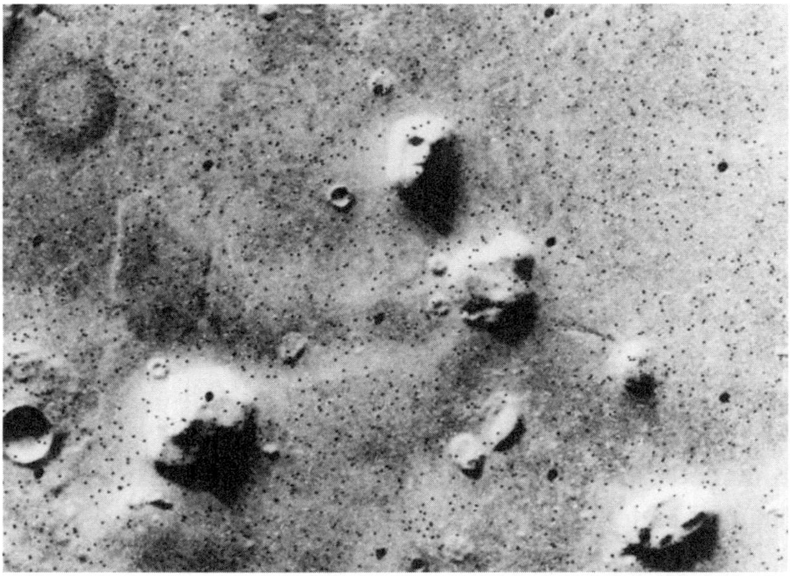

Das Marsgesicht: Werk längst ausgestorbener Marsianer?
(Copyright: NASA)

Lichteffekt?

Mac Tonnies war der Verfasser des Buches *After the Martian Apocalypse*, in dem das Marsgesicht Thema ist. Tonnies gelangte zu der Überzeugung, dass das umstrittene Gebilde vermutlich tatsächlich künstlichen Ursprungs und nicht nur eine Laune der Natur war. Für diese Schlussfolgerung hatte er durchaus gute Gründe. Das erste von *Viking 1* aufgenommene Foto des Gesichts, das mittlerweile rund um die Welt bekannt geworden ist, war nicht das einzige. Während derselben *Viking*-Mission gelang es der NASA, ein zweites Foto zu machen, das der Theorie zusätzliches Gewicht verlieh, es könne sich bei dem Marsgesicht um etwas höchst Ungewöhnliches und Unnatürliches handeln. Das war nun gar keine gute Nachricht für die amerikanische Weltraumbehörde, die sich darüber im Klaren war, dass die Fotos unweigerlich eine öffentliche Debatte auslösen würden, und deshalb das Ganze als Pareidolie herunterspielen wollte.

Zu diesem zweiten Bild mit der Nummer 70A13 stellte Tonnies fest, dass es die Ähnlichkeit mit einem Gesicht auf dem Ersten nicht nur nicht widerlegte, sondern den gespenstischen Eindruck eines menschlichen Gesichts sogar noch verstärkte: »*Viking*-Bild 70A13, aufgenommen bei einem Sonneneinfallswinkel, der mehr erkennen ließ als das Vorgängerbild, zeigte die Fortsetzung des ›Mundes‹ und entgegen aller Wahrscheinlichkeit ein zweites ›Auge‹.« Und, wie Tonnies weiterhin anmerkte: Wenn die Ähnlichkeit mit einem Gesicht nur eine Illusion war, »warum ist sie auf neueren Bildern immer noch sichtbar? Bei einer natürlichen Geländeformation wäre zu erwarten, dass bei höherer Auflösung die Ähnlichkeit mit einem Gesicht weniger ausgeprägt ist« (Redfern, 2004).

Die Behauptung, die von den *Viking*-Bildern vom Juli 1976 hervorgerufene Aufregung beruhe ausschließlich auf Pareidolie, kommentiert Tonnies folgendermaßen: »Skeptiker in der etablierten Wissenschaft nehmen das Marsgesicht in der Regel nicht ernst. Die meisten, die das Marsgesicht als Mythos zu entlarven versuchen, beziehen sich auf Ähnlichkeiten, die im Profil sichtbar sind. Sobald man den Betrachtungswinkel auch nur geringfügig verändert, verschwindet die berühmte gesichtsähnliche Form und weicht einem eindeutig natürlichen Gebilde. Von Profilansichten, die nur mit minimaler Information ein Gefühl des Mysteriösen hervorrufen können – Konturen, die an Züge wie ›Nase‹, ›Mund‹, etc. denken lassen –, unterscheidet sich das Marsgesicht allerdings in mehreren wesentlichen Punkten. Beispielsweise gleicht das Gesicht einem Porträt von vorn. Zwar zeigen Computermodelle aus der Sicht eines Betrachters auf der Marsoberfläche ein deutliches Gesichtsprofil, das Gesicht behält aber sein menschenähnliches Aussehen auch bei der Betrachtung von oben. Das beweist nicht, dass das Gesicht das Werk intelligenter Wesen ist, aber es unterscheidet es zumindest von den Beispielen, die oft von den Geologen angeführt werden, die sicher sind, dass sich für das Marsgesicht prosaische Erklärungen finden lassen müssen« (ebenda).

Odysseen im Weltraum

Für viele, die bis dahin die Meinung vertreten hatten, das Gesicht sei eine uralte künstliche Konstruktion, war das Fotomaterial, das von der NASA-Sonde *Mars Global Surveyor* 1998 und 2001 und von der *Odyssey* ein Jahr darauf aufgenommen wurde, eine Enttäuschung. Falls es *tatsächlich* ein Gesicht war, dann sah es jetzt aus, als wäre es gerade bei 160 Kilometern pro Stunde gegen die Windschutzscheibe eines Autos geprallt. Natürlich behaupteten Verschwörungstheoretiker sofort, und vielleicht auch mit vielen berechtigten Argumenten, undurchsichtige Gestalten bei der NASA hätten die Fotos absichtlich verändert. Auch nach Jahren hält die Kontroverse an.

Zu diesen jüngeren Fotos verrät Tonnies: »Hoch auflösende Bilder des Gesichts zeigen Einzelheiten, die auf den frühen Aufnahmen der *Viking* nicht zu sehen waren. So hat der Astronom Tom Van Flandern rasch das Vorhandensein präzise platzierter Gesichtszüge festgestellt, zum Beispiel eine scheinbare ›Pupille‹ in einem der ›Augen‹ sowie ›Nasenlöcher‹ und ›Lippen‹ – die sämtlich jenseits der bei der *Viking*-Mission möglichen Auflösung lagen. Die geringe Wahrscheinlichkeit, dass solche sekundären Gesichtszüge durch Zufall entstehen, straft die Vorstellung Lügen, dass beim Marsgesicht ganz gewöhnliche Pareidolie im Spiel ist. Wenn das Marsgesicht tatsächlich eine vom Wind verwitterte Bergkuppe ist, dann ist sie sehr viel seltsamer, als man sich das vor der Zeit hochauflösender Bilder vorstellte. Wären bei einer terrestrischen Oberflächenformation solche Details entdeckt worden, so wären wahrscheinlich Archäologen hinzugezogen worden, um zu klären, ob es sich um ein Artefakt handeln könnte« (ebenda).

Tonnies wollte noch viel mehr loswerden: »Als das Gesicht 1998 [von der NASA] neu aufgenommen wurde, haben die Entlarver herablassend auf das Fehlen von ›Straßen‹ und ›Fliegenden Untertassen‹ als Beweis für seinen künstlichen Ursprung hingewiesen. Angesichts des Alters und der geologischen Vergangenheit des Mars wären allerdings Straßen das Letzte, was man dort vernünftigerweise erwarten dürfte; es sei denn, der Mars wäre die Heimat einer prähistorischen Zivilisation mit einer Schwäche für terrestrische Architektur gewesen« (Redfern, 2006).

»Die Tatsache, dass praktisch niemand je ernsthaft den Mars als Heimat einer ausgestorbenen Zivilisation in Betracht gezogen hatte, wurde von den Skeptikern beiseite gewischt in dem Bedürfnis, den Mythos zu zerstören, zu dem sich das Gesicht seit dem Auftauchen der ersten Fotos entwickelt hat. Bedauerlicherweise wurde die Chance vertan, die Frage der extraterrestrischen Archäologie wissenschaftlich anzugehen, und die resultierenden Missverständnisse haben die Fixierung der Freaks auf Verschwörungstheorien verstärkt« (ebenda).

»Schon lange bevor der *Mars Global Surveyor* provozierende Bilder der Marsregion Cydonia Mensae zurückfunkte, hatten Vertreter der sogenannten Artificiality Hypothesis (Hypothese über einen künstlichen Ursprung) das Vorhandensein sekundärer Gesichtszüge vorausgesagt. Es erschien plausibel, dass das Gesicht, wenn es denn das Werk intelligenter Wesen war, auf Bildern besserer Kameras anthropomorphe

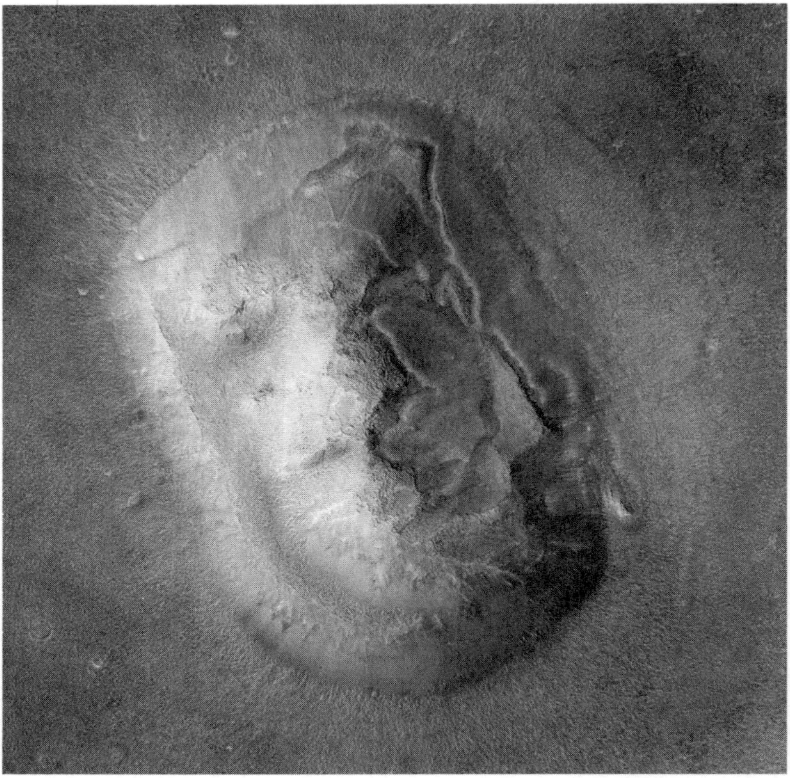

Rätsel auf dem Mars *(Copyright: NASA)*

Züge zeigen würde. Auf den besten der ersten *Viking*-Aufnahmen aus den 1970er-Jahren war das ›Auge‹ kaum zu erkennen; irgendwelche Schlüsse über seine Form oder Struktur waren offensichtlich unmöglich« (ebenda).

»Als also die ersten von oben aufgenommenen Bilder des Gesichts verfügbar wurden, wurde das Vorhandensein eines anscheinend gut erhaltenen ›Auges‹ als scheinbare Bestätigung des künstlichen Ursprungs gewertet. Schließlich war sie auf der Grundlage einer nachprüfbaren Hypothese vorhergesagt worden. Weitere ›sekundäre‹ Gesichtszüge wurden ebenfalls festgestellt: lippenähnliche Formationen, die einen breiten, geöffneten ›Mund‹ bildeten, ›Nasenlöcher‹ und andere« (ebenda).

Tonnies fügte hinzu, dass zwar keiner dieser Züge den definitiven Beweis dafür lieferte, dass das Gesicht das Werk von extraterrestrischen intelligenten Wesen war, sie aber auf die Möglichkeit hindeuteten, dass das Gesicht und vielleicht weitere Anomalitäten in seiner unmittelbaren Umgebung wesentlich mehr waren als Spiele von Licht und Schatten, wie die PR-Leute der NASA behauptet hatten. Und wenn das Gesicht tatsächlich von außerirdischen intelligenten Wesen geschaffen wurde und nicht das Produkt der strengen Wetterverhältnisse auf dem Mars und der Naturgewalten war, wer waren dann diese Wesen? An diesem Punkt geraten wir in sehr stürmisches Wasser: Wir suchen nach den Verbindungen zwischen dem Marsgesicht und einem anderen berühmten Gesicht. Das befindet sich allerdings nicht auf dem Mars, sondern seit langer Zeit im Wüstensand Ägyptens.

KAPITEL 13

DIE MARSPYRAMIDEN

Eine Verbindung zwischen Erde und Mars

Die meisten Interpretationen der Fotos des Marsgesichts, die uns die NASA und bestimmte Angehörige der etablierten Wissenschaft angeboten haben, gehen davon aus, dass das Gesicht nur eine völlig natürliche Landformation ist, die zufällig wie ein Gesicht *aussieht*. Viel interessanter ist allerdings die Theorie, bei dem Gesicht könne es sich durchaus um die zerfallenen Relikte eines uralten künstlichen, sphinxartigen Monuments handeln, erbaut vielleicht von einer auf dem Mars beheimateten, aber inzwischen längst ausgestorbenen Zivilisation. 1987 ging Richard Hoagland, der sich mit der Erforschung von Anomalien auf dem Mars beschäftigt, einen großen Schritt weiter und deutete weitere Oberflächenformationen in unmittelbarer Nähe als die Überreste einer verfallenen Stadt und möglicherweise sogar von künstlichen Pyramiden, die nach Form und Beschaffenheit stark denen der Alten Ägypter unserer eigenen Welt ähneln, die bis heute erhalten sind.

Mac Tonnies machte eine wichtige Bemerkung direkt zu diesem Thema: »Es existiert eine oberflächliche Ähnlichkeit zwischen einigen der angeblichen Pyramiden in der Nähe des Marsgesichts und den bekannteren hier auf der Erde, beispielsweise den Pyramiden und der Sphinx in Ägypten. Darüber sind endlose obskure Theorien gesponnen worden, und ich stimme mit den Esoterikforschern überein, dass man eine Art Verbindung zwischen Intelligenz auf der Erde und dem Mars ernsthaft in Erwägung ziehen sollte. Die Formationen auf dem Mars sind jedoch wesentlich größer als terrestrische Architektur. Geht man davon aus, dass sie von intelligenten Wesen geschaffen wurden, lässt das auf einen anderen Zweck schließen« (Redfern, 2006).

Die Geheimnisse der Sphinx

Ebenso wie die etwas ähnlich aussehende Formation in der Marsregion Cydonia ist die Große Sphinx auf dem Gizeh-Plateau am Westufer des Nils ein spektakulärer Anblick und geheimnisumwittert. Obwohl bei Weitem nicht von der Größe des Marsgesichts, sind ihre Ausmaße doch höchst beeindruckend. Mit über 73 Metern Länge, sechs Metern Breite und mehr als 20 Metern Höhe beherrscht die Sphinx alles in ihrem Blickfeld, Altes ebenso wie Neues. Was ihren Ursprung angeht, so wird die Sache kompliziert. Die allgemein anerkannte Position der Ägyptologie ist, dass sie irgendwann zwischen 2558 und 2532 v. Chr. erbaut wurde, zur Zeit der Herrschaft des Pharao Chephren.

Bei diesem Szenario tauchen allerdings einige Probleme auf. Und diese Probleme lassen zweierlei vermuten: 1) dass die Sphinx *nicht* während Chephrens Herrschaft erbaut wurde, die in die Vierte Dynastie fiel, und b), dass die Sphinx möglicherweise aus einer sehr viel früheren Zeit stammt, als die ägyptische Gesellschaft noch gar nicht voll entwickelt war. Es wäre also vielleicht viel korrekter zu sagen, dass die Ägypter die Sphinx nicht *erbauten*, sondern *erbten*.

Zu der Frage, ob Pharao Chephren hinter der Erschaffung der Sphinx stand, führte der verstorbene Ägyptologe Selim Hassan ein sehr einleuchtendes Argument an, das in den Augen mancher Forscher einige Zweifel auf dieses Szenario wirft. Hassan selber tendierte durchaus zu der Annahme, dass die Sphinx vermutlich während Chephrens Herrschaft entstand, räumte allerdings ein: »Es gibt keine einzige zeitgenössische Inschrift, die die Sphinx mit Chephren in Verbindung bringt; daher müssen wir die Belege, so überzeugend sie auch scheinen mögen, so lange als bloße Indizien werten, bis der glückliche Spatenstich eines Archäologen der Welt einen eindeutigen Hinweis auf die Erbauung der Sphinx liefert« (Hassan, 1949).

Die Große Sphinx in Ägypten *(Copyright: Henry Bechard, 1880)*

Die Beweise bröckeln

In vorderster Linie unter den Vertretern dieser Meinung steht Robert M. Schoch, PhD, ein Geologe und Dozent der Naturwissenschaften am *College of General Studies* der *Boston University*. Schochs Forschungen konzentrierten sich auf die Theorie, dass die Sphinx während irgendeines Zeitraums in ihrer fernen Vergangenheit durch Wassereinwirkung verwitterte und erodierte – und zwar, was das Wichtige daran ist, durch Regenwasser, große Mengen von Regenwasser. Nur stoßen wir hier auf ein entscheidendes Problem: In dem Gebiet, in dem die Sphinx liegt, fielen mindestens seit den Tagen des Alten Reiches (2686–2134 v. Chr.) im jährlichen Durchschnitt nicht mehr als 2,5 Zentimeter Niederschlag. Und ausgiebige Regenfälle scheint es in Ägypten bereits seit dem dritten oder vierten Jahrtausend vor Christus nicht mehr gegeben zu haben. Schochs Meinung nach muss die Sphinx also unweigerlich sehr viel älter sein, als die Ägyptologie derzeit annimmt. Schoch setzt das ungefähre Alter der Sphinx bei unglaublichen 7000 oder sogar noch mehr Jahren an.

Für Ägyptologen ist diese Theorie ungeheuerlich. Viele haben nach Erklärungen dafür gesucht, wie die Verwitterung der Sphinx mit einem späteren Erbauungsdatum zu vereinbaren wäre. Robert Temple, der nach der Veröffentlichung seines Buches *The Sirius Mystery* von der CIA und britischen Geheimdiensten sehr genau beobachtet wurde, äußerte die Theorie, die Sphinx sei früher von einem Graben umgeben gewesen. Vielleicht war es also Wasser aus dem Graben und nicht Regenwasser, das die deutliche Erosion verursachte? Schoch ist von diesem Szenario nicht überzeugt. Er vermerkt: »Der Felsuntergrund unter der Anlage weist viele Spalten auf« und wäre mit Sicherheit »undicht wie ein Sieb« gewesen (Schoch, 2011).

Die Klimatologen Rudolph Kuper und Stefan Kröpelin von der Universität Köln sowie Judith Bunbury, eine Geologin am *St. Edmund's College* in Cambridge, sind der Meinung, dass sich der Wandel Ägyptens von einem Land mit relativ hohen Niederschlägen zu dem uns vertrauteren heißen und trockenen Klima, das heute auf dem Plateau von Gizeh herrscht, sehr viel später vollzog als häufig angenommen. Sollte das zutreffen, dann könnte die Sphinx tatsächlich in dem von den meisten Ägyptologen angenommenen Zeitraum erbaut worden sein, und alles wäre in Ordnung.

Schoch hat diese Theorie mit einem sehr logischen Argument widerlegt: In der Umgebung der Sphinx gibt es andere Bauwerke, die *keine* Erosionsspuren aufweisen, und diese Bauwerke *stammen* aus der Zeit, in der die Ägyptologen den Bau der Sphinx ansetzen. Wenn an diesen anderen Bauten nicht dieselben Erosionsspuren zu finden sind, warum dann an der Sphinx, wenn sie zur selben Zeit erbaut wurde? Nach Schochs Meinung ist die Antwort ebenso einfach wie provokant: Ganz offensichtlich fällt der Bau der Sphinx *nicht* in dieselbe Zeit.

Die geerbte Sphinx

Robert Schoch äußerte zudem die Überzeugung, der Pharao Chephren sei nicht der ursprüngliche Erbauer der Sphinx gewesen, sondern habe sie nach seinen eigenen Vorstellungen umgestaltet. Hierzu führt Schoch die wichtige Beobachtung an, dass anscheinend vor sehr langer Zeit der Kopf der Sphinx erheblich verändert wurde. Ohne Zweifel ist er im Vergleich zum Körper viel zu klein. Schoch behauptet, die Erosion des ursprünglichen Kopfes müsse ebenso stark gewesen sein wie die am Körper sichtbare. Er nimmt an, dass der

Kopf zur Pharaonenzeit bearbeitet und dabei verkleinert wurde. Schoch hat ebenfalls die Möglichkeit geprüft, dass die Sphinx in ihrer ursprünglichen Form – vor den von Chephren vorgenommenen Veränderungen – nicht das heutige sehr menschliche Aussehen hatte, sondern womöglich einen Löwen darstellte. Interessanterweise erwähnt Richard Hoagland, dass das Marsgesicht ebenfalls katzenhafte Züge aufweist.

Pharaonen auf dem Mars

Wir wollen die Marsgesicht/Sphinx-Kontroverse einmal beiseitelassen und einen Blick auf weitere Daten werfen, die auf eine Verbindung zwischen den riesigen Bauten in Ägypten und den noch größeren Formationen auf dem Mars hindeuten. Außer dem Gesicht selbst ist der wichtigste Protagonist in diesem Zusammenhang sicher die sogenannte D&M-Pyramide, so bezeichnet nach den beiden Spezialisten für digitale Bildgebung, die sie entdeckten: Vincent DiPietro und Gregory Molenaar. Die D&M-Pyramide ist ein fünfseitiges, ebenfalls in Cydonia gelegenes Gebilde und nicht besonders gut erhalten. Sie ist stark zerklüftet, eingedrückt und sieht stellenweise sogar aus, als sei sie geschmolzen, was auf eine Explosion in ihrem Inneren hindeutet. Von wem oder wodurch diese Explosion ausgelöst wurde, bleibt unklar.

Ebenfalls zur D&M-Pyramide findet sich auf der Website *Enterprise Mission* die Information, dass der untere Teil der dreieckigen Pyramidenfläche von zwei anscheinend rechteckigen Formationen eingerahmt wird, die möglicherweise als Stützpfeiler errichtet wurden. Zudem ist nach Berichten von Mac Tonnies auf derselben Fläche ein nicht sehr tiefer Riss zu sehen, »der der verfallenen Ziegeleinfassung an den ägyptischen Pyramiden gleicht«. Tonnies schloss daraus, dass es sich eindeutig um »eine Art Schutzverkleidung« handelte. Hierzu findet sich eine Parallele an der Pyramide von Gizeh, die bei ihrer Fertigstellung eine Verkleidung von poliertem weißem Kalkstein erhielt. Leider ist der größte Teil dieses Kalksteins heute nicht mehr vorhanden, aber in früheren, mächtigeren Zeiten muss es ein spektakulärer Anblick gewesen sein, wenn die Reflexion der Sonne auf dem Stein die ganze Pyramide in ein gewaltiges, leuchtendes Signal in der ägyptischen Wüste verwandelte (Tonnies, 2004).

Außer der D&M-Pyramide birgt Cydonia ein *zweites* fünfseitiges Gebilde: Unter Marsgesichtforschern ist es als City-Pyramide bekannt. Mit ihren wahrhaft ungeheuren Ausmaßen ist sie weit größer als alles, was in Ägypten gefunden wurde, und die Große Pyramide würde leicht in sie hineinpassen. Es war zugegebenermaßen Spekulation, aber Tonnies fragte sich, ob die City-Pyramide vielleicht als eine Art riesiger Schutzschild für ein stadtähnliches Gebilde fungiert haben könnte, das womöglich zum Schutz zumindest eines Teils der Marsbewohner errichtet wurde, als ihnen klar wurde, dass Atmosphäre und Ökosystem ihrer kostbaren Welt im Begriff waren, unwiderruflich zu zerfallen und über ihnen zusammenzubrechen.

Da es auf der Marsoberfläche eine *weitere* riesige Formation zu geben scheint, die sehr ägyptisch aussieht, haben einige Kommentatoren die höchst umstrittene Theorie entwickelt, sie stelle das Profil von niemand Geringerem als der ägyptischen Königin Nofretete dar, die auch in Jeane Dixons Büchern erwähnt wird, weswegen die CIA Dixons Arbeiten in den 1960er-Jahren insgeheim aufmerksam beobachtete. Ob es sich nun um Pareidoleia handelte oder nicht, Tonnies konnte eine Verbindung zu Ägypten nicht bestreiten und fügte hinzu, dass, was immer die Nofretete-ähnliche Formation darstelle, »ihre Anordnung dem Bild einer Frau auffallend ähnelte« (ebenda).

Im Falle, die ägyptisch wirkenden Formationen auf dem Mars sollten sich eines Tages als künstlich angelegt herausstellen, ist sicherlich die ganz große Frage: Wer waren ihre Erbauer? Sind sie das Werk von dort beheimateten Marsbewohnern oder vielleicht das einer uralten Zivilisation, die von weit außerhalb unseres Sonnensystems kam und den Mars besuchte? Mac Tonnies hat dazu seine ganz eigenen Theorien und Vorstellungen: Möglicherweise wurde der Komplex in Cydonia ebenso wie mögliche weitere Gebäude auf dem Mars von einheimischen Marsbewohnern errichtet. Der Mars war früher einmal der Erde sehr ähnlich. Wir wissen, dass es dort flüssiges Wasser gab. Es ist durchaus denkbar, dass auf dem Roten Planeten eine Zivilisation entstand und Strukturen errichtete, die wir mit unseren Fähigkeiten untersuchen können. Oder aber die Anomalien könnten Zeichen interstellarer Kontakte sein: vielleicht die Relikte einer Art Kolonie« (Redfern, 2006).

Die Katastrophe

Falls der Mars früher einmal die Heimat einer intelligenten Lebensform *war*, und wenn die NASA tatsächlich auf – schlüssige oder mögliche – Beweise für diese intelligente Lebensform gestoßen *ist*, wie konnte dann ein anscheinend einst blühender Planet sich in die tote, staubige – oder für tot und staubig *gehaltene* – Welt verwandeln, die wir heute sehen? Und wie fand seine Zivilisation ihr Ende? Mac Tonnies hat hierzu einige hochinteressante Ideen: »Der Astronom Tom Van Flandern hat postuliert, dass der Mars einst der Mond eines zehnten Planeten war, der in ferner Vergangenheit buchstäblich explodierte. Wenn es so war, muss diese Explosion verheerende Wirkungen auf den Mars gehabt und ihn vermutlich unbewohnbar gemacht haben. Das ist ein ziemlich apokalyptisches Szenario. Ein anderes ist, dass die Marsatmosphäre von dem Einschlag zerstört wurde, bei dem das riesige Hellas-Basin entstand. Nach derzeitigen Maßstäben sind beide Ansichten ziemlich ketzerisch. Die etablierte Astronomie kann sich eher mit der Vorstellung anfreunden, der Mars sei eines langsamen, allmählichen Todes gestorben. Pyrotechnische Kollisionen sind intellektuell nicht in Mode trotz der Beweise, dass solche Ereignisse viel häufiger vorkommen, als wir gerne glauben möchten« (ebenda).

Warum aber sollte die Architektur eines theoretischen, vor unzähligen Jahrtausenden zerstörten Reiches auf dem Mars so ägyptisch ausgesehen haben? Damit kommen wir zu der erstaunlichsten aller Möglichkeiten.

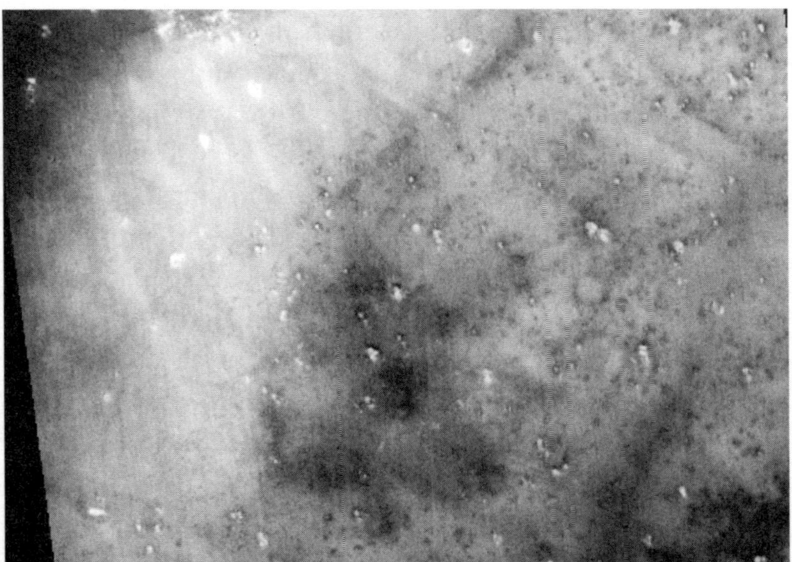

Auf dem Mars entdeckt: eine der Nofretete ähnliche Gestalt
(Copyright: NASA)

Von Cydonia nach Gizeh

Mac Tonnies war ausgesprochen vorsichtig und zurückhaltend, wenn er sich öffentlich dazu äußerte, was er glaubte oder nicht glaubte, was er für Tatsachen hielt und was für Theorie, und was seiner Meinung nach ein harter Beweis und was Spekulation war. Zu dem zuletzt erwähnten Punkt spekulierte Tonnies – und er war der Erste, der zugab, *dass* es sich um Spekulation handelte –, dass für den Fall, dass der Mars irgendwann in ferner Vergangenheit von einer planetarischen Katastrophe heimgesucht worden war, wie Tom Van Flanderen behauptet, seine Bewohner vielleicht eine bestimmte Vorwarnung erhalten hatten, die es zumindest einigen von ihnen ermöglichte, der finsteren Apokalypse zu entfliehen, die von Tag zu Tag näher rückte.

Tonnies hält es für möglich, dass die verängstigten Marsbewohner, als der endgültige Countdown begonnen hatte, eilig eine Armada von Raumschiffen in Richtung Erde losschickten in der Hoffnung, die völlige Auslöschung ihrer Rasse zu verhindern. Vielleicht gelang ihnen, entgegen aller Wahrscheinlichkeit und den Gefahren der riskanten interplanetarischen Reise durch den Weltraum zum Trotz, die Landung dort und danach der langsame und mühsame Neubeginn an den Orten unseres Planeten, wo Zivilisation und Zeichen von erstaunlichen Bautechniken und hoch entwickelten Technologien anscheinend wie aus dem Nichts auftauchten. Dazu gehören natürlich Zentralamerika, Südamerika, der Mittlere Osten und Indien. Und vielleicht, so Tonnies' Hypothese, haben jene überlebenden Marsianer in dem Wunsch, dass wenigstens Teile ihrer ausgelöschten marsianischen Gesellschaft, Kultur und Überlieferung in kommenden Generationen weiterleben möchten, die primitiven Menschen, die sie auf der Erde vorfanden, gelehrt und ermutigt, die ursprünglich marsianischen Vorlieben für Pyramiden, Sphinxen und andere riesige Steingebilde zu übernehmen und weiterzuentwickeln.

War das nur eine Theorie von Tonnies? Das war es. Aber manchmal erweisen sich Theorien auch als Wahrheit. Vielleicht zeigt sich eines Tages, dass Tonnies' Spekulationen über diesen Aspekt des Marsgesichts wesentlich mehr als Spekulationen sind. Möglicherweise bestätigen sich diese Überlegungen als richtig, und wir erhalten eine stichhaltige Antwort auf die Frage, warum vom Marsgesicht bis zur D&M-Pyramide und von dem Nofretete-ähnlichen Bild bis zur City-Pyramide Ägypten und der Rote Planet so untrennbar und mysteriös miteinander verbunden sind.

Marsbewohner von heute

Selbst wenn einige Marsbewohner durch die Flucht in unsere Welt den Untergang überlebten, hat die Katastrophe vielleicht nicht alles Leben auf oder unterhalb der Marsoberfläche vernichtet. Zu dieser Frage berichtete Tonnies: »Der *Mars Global Surveyor* hat Aufnahmen von seltsamen, verzweigten Objekten gemacht, die das Aussehen organischer Strukturen haben. [Der verstorbene Science-Fiction-Autor] Arthur C. Clarke war einer derjenigen, die fest von der Präsenz größerer Lebensformen auf dem Mars überzeugt waren und sich äußerst kritisch über das Schweigen des JPL [*Jet Propulsion Laboratory*] geäußert hatte. Clarkes eindrucksvollste Kandidaten sind seine sogenannten ›Banyanbäume‹, die am Südpol des Mars erkennbar sind. Und er arbeitete mit dem Marsforscher Greg Orme bei der Untersuchung einiger ähnlicher Formationen zusammen, die die NASA als ›schwarze Spinnen‹ bezeichnet hat; wurzelartige Formationen, die auf zähes, makroskopisches Leben hindeuten. Und: Auf dem Mars gibt es Wasser. Es wurde gefroren unter der Oberfläche entdeckt. Wenn wir das alles zum Schmelzen bringen würden, ergäbe das einen knöcheltiefen Ozean, der den gesamten Planeten bedecken würde« (ebenda).

Eine Zeit vor der unseren

Auch für das Marsgesicht hatte Mac Tonnies eine weitere, unkonventionelle Theorie parat – eine, die mit Marsbewohnern nichts zu tun hatte. Dafür aber umso mehr mit uns, der menschlichen Rasse. Er fragte sich, ob wir und die Marsbewohner ein und dieselbe Rasse waren. Eingedenk der Schilderungen über fantastische, atomar bewaffnete Fluggeräte, die Vimanas, die in den längst vergangenen Zeiten, von denen das *Mahabharata* erzählt, den Himmel über Indien bevölkerten, erwog Tonnies die erstaunliche Möglichkeit, dass vielleicht in ferner Vergangenheit eine lange untergegangene und ebenso lange vergessene Rasse von Menschen auf unserer eigenen Erde die Raumfahrt entwickelte, zum Mars flog und die ausgedehnten Gebilde schuf, von denen heute viele glauben, sie seien das Werk von Marsbewohnern: »Zurückblickend«, sagte Tonnies, »bedauere ich, dass ich in [meinem] Buch [*After the Martian Apocalypse*] nicht ausführlicher auf die Möglichkeit eingegangen bin, dass das Gesicht von einer untergegangenen terrestrischen Zivilisation geschaffen wurde, die die Raumfahrt beherrschte. Selbst als Spekulation war das eine problematische Vorstellung, denn sie wirft ebenso viele [neue] Fragen auf, wie sie beantwortet« (Redfern, 2004).

Eine problematische Vorstellung ist es sicherlich. Sie wäre allerdings möglicherweise ein wichtiger Schritt zu einer Erklärung, warum manche Formationen in Cydonia und Ägypten mehr als oberflächliche Ähnlichkeiten aufweisen. Diese Theorie verfolgte Tonnies in *The Cryptoterrestrials* weiter, das 2010 posthum veröffentlicht wurde. Und es ist eine Theorie, die Unterstützung vonseiten des früheren Special Agent Walter Bosley vom *Office of Special Investigations* der US-Luftwaffe erfuhr.

Eine uralte Menschenrasse

Walter Bosleys Vater diente Ende der 1950er-Jahre in der Luftwaffe im Rahmen des Weltraumprogramms. Während seiner Zeit beim Militär erhielt Bosleys Vater auf der *Wright-Patterson Air Force Base* in Ohio ein geheimes Briefing zu dem angeblichen legendären UFO-Absturz bei Roswell, New Mexico, im Sommer 1947. Bosley berichtete, dass zur Zeit dieses Briefings die Luftwaffe zu einem verblüffenden Schluss gekommen war: Weder das fremdartige Luftfahrzeug noch die zur selben Zeit in der Wüste außerhalb von Roswell gefundenen Leichen waren außerirdischen Ursprungs.

Vor allem, so erzählte Bosley, habe sein Vater ihm gesagt, dass die Wesen und ihr Fahrzeug aus dem *Inneren* unseres Planeten stammten. Sie waren Überlebende einer uralten Zivilisation, die vor vielen Jahrtausenden über unseren Planeten geherrscht hatte und angeblich in einem ausgedehnten System von Höhlen und Tunneln unterhalb des südwestlichen Teils der Vereinigten Staaten existierte. Zudem erfuhr Bosley von seinem Vater: »Sie sind uns Menschen so ähnlich, dass sie wenig Mühe haben, sich problemlos unter uns zu bewegen. Wenn du sie von Nahem sehen würdest, würden sie dir ein bisschen merkwürdig vorkommen, aber nicht, wenn einer nur auf der Straße an dir vorbeiginge.« Bosleys

Vater war nicht der Einzige, der von einer uralten terrestrischen Rasse sprach, die fortschrittliche Technologien entwickelt hatte und spektakuläre Zeugnisse hinterließ (Guest, 2005).

Cayce und die Sphinx

Der 1877 geborene Edgar Cayce war ohne Zweifel eines der berühmtesten Medien der Vereinigten Staaten. Auch heute noch, lange nach seinem Tod im Jahr 1949 mit 67 Jahren, hat er eine große und treue Anhängerschaft. H. P. Albarelli Junior, der für Jimmy Carter im Weißen Haus und für das US-Finanzministerium gearbeitet hatte, erklärte, dass irgendwann Anfang der 1960er-Jahre Forscher der *Technical Services Staff* der CIA, die in der Forschung über Bewusstseinsveränderung an der Spitze standen, besonderes Interesse für Cayces Arbeit zeigten. Albarelli enthüllte, dass einige Agenten verdeckt bei der *Association for Research and Enlightenment* ermittelten, die in Cayces Zentrale in Virginia untergebracht war. Offensichtlich verfolgte also irgendjemand bei der CIA Cayces Aktivitäten, die anscheinend auf Forschungen basierten, die starke Parallelen zu denen von Andrija Puharich aufwiesen.

Eines der Lieblingsthemen von Cayce war das legendäre Atlantis mit seinen ebenso legendären Bewohnern – das zum ersten Mal in den Schriften des Plato um 360 v. Chr. erwähnt wurde. Nach Cayces Überzeugung hatte vor sehr langer Zeit eine Reihe von Katastrophen, unter anderem eine alles verschlingende Flut von biblischen Ausmaßen, zu irreversiblen Bevölkerungsverlusten in Atlantis geführt – wo immer das auch gelegen haben mochte. Und der Himmel weiß, dass viele Gegenden der Welt als mögliche Orte ins

In den 1960er-Jahren infiltrierte die CIA die **Edgar Cayce Foundation.** *(Copyright: Nick Redfern)*

Gespräch gebracht wurden, unter anderem der Atlantische Ozean, das Mittelmeer, die Kanarischen Inseln, die Azoren und noch viele andere. Aber unabhängig von der Lage von Atlantis war sich Cayce über das Ergebnis der Katastrophe sicher: Die Überlebenden waren zum Neubeginn an fremden und fremdartigen Orten gezwungen. Einer dieser Orte, behauptete Cayce, war Ägypten. Seiner Meinung nach waren es also die Atlanter, die die erstaunliche Technologie ins Alte Ägypten brachten, die schließlich den Bau der Sphinx und der Pyramiden möglich machte.

Woher wusste Cayce das? Er erhob den, zugegebenermaßen sehr umstrittenen, Anspruch, die Reinkarnation eines ägyptischen Priesters namens Ra Ta zu sein, des angeblichen Gründers eines ägyptischen Heilzentrums, genannt Tempel des Opfers. Cayce erklärte weiter, durch seine Ägyptenkenntnisse aus einem früheren Leben wisse er auch, dass sich unterhalb der rechten Pranke der Sphinx eine wunderbare

Halle der Aufzeichnungen befinde. Diese kostbaren Aufzeichnungen, behauptete Cayce, erzählten die wahre und ungekürzte Geschichte von Atlantis, seinen Menschen und seiner endgültigen Vernichtung in grauer Vorzeit.

Erstaunlicherweise berichtet Schoch, er und sein Team hätten bei ihrer genauen Untersuchung der Sphinx vor Ort »klare Beweise für einen Hohlraum oder eine Kammer unter der linken Pranke der Sphinx entdeckt. Nebenbei bemerkt haben einige Leute mir gesagt, es könne sich hier um eine ›Halle der Aufzeichnungen‹ handeln.« Damals, so sagt Schoch, seien ihm Cayces ähnlich lautende Vorhersagen nicht bekannt gewesen (Schoch, 2011).

Vielleicht kommen die verborgenen Geheimnisse der Sphinx eines Tages ans Licht und Edgar Cayce wird bestätigt. Angesichts der erhellenden Enthüllungen von H. P. Albarelli Junior ist auch denkbar, dass die CIA ihre eigene Halle der Aufzeichnungen zu *sämtlichen* in diesem Kapitel erörterten bemerkenswerten Themen hat. Wenn dem so ist, sollten wir bei unserer Suche nach Antworten zum Marsgesicht und die vielen damit zusammenhängenden Rätsel von nun an nicht länger in den Himmel, sondern in die geheimen Tresore des Staatsapparats schauen. Genau das werden wir jetzt auch tun.

KAPITEL 14

Verschwörungen um den Mars

Es wird sicher niemanden überraschen, dass das Marsgesicht allenthalben zum Lieblingsobjekt der Verschwörungstheoretiker avancierte. Mit gutem Grund, würden viele sagen. Drei Hauptzutaten zu der kosmischen Verschwörung haben wir: 1) die NASA tut alles, um ihr Wissen darüber geheim zu halten, dass das Marsgesicht künstlichen Ursprungs ist und irgendwie mit den ägyptischen Pyramiden im Zusammenhang steht, 2) Angehörige der NASA und der US-Regierung wissen bereits viel länger von der Existenz des Marsgesichts, als die meisten von uns glauben oder wissen, und 3) vielleicht wurden in den 1950er-Jahren offizielle Versuche eingeleitet, die Bevölkerung vorsichtig über dessen Existenz, Charakter und Ursprung zu informieren, aber Anfang der 1960er endgültig eingestellt. Wir wollen uns jetzt näher ansehen, ob es Beweise für diese drei Verschwörungsvorwürfe gibt.

Wir werden dieses Thema von zwei Seiten angehen, ausgehend von der Annahme, dass jemand schon viel länger über das Marsgesicht Bescheid wusste, als wir glaubten, und dass vor Jahrzehnten versucht wurde, die Wahrheit über das Marsgesicht öffentlich zu machen.

Verschwörungstheoretiker konnten zwar nicht beweisen, woher und warum bestimmte Leute innerhalb der US-Regierung von der Existenz des Marsgesichts wussten, schon lange bevor es im Jahr 1976 von *Viking 1* entdeckt wurde. Dennoch gibt es einige bemerkenswerte Tatsachen, die die Ansicht stützen *könnten*, dass a) das Gesicht und die Pyramidenformationen in seiner unmittelbaren Umgebung bereits in den 1950er-Jahren bekannt waren und b) die Massenmedien jener Zeit von der Regierung benutzt wurden, um allmählich und vorsichtig diesbezügliche Informationen in der Öffentlichkeit zu lancieren und sie so auf den Zeitpunkt vorzubereiten, zu dem die volle Wahrheit schließlich enthüllt werden sollte.

Der Weltraumkadett

Tom Corbett, Space Cadet (zu Deutsch: *Weltraumkadett Tom Corbett*) war ein Science-Fiction-Phänomen der 1950er-Jahre, das von Robert Heinleins 1948 erschienenem Roman *Space Cadet* und Joseph Greenes Serie *Tom Ranger and the Space Cadet* aus etwa der gleichen Zeit inspiriert war. Das gewaltige Interesse an den Abenteuern des *Space Cadet* in den 1950ern ließ Romane, Comics sowie Cartoons in Tages- und Wochenzeitungen und sogar eine Fernsehserie entstehen. Zudem gibt es eine View-Master-Version der *Tom-Corbett*-Geschichten für 3-D. Und das ist der Ausgangspunkt, von dem aus wir uns vorsichtig der Zone der Verschwörungen nähern.

Die drei View-Master-Scheiben mit den Titeln *The Moon Pyramid*, *The Red Planet* und *The Mystery of the Asteroid* bestehen aus 21 dreidimensionalen Kodachrome-Bildern. Sie beginnen mit der Geschichte eines futuristischen Astronauten, der zu einem Bergbauprojekt im Herzen des Asteroidengürtels entsandt wird. Bei der Arbeit auf einem Asteroiden stößt der Bergmann auf etwas, das wie ein archäologisches Relikt aussieht. Tatsächlich ist das Fundstück, das ungefähr die Form einer Pyramide hat und über und über mit Hieroglyphen bedeckt ist, die an die ägyptischen Arbeiten erinnern, ein prähistorisches Artefakt. Allgemein wird spekuliert, dass der Asteroidengürtel das Relikt einer Welt ist, die einst intelligenten Außerirdischen eine Heimat zwischen Jupiter und Mars bot – eine Theorie, die jener von Tom Van Flanderns über den explodierenden Planeten nicht unähnlich ist, wie Mac Tonnies schon bemerkte.

Aus den dunklen Tiefen des Asteroidengürtels führt uns die *Tom-Corbett*-Geschichte weiter zu unserem eigenen Mond, wo ein ähnliches Pyramidengebilde entdeckt wurde. Aber es ist mehr als das, denn zusammengesetzt bilden die beiden ein einzigartiges Objekt, das eine holografische Betrachtung des Mars ermöglicht und einige erstaunliche Bilder auf der Oberfläche des Roten Planeten sichtbar macht. Um diese erstaunliche Entdeckung zu nutzen, startet ein Astronautenteam zum Mars, wo es nichts Geringeres vorfindet als eine kolossale, 300 Meter hohe Pyramide, mehrere Obelisken und sogar eine kleine Skulptur, die ein Gesicht mit katzenhaften Zügen zeigt. Eine genauere Entsprechung dessen, was die Marsgesichtforscher Jahrzehnte später entdeckten, dürfte sehr schwer zu finden sein.

Es sind diese seltsamen Zufälle (oder wie diejenigen sagen würden, die die Dinge ganz anders sehen: gezielten Aktionen), die zu Debatten und Spekulationen geführt haben, das Katzengesicht und die Pyramidenformationen, die auf den NASA-Fotos der 1970er-Jahre sichtbar sind, seien der US-Regierung insgeheim schon seit den 1950er-Jahren bekannt gewesen, und möglicherweise sei ein Insider entschlossen gewesen, uns Außenstehende diskret und vielleicht sogar mit einem bestimmten offiziellen Einverständnis zu informieren.

Diese seltsamen Umstände und Theorien werden noch merkwürdiger, wenn man bedenkt, dass ein Mann, der als Berater für das *Tom-Corbett*-Lizenzgeschäft engagiert wurde, gleichzeitig Verbindungen in die geheime Welt von Regierung und Militär hatte. Die Rede ist von Willy Ley, einem genialen deutschen Raketeningenieur, von dem bekannt ist, dass seine veröffentlichten Arbeiten, insbesondere sein 1957 erschienenes Buch *Rockets, Missiles, and Space Travel*, die US-Regierungspolitik in Sachen Weltraumforschung entscheidend mitbestimmten. Ley inspirierte auch einen Großteil der Arbeit von Wernher von Braun, dem Raketenspezialisten, der zunächst während des Zweiten Weltkriegs für Hitler gearbeitet hatte und dann über ein streng geheimes Programm namens *Paperclip* in die USA übersiedelte. Von Braun stieg schließlich bis zum Direktor der NASA auf. Willy Ley bewegte sich also in interessanten und mächtigen Kreisen.

Ein weiterer Autor, der über einen Zusammenhang zwischen Pyramiden und Mars schrieb, war Otto Binder, der unter dem Pseudonym Eando Binder im Jahr 1971 einen Science-Fiction-Roman mit dem Titel *Puzzle of the Space Pyramids* verfasste, in dem es ebenfalls um die Entdeckung alter Pyramiden auf dem Mars durch die Menschen ging. In Binders Roman fungieren die Pyramiden als Schwerkraftgeneratoren, mit denen Zeit und Raum manipuliert werden. Binder glaubte außerdem an UFOs und verfasste mehrere Sachbücher zu diesem Thema. Interessanterweise enthält das Buch, das er 1976 mit Max Flindt zusammen schrieb, *Mankind: Child of the Stars*, ein Vorwort von Erich von Däniken. Noch interessanter ist, dass das Vorwort in Binders Buch

Victory in Space vom *Tom-Corbett*-Berater Willy Ley stammt. Auch Otto Binder pflegte anscheinend Umgang mit interessanten Leuten.

Der Mars: eine Welt voller Rätsel *(Copyright: NASA)*

Jack Kirbys Gesicht

1958 gab der Verlag *Harvey Comics* unter dem Gesamttitel *Race for the Moon* eine dreiteilige Comic-Serie heraus. Autor und Illustrator war die Comic-Legende Jack Kirby, bekannt durch Marvel und zusammen mit Stan Lee der Verfasser von *Fantastic Four*, *Incredible Hulk*, den *Avengers* und zahlreichen anderen Superhelden. Von Bedeutung für uns ist der zweite Band der Serie mit dem Titel *The Face on Mars*. In Kirbys Geschichte führt ein amerikanischer Astronaut namens Ben Fisher eine Crew zum Mars, wo sie zu ihrem Erstaunen ein riesiges, aus dem Fels gehauenes und die Landschaft beherrschendes menschliches Gesicht vorfindet.

Der abenteuerlustige Fisher beschließt, auf das riesige Gesicht hinaufzuklettern, und stellt zu seiner Überraschung fest, dass die Augen des immensen Gebildes in Wirklichkeit höhlenartige Eingänge zu einem verborgenen Riesenreich im Inneren des Gesichts sind. Bei der Erforschung des alten, längst verlassenen Bauwerks hat Fisher eine Vision von einem Kampf zwischen Marsbewohnern und feindlichen Außerirdischen, deren Heimat interessanterweise ein Planet war, bei dessen endgültiger Zerstörung durch die Marsbewohner der Asteroidengürtel entstand. Und jetzt kommt der Knüller: Jack Kirby hatte geheime Verbindungen in den Staatsapparat – und zwar zur CIA.

Die *Agency* und der Künstler

Ende der 1970er-Jahre sicherte sich ein Drehbuchautor namens Barry Ira Geller die Filmrechte zu einem 1968 von Roger Zelazny verfassten Science-Fiction-Roman mit dem Titel *Lord of the Light*. Im November 1979 war aus dem Filmprojekt weit mehr geworden. Es gab ehrgeizige Pläne, aus Zelaznys Story – in der die Crew eines Raumschiffs namens *Star of India* auf einer weit entfernten Welt abstürzt und gezwungen ist, ein neues Leben anzufangen – einen Millionenfilm zu machen. Im Zuge seiner Pläne für den Erfolg des Films machte Geller auch einen Besuch bei Kirby und bat ihn, künstlerische Entwürfe zu erarbeiten, die den

Geist und das Thema von *Lord of the Light* wiedergeben und mögliche Financiers für die Verfilmung der Geschichte ansprechen sollten. Kirbys Zeichnungen in seiner eigenen Comic-Serie *The Eternals* über Astronauten aus den 1970ern entsprachen genau dem, was Geller suchte. Trotz der anfänglich herrschenden Zuversicht wurde das Projekt letztlich wegen juristischer Probleme zu den Akten gelegt. Allerdings wurde es ausgerechnet von Agenten der CIA für kurze Zeit wieder aus der Versenkung geholt, die von der Story und von Jack Kirbys Illustrationen besonders angetan waren – aus wahrlich bizarren Gründen.

Als 1979 der Iran in Chaos und inneren Auseinandersetzungen versank, wurden in der Landeshauptstadt Teheran etliche Amerikaner als Geiseln in der US-Botschaft festgehalten, darunter sechs Mitarbeiter des US-Außenministeriums, denen es gelang, ihren iranischen Geiselnehmern zu entkommen und zu fliehen. Sie fanden Zuflucht in der kanadischen Botschaft, wo sie etwa zwölf Wochen blieben. Aber wie sollte man sie nach Hause holen, ohne zu riskieren, dass die Iraner sie beim Besteigen des Flugszeugs, das sie aus dem Iran hinausbringen sollte, erkannten? Beim Nachdenken über diese besonders heikle Frage kam der CIA ein Geistesblitz.

Es wurde beschlossen, die sechs als Mitglieder einer kanadischen Filmcrew auszugeben, die sich zu Dreharbeiten für eine TV-Version von *Lord of the Light* im Iran aufhielten. Dann sollte die Gruppe, ausgerüstet mit von den Top-Leuten der CIA gefälschten kanadischen Pässen und Make-up und Perücken vom Special-Effects-Experten John Chambers, der an dem Film *Planet der Affen* von 1968 mitgearbeitet hatte, den Iran verlassen und auf eventuelle Fragen des Flughafensicherheitspersonals angeben, sie seien nach Abschluss der Dreharbeiten für *Lord of the Light* nun auf dem Heimweg nach Kanada.

Der Kopf hinter der CIA-Mission war Antonio Mendez. Jahre später packte er aus: »Weil *Star Wars* erst kurz vorher so ein Hit gewesen war, wurden viele Science-Fiction-, Fantasy- und Superhero-Filme gedreht. Wir beschlossen, was wir brauchten, wäre ein Filmscript mit Elementen von Sci-Fi, Nahem Osten und Mythologie. Irgendwas über den Ruhm des Islam wäre auch schön« (Mendez, 1999–2000).

Mendez erzählte, es sei John Chambers gewesen, der *Lord of the Light* als den idealen Kandidaten vorschlug – und die Geschichte hat das nur zu deutlich bestätigt. Mit Kopien von Jack Kirbys Originalillustrationen (und einer beträchtlichen Menge *neuer* Illustrationen, die die CIA eigens zu dem Zweck bei Kirby bestellt hatte) im Handgepäck als Beleg für die Story, sie seien zu Dreharbeiten im Iran, kamen die Sechs glatt durch die Sicherheitskontrollen am Flughafen und stiegen um 5:30 Uhr erst in ein Flugzeug nach Zürich und dort in ein zweites in die USA.

Jacks Kirbys Beziehungen zur CIA waren damit aber keineswegs beendet.

Ebenfalls Ende der 1970er-Jahre baten CIA-Mitglieder Jack Kirby diskret um seine künstlerischen Entwürfe und Überlegungen zu a) einem Jetpack-ähnlichen Gerät, um Mitarbeiter der *Agency* und Truppen auf Schlachtfeldern einfliegen zu lassen, in Anlehnung an das berühmte Vorbild von Sean Connery alias James Bond (007) in dem Film *Feuerball* von 1965, und b) einer ausgedehnten unterseeischen militärischen Anlage von der Art, wie sie sicherlich eines machtbesessenen Schurken und Gegenspielers des besagten James Bond würdig gewesen wäre.

Swifts Geheimnisse

Über das Szenario, dass Regierungsangehörige Jahre, bevor die NASA ihre Aufnahmen des Marsgesichts veröffentlichte, geheime Informationen über die Beschaffenheit des Mars gehabt haben sollen, kann man sicherlich diskutieren. Allerdings existieren andere Beispiele, bei denen Tatsachen über den Mars anscheinend vorhergesehen wurden, lange bevor sie sich bestätigten, und bei denen ebenfalls die Welt offizieller Geheimhaltung mit im Spiel ist.

1726 verlegte der Engländer Benjamin Motte einen der bekanntesten Fantasyromane, *Gullivers Reisen*, von Jonathan Swift. Auf der Insel Laputa erfährt Gulliver, dass die Wissenschaftler der Nation »auch zwei Trabanten des Mars entdeckt [haben], deren nächster von seinem Hauptplaneten so weit entfernt ist, wie dessen Durchmesser dreimal beträgt, und der entfernteste fünfmal; Ersterer dreht sich um den Mars in 20, Letzterer in 21 und einer halben Stunde. Das Quadrat der periodischen Umwälzung beider steht in demselben Verhältnis wie das Kubik ihrer Entfernung vom Zentrum des Mars, und dies erweist, dass sie nach denselben Gesetzen der Schwere, wie die übrigen Himmelskörper, regiert werden« (Swift, 1996).

Der Mars hat tatsächlich zwei Monde: Phobos und Deimos. Als Swifts Roman 1726 herauskam, ahnte allerdings noch niemand, dass der Mars von zwei Satelliten umkreist wird. Sie blieben sogar bis 1877 unentdeckt, mehr als 150 Jahre nach Erscheinen von *Gullivers Reisen*. Natürlich könnte das alles Zufall gewesen sein. Aber selbst wenn es so war, lag Swift mit seinen gedruckten Beschreibungen von Phobos und Deimos nicht allzu falsch.

Der Erste ist etwa 5275 Kilometer vom Mars entfernt und umkreist ihn in etwas mehr als siebeneinhalb Stunden. In

Gullivers Reisen lieferte Swift seinen Lesern die Zahlen 12 999 Kilometer und zehn Stunden. Deimos hat eine durchschnittliche Entfernung von 20 101 Kilometern vom Roten Planeten und umkreist ihn in etwas mehr als 30 Stunden. In Swifts Buch sind es 27 198 Kilometer und 21,5 Stunden. Die Zahlen sind zwar nicht völlig korrekt, aber sie liegen auch nicht Millionen von Kilometern daneben. Wie also kam Swift eineinhalb Jahrhunderte vor ihrer offiziellen Entdeckung darauf, dass der Mars zwei Monde hat?

Der Marsmond Phobos *(Copyright: NASA)*

Das mysteriöseste Manuskript der Welt

Ein früherer amerikanischer Geheimdienstangehöriger namens Robert Manners behauptet, Swift habe seine Informationen gewonnen, indem er zumindest bestimmte Teile des umstrittenen Voynich-Manuskripts entzifferte, das seiner Aussage nach immer noch für das Pentagon von Interesse ist. Dieses mysteriöse 240-seitige Dokument stammt aus dem frühen 15. Jahrhundert und wurde vollständig in Glyphen beziehungsweise einer völlig unbekannten Sprache von einem ebenso unbekannten Autor verfasst. Benannt wurde es nach Wilfrid Voynich, einem Buchhändler polnisch-litauischer Abstammung, der es 1912 erwarb. Es enthält botanische und biologische Illustrationen sowie 26 faszinierende Bilder astronomischer und astrologischer Phänomene im Zusammenhang mit unserer Sonne, unserem Mond, den Planeten und den Sternen. Manners Aussagen hinsichtlich des Interesses der Geheimdienste an der Geschichte des Voynich-Manuskripts und seine Beziehung zu Jonathan Swift könnten sich als zutreffend erweisen.

Die *National Security Agency* hat eine Reihe von Dokumenten freigegeben, deren Thema das Voynich-Manuskript ist, geschrieben von Leuten mit Verbindungen zur NSA, die sich wacker bemühten, seinen Inhalt zu entziffern. Eines von ihnen ist James R. Childs »The Voynich Manuscript Revisited«, in dem der Autor die Hypothese aufstellt, dass das Manuskript in einem nordgermanischen Dialekt verfasst ist. Auch »The Most Mysterious Manuscript in the World« von Brigadegeneral John H. Tiltman zu demselben Thema wurde von der NSA freigegeben. Tiltman war britischer Staatsbürger und erfahrener Codebrecher und hatte viele Jahre in den Diensten des britischen Äquivalents zur *National Security Agency*, den *Government Communications Headquarters*

(GCHQ) gestanden, bevor er von 1964 bis 1980 Berater der NSA wurde. Tiltman wurde zudem die Ehre zuteil, als erster Nicht-Amerikaner in die prestigeträchtige Ehrenhalle der NSA aufgenommen zu werden.

Auf die Frage, wie und unter welchen Umständen er sich die außergewöhnlichen Informationen verschafft hatte, die vermuten lassen, dass Jonathan Swift zumindest Teile des Voynich-Manuskripts entziffert und dabei etwas Wichtiges über die Marsmonde herausgefunden hatte, erklärte Robert Manners, dass die von der NSA freigegebenen Dokumente zum Voynich-Manuskript nur einen kleinen Teil einer sehr viel umfangreicheren Sammlung ausmachen, die seiner Meinung nach erst auftauchen wird, wenn – und falls – die NSA beschließt, mehr Informationen aus ihren Geheimarchiven zu veröffentlichen.

Der NASA ist die sonderbare Affäre um Jonathan Swift und seine frühe Voraussage über die zwei Marsmonde durchaus bekannt, aber sie zieht eine sehr viel nüchternere Erklärung der Kontroverse vor: »Lange vor ihrer Entdeckung im Jahr 1877 spekulierte Johannes Kepler [ein deutscher Mathematiker und Astronom], dass, da die Erde einen Mond besaß und vom Jupiter zu jener Zeit vier bekannt waren, der Mars zwei besitzen könne, da er zwischen Erde und Jupiter kreise« (Dick, 2007).

Die NASA kam zu dem Schluss, Swift könne von Keplers Theorie der Himmlischen Harmonie beeinflusst gewesen sein. Ein solcher Einfluss auf bestimmte Aspekte von Swifts Werk ist auch nicht auszuschließen. Leider konnte allerdings bisher niemand – nicht einmal die besten Köpfe der NASA – eine absolut und 100-prozentig zufriedenstellende Antwort auf die Frage geben, wie Swift mit einer für die damalige Zeit doch sehr hohen Genauigkeit die Anzahl der Marsmonde, ihre Größe und ihre Distanz des Planeten vorhersagen konnte. Vielleicht war es tatsächlich Glück, Zufall, Synchronizität oder Swifts persönliches Überzeugtsein von der Keplerschen Himmlischen Harmonie. Aber wie auch immer die Antwort auf dieses jahrhundertealte Rätsel lauten mag, Jonathan Swift – ebenso wie Jack Kirby und der Kopf hinter den Geschichten über *Tom Corbett, Space Cadet* – brachte eine Marskontroverse aufs Tapet, die ihrer Zeit meilenweit voraus war. Und damit kommen wir zum dritten Teil der Verschwörung: dass die Staatsmacht es seit Beginn der 1960er-Jahre vorgezogen hat, die Wahrheit über das Marsgesicht lieber zu *verbergen,* als sie zu propagieren, wie es eine Fraktion in der US-Regierung während der 1950er-Jahre durchaus kurze Zeit versucht haben könnte.

Es spricht durchaus einiges dafür, dass die Geschichten über *Tom Corbett, Space Cadet* und Jack Kirbys *Face on Mars* Teil eines Versuchs waren, die Menschen mit dem Gedanken an ein vor sehr langer Zeit in Stein gehauenes Gesicht eines Außerirdischen auf dem Mars vertraut zu machen, das zudem bei *Tom Corbett* auch noch mit den Pyramiden in Zusammenhang gebracht wurde. Aber wie steht es um die Annahme, dass sich die Situation vielleicht drastisch geändert hat und jetzt alles unternommen wird, um uns zu verdummen und über die mögliche Existenz des Marsgesichts im Dunkeln zu lassen?

Zur Frage einer Regierungsverschwörung zur Geheimhaltung von Informationen über das Marsgesicht bemerkte Mac Tonnies, dass bei der Veröffentlichung der ersten *Global-Mars-Surveyor*-Aufnahme des Marsgesichts durch das *Jet Propulsion Laboratory* der NASA 1998 »man das Bild mit einem Hochpassfilter bearbeitete, der das Gesicht hoffnungslos undeutlich zeigte. Höchstwahrscheinlich war dies ein bewusster Versuch, das Interesse der Öffentlichkeit an einem Phänomen zu bremsen, das die Weltraumbehörde zu ignorieren entschlossen ist. Also ja, es gibt eine Art Verschleierung. Aber für jeden, der die Angelegenheit objektiv betrachten möchte, ist es deutlich sichtbar. Ich könnte endlos darüber spekulieren, ob böswilligere Formen der Vertuschung möglich sind; aber es bleibt eine Tatsache, dass der *Surveyor* weiterhin hochauflösende Bilder sendet« (Redfern, 2004).

Tonnies fügte diesbezüglich hinzu: »Spekulation und sogar ein bisschen gesunde Paranoia sind nützliche Werkzeuge. Aber wir müssen uns im Rahmen nachprüfbarer Tatsachen halten, sonst werden wir zu genau den die Verschwörungsängste schürenden Karikaturen, die die etablierte Presse so liebt« (ebenda).

Vielleicht liegt uns ja eine nachprüfbare Tatsache vor, die das Vorgehen von US-Regierung und NASA in Sachen Marsgesicht erhellt.

Die *Brookings*-Artefakte

Als Anfang der 1960er-Jahre die NASA-Programme zur Erforschung des Weltraums ausgeweitet wurden, bereitete die *Brookings Institution* (eine »Denkfabrik« zur Erarbeitung von Studien auf Gebieten wie Wirtschaft und Außenpolitik) für das *Committee on Long Range Studies* der NASA ein umfang- und aufschlussreiches Dokument vor. Unter dem allgemeinen Titel »Proposed Studies on the Implications of Peaceful Space Activities for Human Affairs« (»Vorschläge zu Studien über die Auswirkungen friedlicher Weltraumaktivitäten für den Menschen«) lieferte es eine eingehende Untersuchung über die künftige Rolle der NASA im Weltraum, über das, was die Behörde zu erwarten hatte, wenn sie einmal die Erforschung von Welten weit jenseits der unseren in Angriff nehmen sollte, und über künftige Tendenzen in der Raumfahrt. *Brookings* lieferte außerdem bedenkenswerte Ansichten zur Frage außerirdischen Lebens.

Interessanterweise wurde in dem Dokument die Hypothese aufgestellt, dass man eines Tages möglicherweise bestimmte, von intelligenten Außerirdischen geschaffene Objekte, Geräte oder Bauwerke finden würde, auf dem Mond oder sogar auf einem der uns näher gelegenen Planeten unseres Sonnensystems (dem Mars vielleicht?). Der *Brookings*-Bericht deutet außerdem an, dass derartige Entdeckungen alter Bauwerke der NASA eines Tages Hinweise und vielleicht sogar harte Beweise liefern könnten, dass es irgendwann in unserer langen und bewegten Geschichte Leben dort draußen gab, das dem unseren viel ähnlicher gewesen sein könnte, als wir es je auch nur im Entferntesten für möglich gehalten hätten.

Am faszinierendsten war, dass das Dokument der *Brookings Institution* nicht nur die Möglichkeit einer Entdeckung außerirdischer Artefakte oder Bauwerke in nahen Welten erörterte; es behandelte auch die Frage, *ob* – nicht *wann* – die Öffentlichkeit über derartige Entdeckungen informiert werden sollte. Doch damit nicht genug: Die NASA wurde auch von der *Brookings Institution* gewarnt, dass es den Zerfall unserer gesamten Gesellschaft und Zivilisation zur Folge haben könne, wenn Informationen über den Fund extraterrestrischer Artefakte an die Öffentlichkeit gelangten und diese mit der Existenz hoch entwickelter außerirdischer Zivilisationen konfrontiert werde, deren Kultur, Glaubensvorstellungen und Ideologie sich von unserer eigenen drastisch unterschieden. Die Folgen derartiger Entdeckungen und Enthüllungen, so die deutliche, wohlüberlegte und ernsthafte Warnung von *Brookings* an die NASA, waren absolut nicht abzuschätzen.

Mac Tonnies machte im Zusammenhang mit dem umstrittenen Dokument auf eine wichtige Tatsache aufmerksam: »Wenn unsere eigene Geschichte als Beispiel taugt, so setzen sich technisch robuste Zivilisationen unweigerlich gegen weniger entwickelte durch, nicht nur durch gewaltsame Zerstörung, sondern indem sie eine gefährliche Apathie verursachen. Der berüchtigte *Brookings*-Bericht für die NASA mit seiner Empfehlung, die Entdeckung außerirdischer Artefakte zu vertuschen aus Angst, dass jegliche Forschungs- und Entwicklungstätigkeit gelähmt werden würde, verdeutlicht diesen Gedanken vielleicht am anschaulichsten« (Redfern, 2006).

Sofern die Affären um *Tom Corbett* und Jack Kirby in den 1950er-Jahren tatsächlich der Versuch einiger Insider waren, die Botschaft über das Marsgesicht an die Öffentlichkeit zu bringen, hatte sich offensichtlich zwischenzeitlich das Blatt drastisch gewendet, als Anfang der 1960er der *Brookings*-Bericht erschien. Stillschweigen war angezeigt, empfahl die *Brookings Institution*. Und wie es scheint, stimmte die NASA artig zu. Warum aber sollte die Entdeckung von Leben auf dem Mars – vielleicht sogar von Leben, das in einem noch nicht verstandenen Zusammenhang mit den Menschen im Alten Ägypten oder anderen Teilen unserer Welt stand – ein Problem sein, das man unbedingt vor uns verheimlichen muss? Mac Tonnies hatte dazu eine Theorie, die sich vielleicht als gar nicht so falsch herausstellt, sollten wir eines Tages die ganze Wahrheit erfahren. Tonnies stellte im Zusammenhang mit dem Marsgesicht eine einfache, aber entscheidende Frage: »Warum ein menschliches Gesicht?« (Redfern, 2004).

Für die Antwort auf die wichtige Frage, warum das Marsgesicht so unheimlich menschliche Züge zeigt, fand Tonnies beredte Worte, die sehr wohl den Kern der geheimsten, düstersten Vermutungen und Befürchtungen der Regierung über unsere geheimnisvolle Vergangenheit treffen könnten: »Das ist der Aspekt, der die Erforschung dieser Thematik so beunruhigend macht. Er lässt vermuten, dass die Menschheit etwas mit dem Mars zu tun hat, dass unsere Geschichte beklagenswert unvollständig ist, dass unserem Verständnis von Biologie und Evolution eine gewaltsame Umwälzung bevorstehen könnte« (ebenda).

Das Marsgesicht ist Millionen von Kilometern entfernt, es könnte ungezählte Jahrtausende alt sein, und seine längst entschwundenen Schöpfer – Marsbewohner oder hoch entwickelte Menschen – sind inzwischen fester Bestandteil unserer Kultur, Legenden und Überlieferungen geworden, ihre wahre Identität verloren, vergessen, verborgen und verwandelt. Aber solange es von der Marsoberfläche emporstarrt und unsere Aufmerksamkeit fordert – sie geradezu einfordert –, wird das Marsgesicht wohl ein rätselhaftes Ärgernis und Problem für die Machthaber unseres Planeten bleiben, deren einziges Ziel die Beibehaltung und Kontrolle des Status quo ist.

Das Marsgesicht birgt das ganz reale Potenzial einer gewaltsamen Umwälzung, wie Mac Tonnies es genannt hat – und wenn unsere Regierungen eines nicht wollen, dann ist es das.

KAPITEL 15

DIE KREISE DES JÜNGSTEN TAGES

Seit Jahrzehnten ist die englische Landschaft Sommer für Sommer die Bühne für erstaunliche Landschaftskunstwerke unbekannter Personen oder Wesen. Die Rede ist natürlich von Kornkreisen. Sie sind zweifelsohne eines der größten und faszinierendsten Rätsel unserer Zeit. Zahlreiche Theorien zur Erklärung des Phänomens wurden vorgetragen; die Meinungen bleiben jedoch höchst geteilt.

Einige halten Kornkreise für das Werk freundlicher Außerirdischer. Andere glauben, es sei der Geist der Erde selbst, der die Bevölkerung des Planeten anfleht, ihre zerstörerischen und gewaltsamen Gewohnheiten zu ändern. Wieder andere sind der Ansicht, sämtliche Kornkreise seien von Menschenhand geschaffen oder vielleicht das Ergebnis hochkomplizierter, geheimer Waffentests. Was auch dahinterstecken mag, es sieht nicht so aus, als würde das Phänomen in absehbarer Zeit verschwinden. Und es hat die Aufmerksamkeit der *National Security Agency* (NSA) erregt, aus Gründen, die bis auf unsere alten Freunde, die Maya, zurückgehen. Aber bevor wir zur NSA kommen, noch etwas Hintergrundinformation zu den ersten Untersuchungen des Staatsapparats über dieses Rätsel, das seine Leute insgeheim und zuweilen buchstäblich im Kreis herumgeführt hat.

Kreise in Zeiten des Krieges

Gemäß den Bestimmungen des *Freedom of Information Act* der britischen Regierung wurden diverse Aufzeichnungen zu den Aktivitäten des britischen Geheimdiensts MI5 zu Kriegszeiten freigegeben und können im Nationalarchiv in London eingesehen werden. Unter den zahlreichen Dossiers, die faszinierende Geschichten über die vormals geheimen Operationen des Dienstes erzählen, sticht eines aus dem Zweiten Weltkrieg deutlich hervor. Das betreffende Dossier beginnt mit den Worten: »In den ersten Kriegsjahren 1940 und 1941 häuften sich Berichte über Spione und Angehörige der Fünften Kolonne, die nach Meinung vieler Menschen ungehindert im Land unterwegs waren. Jedes Dorf behauptete, feindliche Agenten in seiner Mitte zu haben, und man kann dies alles nur richtig einschätzen, wenn man sich die Atmosphäre jener Tage ins Gedächtnis ruft. Jeder hatte von den Aktivisten der Fünften Kolonne auf dem Kontinent und von ihrer alarmierend erfolgreichen Rolle bei der Invasion Frankreichs und Belgiens gehört. Bei der herrschenden Angst vor der drohenden Invasion war es also logisch, dass so viele Berichte eingingen. Jeder Einzelne musste geprüft werden, sei es auch nur, um die Öffentlichkeit und die Streitkräfte zu beruhigen« (*Security Service*, 1946).

Als Nächstes folgt eine kurze Zusammenfassung des Inhalts: »Dieser Bericht befasst sich nicht mit den Aktivitäten von Angehörigen der Fünften Kolonne wie Sabotage, der Besetzung von Militärflughäfen und Schlüsselpositionen oder Aktionen gegen die Verteidigungsarmee, sondern mit ihren

Methoden der Kommunikation untereinander oder mit dem Feind. Aus Berichten aus Polen, Holland, Frankreich und Belgien ging hervor, dass sie für die Orientierung von Truppen und paramilitärischen Einheiten Bodenmarkierungen (und bei Nacht Lichtsignale) benutzten. Derartige Bodenmarkierungen konnten auch erzeugt werden, indem man in Getreidefeldern durch das Schneiden des Korns in bestimmte Formen Orientierungshilfen für Flugzeuge anbrachte« (ebenda).

Zu diesem interessanten Punkt führte der MI5 weiter aus, man habe in Verhören von Soldaten, die an den Kampfhandlungen in Polen teilgenommen hatten, herausgefunden, dass eine der Methoden der Nazi-Spione für die Kommunikation mit den Piloten der deutschen Luftwaffe darin bestanden haben könnte, »auf geeggte Äcker Zeichen von 20 Metern Durchmesser zu stampfen, oder durch Mähen solche Zeichen auf Wiesen oder Getreidefeldern anzubringen« (ebenda).

Obwohl derartige Formationen in vielen Regionen entdeckt wurden, wurden bemerkenswerterweise keine endgültigen Beweise gefunden, dass die seltsamen Gebilde, die Anfang der 1940er-Jahre in ganz Europa auftauchten, das Werk der Nazis waren. Das war nichts als eine Theorie zur Erklärung eines handfesten, echten Rätsels. Die Akten zeigen auch, dass Agenten des MI5 insgeheim in alle Teile Großbritanniens entsandt wurden, um ähnliche Korngebilde zu prüfen, die auf britischen Feldern während des Krieges aufgetaucht waren, und herauszufinden, ob sie ebenfalls mit den Aktivitäten der Nazis in Verbindung standen. Und obwohl die Ermittlungen diese Hypothese nicht bestätigten, sind die Akten ein perfektes Beispiel, und vor allem ein *offiziell dokumentiertes* Beispiel, für die Tatsache, dass Kornkreise kein erst in neuerer Zeit aufgetauchtes Phänomen sind, sondern bereits vor 70 Jahren der Regierung berichtet und von ihr untersucht wurden. Und es gibt sie auch heute noch.

Die US-Regierung wird aufmerksam

Bei der ersten europäischen Zusammenkunft der *Society for Scientific Exploration*, die am 7. und 8. August 1992 in München stattfand und auf deren Tagesordnung unter anderem die Kornkreise standen, nahmen auch Agenten des amerikanischen Staatsapparates teil. Ein ursprünglich als geheim eingestuftes, dreiseitiges Dokument über die Konferenz wurde gemäß dem *Freedom of Information Act* von der *Defence Intelligence Agency* freigegeben. Es ist eine interessante Lektüre:

»Ausdrückliches Ziel der SSE-Konferenz war die Förderung des Gedankenaustauschs sowie der Gespräche zwischen Anomalieforschern verschiedener Bereiche über die Ergebnisse und Ziele ihrer Tätigkeit und die Information der Öffentlichkeit über die Diskussionen, die die aktiven Wissenschaftler über aktuelle Themen führten. Vortrags- und Konferenzsprache war Englisch, und deutsche Zusammenfassungen der diversen parapsychologischen (PS) Vorträge wurden zu Beginn der Veranstaltung verteilt. In den Konferenzsitzungen wurden parapsychologische und weitere ungewöhnliche mentale Phänomene erörtert, Kornkreise (sind sie Botschaften oder Schwindel?), geophysische Variablen und ihr Einfluss auf menschliches Verhalten, Astropsychologie, die Erde und unbekannte Flugobjekte (UFOs) und weitere interessante Phänomene, unter anderem Nahtoderfahrungen« (*Defence Intelligence Agency*, 1992).

Sehr viel wichtiger ist allerdings, was die *Defence Security Agency* zur Frage der Kornkreise zu sagen hatte.

Kornkreise und 2012

Die NSA, die 1952 von Präsident Harry S. Truman mit dem Hauptquartier in Fort Meade, Maryland, gegründet wurde, hat die gewaltige Aufgabe, in großem Stil potenziell feindliche Nationen abzuhören – und wie die Geschichte gezeigt hat, gelegentlich auch befreundete Nationen und sogar die eigenen Bürger. Weiterhin hat die NSA den Auftrag, Codes und Chiffrierungen zu knacken, eine Vielfalt von geheimdienstbezogenen Informationen zu analysieren, den E-Mail-, Telefon- und Faxverkehr zu überwachen und ganz allgemein 24 Stunden am Tag ihre wachsamen Augen und Ohren auf die Welt zu richten. Für George Orwell wäre die geheime Superbehörde höchstwahrscheinlich eine Quelle ständiger Albträume gewesen.

Eines der faszinierendsten Dossiers, das je von NSA-Mitarbeitern verfasst wurde, ist ein Dokument vom Januar 2010 mit dem vermutlich bewusst als Wortspiel formulierten Titel »Fields of Controversy« (Doppelbedeutung: »Felder voller umstrittener Phänomene«/»Umstrittene Forschungsbereiche«). Es trägt den ausführlichen Untertitel »Manipulation of Observable ›Crop Cycle‹ and Associated Phenomena for Multifaceted Gain in the Era of Terror« (»Manipulation von beobachteten ›Kornkreis‹- und ähnlichen Phänomenen zur Erzielung von Mehrfachnutzen im Zeitalter des Terrors«) und befasst sich nicht mit der Kontroverse um die Kornkreise generell, sondern mit einem spezifischen Aspekt: dem drohenden Datum 2012 und den Prophezeiungen der Maya.

Die Schlussfolgerung, dass in den letzten Dezembertagen des Jahres 2012 ein Ereignis von großer Bedeutung eintreten könnte, war das Ergebnis eines langwierigen und verschlungenen Prozesses. Ausgangspunkt war der Maya-Kalender der Langen Zählung, nach dem ein bestimmter Erdzyklus am

21. Dezember 2012 endet. Oder: 5125 Jahre nach seinem Beginn. Bei einer Analyse der Glaubensvorstellungen der Maya wird deutlich, dass die weit verbreitete Vorstellung, an diesem Tag werde unser Planet untergehen oder unsere Zivilisation ausgelöscht, lediglich auf persönlicher Interpretation dieser Glaubensvorstellungen beruht. *Nirgendwo* in den Legenden der Maya wird das Ende der Welt oder der Zusammenbruch der Zivilisation in den Tagen vor Beginn des Jahres 2013 auch nur erwähnt. Vielmehr ist es dieses eine Wort, *Zyklus*, das so vielen Menschen Angst macht, je näher der Dezember 2012 rückt.

***Kornkreise und 2012: ein Problem für die* National Security Agency** *(Copyright: Nick Redfern)*

In der Zivilisation der Maya galt der Glaube, dass sich das Leben auf der Erde in aufeinanderfolgenden Zyklen abspielt. Wir leben im vierten Zyklus, der, wie die Maya behaupten, auf drei vorangegangene folgte, in denen sich die

Götter erfolglos bemühten, auf Erden einen paradiesischen Zustand zu schaffen. Niemand kann behaupten, wir lebten in einem gesegneten Paradies – ganz im Gegenteil. Heißt das also, dass wir alle demnächst ausgelöscht werden und das Leben mit einem fünften Zyklus neu beginnt? Das ist die beunruhigende Frage, die viele Leute umtreibt, unter anderem auch die *National Security Agency*. Der Grund: Viele der in den vergangenen Jahren aufgetauchten Kornkreise scheinen mit ihrer Form auf eine Verbindung zu den Prophezeiungen der Maya hinzudeuten, dass *irgendetwas* bevorsteht.

Die NSA-Dossiers über den Jüngsten Tag

Eine Untersuchung der Dossiers der NSA zu Kornkreisen fördert eine wahrhaft erstaunliche Tatsache zutage: Die Analysten der *Agency* sammelten penibel praktisch jeden jemals erschienenen englischen Zeitungsartikel, der eine mögliche Verbindung zwischen diesem hauptsächlich englischen Phänomen und der 2012er-Debatte erwähnt. Als Beispiel sei die im Anhang zu *Fields of Controversy* enthaltene Kopie eines Artikels aus der englischen *Daily Mail* vom Juli 2007 mit dem Titel »Crop Circles are Back, and This Time They're in 3-D!« (»Die Kornkreise sind wieder da, und diesmal in 3-D!«) genannt. Darin wird ein neuer, riesengroßer und komplizierter Kornkreis beschrieben, der gerade in der Nähe des Silbury Hill in der englischen Grafschaft Wiltshire entdeckt worden war. Silbury Hill ist ein sehr hoher, in prähistorischer Zeit von Menschen angelegter Erdhügel, dessen genauer Zweck Archäologen und Historikern bis heute Rätsel aufgibt. Bemerkenswerterweise ist ein Abschnitt in dem *Daily-Mail*-Artikel im NSA-Bericht mit Bleistift unterstrichen. Darin steht, dass Silbury Hill »in der Vergangenheit mehrfach der

Schauplatz von Kornkreisen [war], darunter einem hochkomplizierten, 106 Meter großen Muster, das ein riesiges ägyptisches Mosaik in Form von zwei Flügeln zeigte, umgeben von Symbolen, die eine auffallende Ähnlichkeit mit dem Maya-Kalender aufwiesen, in dem das Ende der Welt für 2012 vorausgesagt wird« (*Daily Mail*, 2007).

Silbury Hill, England (COPYRIGHT: NICK REDFERN)

Ebenso betont auch ein am 15. Juni 2009 in der englischen Zeitung *Telegraph* erschienener Artikel mit der reißerischen Überschrift »Phoenix Crop Cycle May Predict End of the World« (»Phönix-Kornkreis ist vielleicht Voraussage des Weltuntergangs«) die Verbindung zwischen Kornkreisen und drohenden Vernichtungsszenarien, in diesem Fall im Zusammenhang mit einer riesigen, in einem Feld in Wiltshire angelegten Darstellung des legendären Vogels Phönix. Auch hier sehen wir, dass NSA-Analysten bestimmte Abschnitte des Artikels unterstrichen haben, unter anderem die Worte der Kornkreisforscherin Karen Alexander. Der Phönix, so sagte sie der Zeitung, »steht in vielen Kulturen der Welt für Wiedergeburt und Neubeginn. In der Kornkreisszene glauben viele, die Motive bezögen sich immer wieder auf den 21. Dezember [2012] und seine Folgen. Eine mögliche Interpretation ist ein Wiedererstehen der Menschheit oder der Erde nach einem monumentalen Ereignis« (*Telegraph*, 2009).

Und als letztes Beispiel von vielen: Eine Woche, nachdem dieser Artikel erschienen war, brachte der *Daily Telegraph* auf der Titelseite *noch* eine Story über Kornkreise und 2012 groß heraus. Diese in einem Feld bei Devizes, Wiltshire, gefundene Darstellung zeigte große Ähnlichkeit mit dem traditionellen Kopfschmuck der Maya, was zwangsläufig erneute Kommentare auslöste, dass, was auch immer hinter dem Rätsel der Kornkreise steckte, untrennbar mit dem Dezember 2012 verbunden sei und uns alle davor warnen wolle. Der *Daily Telegraph* interviewte Karen Alexander ein zweites Mal, und auch hier unterstrich die NSA sorgfältig die Worte, die darauf schließen ließen, dass das Auftauchen dieser Formation mit einem Maya-Motiv im Zusammenhang mit der Kontroverse über den Dezember 2012 stand.

Aber warum interessierte sich die NSA so für die Verbindungen zwischen Kornkreisen und Behauptungen und Theorien zu 2012? Besaßen Analysten der *Agency* Geheiminformationen, die bestätigten, dass hinter den raffinierten Schöpfungen eine fantastische, nicht-irdische Intelligenz stand und dass diese Intelligenz versuchte, uns auf eine umfassende, schwere Katastrophe in naher Zukunft vorzubereiten? Keineswegs. Allerdings waren die NSA-Mitarbeiter durchaus besorgt über etwas, das mit Kornkreisen, den Maya und dem Dezember 2012 zusammenhing. Diese Angelegenheit ist ebenso bizarr wie das kreisförmige Phänomen selbst.

Terror auf den Feldern

Bei der Zusammenarbeit mit Kollegen ihres britischen Gegenstücks, des *Government Communications Headquarters* (GCHQ), dessen Operationsbasis sich in der englischen Stadt Cheltenham befindet, und der Eliteeinheit *Special Branch* der britischen Polizei, stießen NSA-Mitarbeiter 2006 auf Bruchstücke eines höchst ungewöhnlichen und sehr brisanten Gerüchts. Abhörprotokolle der NSA lieferten Hinweise, dass islamische Extremisten heimlich Leute dafür angeworben hätten, Kornkreise mit auf 2012 verweisenden Motiven anzulegen, um so in der britischen Bevölkerung die Angst vor dem Jüngsten Tag zu verbreiten. Und je näher der Dezember 2012 rücke, desto mehr Kreise mit Maya-Motiven seien auf den Feldern in England zu erwarten. So kam es ja auch. Man braucht nur »Kornkreise und 2012« zu googeln, um die Bedeutung dieses Problems für die aktuelle Kornkreisforschung und die damit verbundenen Vorstellungen zu begreifen – und welche spürbare Angst und tiefe Besorgnis diese Situation verursacht. So unglaublich das alles klingt, gibt es anscheinend doch Beweise, dass – unabhängig davon, ob diese Theorie über einen terroristischen Zusammenhang zutrifft oder lediglich als unbewiesenes Gerücht auf den Schreibtischen der NSA-Analysten landete, die sich daraufhin gezwungen sahen, dem nachzugehen – der Staatsapparat tatsächlich die Möglichkeit untersucht hat, ob es in Sachen Kornkreise und 2012-Prophezeiungen eine finstere islamische Verbindung und Manipulation geben könnte.

Matthew Williams, ein ehemaliger Spezialermittler bei der britischen Zollbehörde, darf sich rühmen, einer der ganz wenigen Menschen auf der Welt zu sein, der wegen der Anlage eines Kornkreises verhaftet, angeklagt und verurteilt wurde, auch wenn die eigentliche Straftat die Beschädigung des Feldes im englischen Wiltshire war, in dem der Kreis angelegt wurde. Von 1991 bis 1999 investierte Williams, der sich für UFOs interessiert, viel Zeit in die Untersuchung der UFO-Aktivitäten höherer Offiziere an einem Stützpunkt der *Royal Air Force* namens Rudloe Manor (von dem in einem späteren Kapitel noch ausführlicher die Rede sein wird) in Wiltshire. 1997 begann dann eine Dienststelle der *Special Branch* der britischen Polizei in Cheltenham, wo auch das GCHQ-Hauptquartier liegt, mit Ermittlungen zu Williams Forschungen in Rudloe Manor. Der Grund: Man befürchtete – wie sich herausstellte, völlig zu Unrecht –, dass Williams seine UFO-Forschungen als brilliante Tarnung nutzte, um heimlich für die *Irish Republican Army* (IRA) Informationen über hochsensible, keineswegs UFO-bezogene Arbeiten im Rudloe Manor zu sammeln.

Da Matthew Williams 1997 von der *Special Branch* in Cheltenham und besonders von Detective Sergeant Tim Camp im Zusammenhang mit den terroristischen Aktivitäten der IRA verdeckt und genau beobachtet wurde, wird umso verständlicher, warum vielleicht von allen bekennenden Kornkreismachern ausgerechnet er nach dem Jahr 2000 wieder überwacht wurde, als NSA und GCHQ Hinweisen nachgingen, dass Islamisten solche Landschaftskünstler (wie sie mittlerweile genannt werden) anwarben und versuchten, in Großbritannien Weltuntergangsängste im Zusammenhang mit 2012 zu schüren.

Bemerkenswert ist der folgende Auszug aus einem eine Seite langen Telegramm, das in der amerikanischen Botschaft in London stationierte NSA-Mitarbeiter 2010 an die Zentrale schickten: »Der Terrorist/Extremist unserer Zeit hält diverse Karten in der Hand, und er spielt sie häufig aus. Mit der Ausnutzung abergläubischer Ängste vor ›Kornkreisen/2012‹ hat er ein neues ›schwarzes As‹ im Ärmel. Für den Sommer

2012 erwarten wir die bisher höchste Dichte von Kreisen mit ›2012‹-Motiven in Wilt., Eng. Beurteilung der Reaktion der englischen Boulevardpresse und der Kornkreis-Fangemeinde erfolgt den Empfehlungen gemäß« (*U. S. Department of State*, 2010).

Falls bei Tagesanbruch des 21. Dezember 2012 tatsächlich Tod, Verderben und allgemeine Panik über uns kommen, wird das Unheil vielleicht nicht durch die Prophezeiungen der Maya heraufbeschworen, die die beiläufige Aufmerksamkeit der NSA erregt haben. Vielleicht entspringen sie den wirren, manipulierenden Hirnen kaltherziger Terroristen, die nicht davor zurückschrecken, jedes Thema – so archaisch, mystisch und unerklärlich es auch sein mag – für ihre Zwecke zu nutzen und auszubeuten.

KAPITEL 16

Himmlische Visionen

Ausbeutung der Götter

Was das Interesse der US-Regierung an den Mysterien der Vergangenheit angeht, so sind dessen sicher umstrittenster Aspekt die Methoden und Mittel, mit denen offizielle Stellen religiöse Bilder und Vorstellungen als Kriegswaffe oder Instrument zur Täuschung und Manipulation genutzt – oder zu nutzen versucht – haben. Einfach ausgedrückt, das Militär hat versucht, fantastische Hologramme und gefälschte Bilder mit religiösen Motiven zu inszenieren und an den Himmel zu projizieren. Der Grund dafür ist verblüffend und kaum zu glauben: feindliche Truppen und Regierungen davon zu überzeugen, dass Gott – und mit ihm seine gesamte übernatürliche Macht – auf der Seite der Vereinigten Staaten steht.

Und mittlerweile, so heißt es heute, bestehen weit finsterere, ehrgeizigere Pläne, den ganzen Planeten mit einer monströsen, üblen holografischen Vortäuschung der sogenannten Parusie, oder Wiederkehr Christi, zu überziehen. Die unter Verschwörungstheoretikern als *Project Blue Beam* bekannte

Operation hat angeblich zum Ziel, eine Gesellschaft vom Typ Neue Weltordnung zu schaffen – indem dem Pöbel durch zahlreiche, vom Pentagon inszenierte holografische Projektionen am Himmel vorgespiegelt wird, dass dort oben die letzte Schlacht zwischen Gut und Böse begonnen hat, damit er seine Freiheit aufgibt und sich von der NWO mit eiserner Faust im Stil eines alttestamentarischen zornigen Gottes beherrschen lässt.

Könnte es tatsächlich ein derart erstaunliches Szenario geben? Gibt es wirklich kaltherzige Leute in den innersten Korridoren der Macht, die religiöse Lehren und althergebrachte Glaubensvorstellungen als realistisches Mittel betrachten, um uns alle in einem Zustand von nie endendem Höllenterror und Kriegsrecht zu halten? Um diese Frage zu beantworten, müssen wir in die Jahre unmittelbar nach dem Zweiten Weltkrieg zurückgehen. In dieser chaotischen Zeit des Aufschwungs und Wiederaufbaus wurde der US-Regierung klar, welche bedeutende Rolle die Religion bei der Beherrschung und Kontrolle des drohenden und sich dann immer weiter ausweitenden Kalten Krieges spielen könnte.

Die Manipulation Marias

Einer der wichtigsten Beiträge speziell zu dieser Debatte ist eine Publikation der *RAND* (**R**esearch **AN**d **D**evelopment) *Corporation* vom 14. April 1950 mit dem Titel *The Exploitation of Superstitions for the Purposes of Psychological Warfare* (*Die Ausnutzung des Aberglaubens zum Zwecke der psychologischen Kriegsführung*). Das hochinteressante, 37-seitige Dokument, das von einer RAND-Mitarbeiterin namens Jean Hungerford für die Nachrichtendienstmitarbeiter der US-Luftwaffe verfasst wurde, befasst sich eingehend mit einigen höchst ungewöhnlichen Themenbereichen. Einer davon betrifft direkt die außergewöhnlichen Informationen im vorliegenden Kapitel. Unter anderem schrieb Hungerford: »In jüngerer Zeit wurde aus einigen tschechoslowakischen Dörfern eine Serie von ›Wundern‹ berichtet. In einem Fall wurde erwähnt, dass sich das Altarkreuz der Pfarrkirche nach rechts und links und schließlich symbolisch nach Westen verneigt habe; die Tschechen waren von dem ›Wunder‹ so beeindruckt, dass Pilger meilenweit aus der Umgebung herbeiströmten, bis die Kommunisten die Kirche schlossen und die Zugangsstraßen zum Dorf für die Pilger sperrten« (Hungerford, 1950).

In einem anderen Fall, so berichtet Hungerford, sei die Jungfrau Maria persönlich in einer Vision erschienen und habe einem Kommunisten eine schallende Ohrfeige verpasst, sodass er das Bewusstsein verlor! Außerdem fand eine Ge-

Erscheinung der Jungfrau Maria

schichte aus Westböhmen den Weg in Hungerfords Bericht, in der behauptet wurde, die Einwohner einer Kleinstadt hätten die Jungfrau Maria – die sogar die amerikanische Flagge in der Hand trug – durch die Straßen paradieren sehen, getreu gefolgt von US-Truppen und Panzern.

Die Botschaft dieser besonderen Marienerscheinungen und Wunderberichte war natürlich ganz klar: Gott stand a) direkt hinter Onkel Sam und war b) bekanntlich durchaus kein Anhänger des Kommunismus. Ob all das heimlich höheren Orts in der US-Regierung von irgendjemandem eingefädelt worden war, von dem RAND nichts wusste, ist nicht bekannt. Aber wie RAND in dem Bericht an die Luftwaffe vermerkte, hatte die US-Regierung insgeheim Radiosendungen aus Moskau und der Tschechoslowakei aufmerksam verfolgt, in denen die angeblichen Wunder ausführlich erörtert wurden. Bemerkenswert war vor allem, dass sich die Russen und Tschechen in diesen Sendungen höchst verärgert und erzürnt darüber äußerten, dass die betreffenden Gerüchte den Sowjetblock insgesamt und die kommunistische Lebensweise in sehr schlechtem Licht erscheinen ließen.

Hungerford hielt noch etwas fest, das das Ausmaß der Beobachtung der Situation durch amerikanische Agenten deutlich machte: »Aus den Tagesberichten der *Foreign Broadcast Information Services* über sowjetische und osteuropäische Rundfunksendungen geht hervor, dass zwischen dem 28. Februar und dem 19. März neun Sendungen über die ›Wunder‹ ausgestrahlt wurden, sieben von tschechischen Sendern und zwei von Moskau (darunter auch eine Besprechung eines Artikels der *New York Times* zu dem Thema).« Anscheinend wurde jede Reaktion der Sowjets genau überwacht und analysiert (ebenda).

Abschließend führt Hungerford zu diesem Thema noch an, dass die Sowjets den starken Verdacht hatten, das Ganze sei ein irgendwie von den Geheimagenten der USA gegen sie inszenierter religiöser Schachzug. Zu dem Bericht über die eine US-Flagge schwingende Jungfrau Maria sagte ein Prager Rundfunksprecher, dessen Worte von der CIA transkribiert und übersetzt wurden: »Auf den ersten Blick ist klar, dass diese Erscheinung das Zeichen Made in USA trägt. Diese üblen Machenschaften tragen nur dazu bei, die Kirchenoberen als Handlanger für die Pläne der Kriegstreiber des Imperialismus zu entlarven, die ihnen vom Vatikan durch dessen Agenten zugeleitet werden« (ebenda).

Die Folge dieser Affäre und vielleicht besonders des RAND-Dokuments war, dass die USA umgehend nach weiteren Möglichkeiten suchten, wie und unter welchen Voraussetzungen die Religion als Mittel der Kriegsführung, psychologischen Manipulation und Kontrolle eingesetzt werden könnte. Bald darauf kam es zu einer Reihe von höchst seltsamen Ereignissen.

Die Blutsauger des Pentagons

Sollten Sie das Wort *Vampir* erwähnen, wird es bei den meisten Leuten, je nach Alter und Zeit, in der sie aufgewachsen sind, sehr unterschiedliche Vorstellungen hervorrufen. Für einige werden es Erinnerungen an die Gestalten in schwarzen Umhängen aus den 1940er- bis 1960er-Jahren sein, die in tiefster Nacht unheimliche osteuropäische Schlösser unsicher machen (mit anderen Worten, die Schatten des längst verstorbenen Bela Lugosi und des immer noch aktiven Christopher Lee). Für andere sind es die harmlosen *Twilight*-Filme und die sehr viel spannendere Sex-und-Blut-Serie *True Blood* auf HBO.

Vor einigen Jahrzehnten wurde auf das Thema Vampirismus allerdings auch die US-Regierung aufmerksam – sowohl auf die Tatsache, dass der Vampirglaube bis weit in die Zeiten der alten babylonischen Zivilisation zurückreichte, als auch auf die unglaublichen Methoden, mit denen man die legendären Blutsauger alter Zeiten als Teil der amerikanischen Streitkräfte wieder zum Leben erwecken könnte. Ganz recht: Auf seltsamen und verschlungenen Wegen rekrutierte die Regierung der Vereinigten Staaten auch Vampire in ihre Dienste.

In den 1950er-Jahren verbreiteten die Pentagon-Spezialisten für psychologische Kriegsführung finstere Geschichten über riesige blutsaugende Vampire, die angeblich auf den Philippinen ihr Unwesen trieben. Dieser scheinbare Wahnsinn hatte natürlich Methode: Er sollte die abergläubischen, kommunistischen *Huk*-Rebellen in Angst und Schrecken versetzen, die damals einen Aufstand auf den Philippinen angezettelt hatten. Die wahrhaft geniale Operation wurde von einem gewissen Generalmajor Edward Geary Lansdale koordiniert. Der 1908 geborene Lansdale diente während des Zweiten Weltkriegs im *Office of Strategic Services*. 1945 wurde er dann ins Hauptquartier der *Air Force Western Pacific* auf den Philippinen versetzt und 1957 ins *Office of the Secretary of Defense*, wo er als Stabsmitglied des Verteidigungsministers auf einem Gebiet mit der ebenso vagen wie neugierig machenden Bezeichnung *Special Operations* aktiv war. Und keine Operation sollte sich als spezieller herausstellen als die, die Lansdale mehr oder weniger im Alleingang koordinierte – eine, auf die Meister des Horrorgenres wie Stephen King, George A. Romero und John Carpenter sicher unendlich stolz gewesen wären.

Auf den ausdrücklichen Wunsch von Elpidio Quirino, dem sechsten Präsidenten der Philippinen, wurde Lansdale der *Joint United States Military Assistance Group* zugeteilt, um nachrichtendienstliche Unterstützung und Beratung für die philippinische Armee bei der endgültigen Niederschlagung des *Huk*-Aufstands zu leisten. Im Zuge dieser Unterstützung für Präsident Quirino hatte Lansdale den brillanten und unkonventionellen Einfall, sich eine lokale Legende für Zwecke der psychologischen Kriegsführung zunutze zu machen – die Legende von dem tödlichen, furchtbaren Asuang-Vampir, einer meist weiblichen Kreatur, die wegen ihrer Raubzüge seit Jahrhunderten überall auf den Philippinen gefürchtet war. Damit nahm eine sehr seltsame und spezielle Operation ihren Anfang.

Sehr viel später, als die Operation nicht mehr der Geheimhaltung unterlag und er offen darüber sprechen konnte, berichtete Lansdale selbst: »Das Operationsgebiet der *Huk* galt als Ort, an dem es spukte und Geister und schaurige Kreaturen umgingen. Eine auf psychologische Kriegsführung spezialisierte Kampftruppe wurde eingesetzt und verbreitete unter den Anwohnern das Gerücht, auf dem Hügel, der den *Huks* als Basis diente, lebe ein Asuang. Zwei Nächte später, als das Gerücht Zeit gehabt hatte, auch das Lager auf dem Hügel zu erreichen, legte sich die Psy-Kampftruppe an dem von den *Huks* benutzen Pfad in den Hinterhalt« (Lansdale, 1991).

Lansdale berichtete weiter, dass bei mehreren Gelegenheiten, bei denen Angehörige des US-Militärs einer *Huk*-Patrouille nachspionierten, die im Hinterhalt liegenden Beobachter in der Dunkelheit nach Sonnenuntergang unbemerkt den hintersten Mann der Patrouille überfielen. Als Nächstes tat das Kommando etwas höchst Ungewöhnliches und Unkonventionelles: Sie durchbohrten an zwei Stellen – in echter Vampirmanier – den bedauernswerten Hals des ebenso bedauernswerten *Huk* und hielten den Körper an den Fersen so lange hoch, bis er praktisch völlig ausgeblutet war. Zum

Schluss legten sie die Leiche des Opfers vorsichtig an einem Ort ab, wo die *Huks* ihn finden mussten. Chaos und Schrecken brachen aus, wenn die *Huks* auf der Suche nach dem vermissten Kameraden zurückkamen und stattdessen nur eine blutleere Leiche fanden, und sie verließen eiligst das betreffende Gebiet und schworen in ihrer Angst vor dem tödlichen Zorn des Dracula-ähnlichen Asuang, nie wieder zurückzukehren. Als unmittelbare Folge dieser Aktionen gelang es, den *Huk*-Rebellen Gebiete von entscheidender strategischer Bedeutung abzunehmen.

In den 1950er-Jahren dienten seltsamerweise »Vampire« im US-Militär. *(Darstellung von D. H. Friston, 1872)*

Dies ist nur ein Beispiel, wie und warum ein blutsaugendes Ungeheuer zum Leben erweckt wurde und vielleicht den Erfolg einer militärischen Aktion so rasch und entscheidend beeinflusste, obwohl es in Wirklichkeit nie existiert hatte. Oder doch? Zu den interessantesten Enthüllungen im Zusammenhang mit dieser Geschichte gehört, dass Generalmajor Edward G. Lansdale durchaus ernsthaft an *echte* Vampire glaubte: In seiner umfangreichen Bibliothek stand auch ein Exemplar von Reginald C. Thompsons Buchs *Devils and Evil Spirits of Babylonia* aus dem Jahr 1903, in dem eine Menge prototypischer Vampirbegegnungen geschildert wird.

Zudem war Lansdale fast bis zur Besessenheit vom Strix fasziniert, einer eulenähnlichen Kreatur, die hauptsächlich in der griechischen und römischen Folklore und Geschichte eine Rolle spielte und ein manisches Verlangen nach menschlichem Blut hatte. Zu diesem Thema befand sich in Landsdales Bibliothek ebenfalls ein Artikel, den er besonders schätzte. Er hieß »The Story of the Strix«, war bereits 1913 von Professor Samuel Grant Oliphant verfasst worden und schilderte die Geschichte des vampirartigen Strix in all ihren faszinierenden, großartig-blutigen Einzelheiten.

Noch bemerkenswerter ist die Tatsache, dass zu Lansdales mehrfach von ihm gelesenen Lieblingsbüchern die *Ornithogonia* gehörten, verfasst vom griechischen Schriftsteller Boios und in Teilen auch in den *Metamorphosen* des ebenfalls griechischen Schriftstellers Antoninus Liberalis zitiert, der um 100 n. Chr. lebte. Obwohl das nahezu legendäre und nicht auffindbare Manuskript des Boios bei den meisten Forschern, die sich mit Vampirismus und dem Strix beschäftigen, als unwiederbringlich verloren gilt, behauptet eine dunkle Legende, es sei Lansdale gelungen, zwei Wochen nach dem offiziellen Ende des Zweiten Weltkriegs heimlich von einem hochrangigen Nazi-Offizier ein Exemplar zu erhalten. Lansdales einzige, in wochenlangen Verhandlungen ausgehandelte Gegenleistung bestand darin, 24 Stunden zu warten, bevor er seinen Vorgesetzten den Aufenthaltsort des Offiziers meldete, und so dem Kriegsverbrecher im Austausch gegen das alte Buch einen kleinen Vorsprung für seine Flucht zu gewähren. Ganz zu Recht hielt sich Lansdale nicht an sein

Versprechen, und der Nazi wurde verhaftet. Was Boios' *Ornithogonia* angeht, so enthielten ihre kostbaren Seiten angeblich Einzelheiten darüber, wie und unter welchen Voraussetzungen legendäre Vampire herbeigerufen, beschworen oder angerufen werden konnten. Zu ihnen gehörte der viel gefürchtete untote und bluttrinkende griechische Vrykolakas sowie der jüdische Aluka, was überaus passend mit »Blutegel« oder »Blutsauger« zu übersetzen ist.

Lansdale ließ jedoch nicht nur räuberische Vampire auf das Schlachtfeld los. Unglaublicherweise bezog dieses Genie in den Diensten des Pentagons seine strategische Inspiration auch von ägyptischen Göttern.

Das Auge des Sturms

Wie Lansdale selbst lange nach seiner Pensionierung aus dem Dienst im Staatsapparat eingestand, gehörte zu weiteren Operationen der psychologischen Kriegsführung gegen die *Huks* in den 1950er-Jahren auch das viel gefürchtete »Auge Gottes«, wie er es nannte. Er schreibt: »Der Name dieser Technik erinnerte mich an die altägyptische Praxis, über den Gräbern der Pharaonen zu deren Schutz wachsame Augen zu malen. Eine stilisierte Darstellung verlieh dem Auge einen unheilvollen Ausdruck, um Grabräuber abzuschrecken. In Erinnerung an diese Darstellung machte ich ein paar Skizzen, bis es mir gelang, dessen furchterregenden Blick zu Papier zu bringen« (Lansdale, 1991).

Lansdale berichtet weiter, dass Psi-Teams des US-Militärs spätnachts, wenn die philippinische Bevölkerung zu Bett gegangen war, heimlich in bestimmte, bevölkerungsreiche Städte und Dörfer schlichen und unheilverkündende Augen an die Türen derjenigen malten, die einer Verbindung zu oder Mitgliedschaft bei den *Huks* verdächtig waren. Wenig überraschend schreibt Lansdale dazu: »Der unerklärliche Anblick dieser übelwollenden Augen am nächsten Morgen wirkte überaus ernüchternd.« Kein Zweifel! Bemerkenswerterweise fand diese Geschichte in einem RAND-Dokument von 1963 höchst lobende Erwähnung (ebenda).

Was Lansdale hier tatsächlich beschreibt, ist das Auge des Horus, verkörpert durch Wadjet, die legendäre schlangenköpfige Gottheit Unterägyptens. Diese Gottheit stammt aus der frühägyptischen Stadt Dep und beschützte zusammen mit Nekhbet, einer ursprünglich oberägyptischen Gottheit, die Pharaonen und das ägyptische Volk, insbesondere Frauen kurz vor der Niederkunft. Und ebenso wie Lansdales Aktionen auf den Philippinen löste das Auge des Horus Furcht bei Dieben, Mördern und denjenigen aus, die vielleicht den ägyptischen Königen und ihrem Erbe Schaden zufügen wollten – in dieser Welt ebenso wie im mysteriösen Reich des Lebens nach dem Tode.

Woher wusste Lansdale das alles? Ganz einfach: Er besaß ein Exemplar von Thomas George Allens sehr detailliertem und mit zahlreichen Anmerkungen versehenem Werk *Horus in the Pyramid Texts*, eine von Allen 1916 verfasste und von den *University of Chicago Libraries* veröffentlichte Dissertation. Aber dies war noch nicht das Ende von Lansdales Wirken. Wir werden jetzt sehen, wie sich seine Arbeit veränderte: von Bodenoperationen zum Versuch, am Himmel göttliche Wunder zu wirken.

Castro gegen Jesus

In einem Dokument vom 20. November 1975 mit dem Titel »Alleged Assassination Plots Involving Foreign Leaders, Interim Report of the Select Committee to Study Government Operations with Respect to Intelligence Activities« (»Angebliche Attentatspläne gegen ausländische Staatsführer, Zwischenbericht des Untersuchungsausschusses zu Operationen der Regierung mit Bezug zu nachrichtendienstlichen Aktionen«) findet sich eine faszinierende Äußerung von Thomas A. Parrott, der 24 Jahre Mitarbeiter der CIA war und die angesehene Position des Stellvertretenden Deputy Directors für *National Intelligence Programs* innehatte.

Zu einigen von Lansdales bizarreren Operationen, die von religiösen Vorstellungen, antiker Mythologie und Legenden angeregt waren, erklärte Parrott dem Ausschuss: »Ich gebe Ihnen ein Beispiel für Lansdales Schläue. Er hatte einen großartigen Plan, um [Fidel] Castro loszuwerden. Dieser Plan bestand darin, die Nachricht zu verbreiten, dass die Wiederkunft Christi unmittelbar bevorstehe und dass Christus gegen den Antichrist Castro sei. Diese Nachricht sollte in Kuba verbreitet werden und auch, dass es an einem bestimmten Datum eine entsprechende Offenbarung geben würde. Und zu diesem Zeitpunkt – das war wirklich wahr –, zu diesem Zeitpunkt sollte dann ein amerikanisches U-Boot gerade hinter dem Horizont vor Kuba auftauchen und ein paar Leuchtkugeln abfeuern. Das wäre die Offenbarung der Wiederkunft Christi, und Castro würde gestürzt« (*US Government Printing Office*, 1975).

Leuchtkugeln sind im Wesentlichen pyrotechnische Raketen, die vom Militär eingesetzt werden, um nachts den Himmel großflächig und hell zu illuminieren. Bei Lansdales ehrgeizigem Plan ging es aber keineswegs nur darum, die Kubaner mit ein paar Leuchtraketen zu blenden. Die Möglichkeit, von einem U-Boot der US-Marine aus Bilder von Christus auf tief hängende Wolken über der kubanischen Hauptstadt Havanna zu projizieren, wurde ebenfalls erörtert. Weiter sollte bei dem Plan die Crew eines US-Militärflugzeugs mitwirken und, verborgen hinter den Wolken und mit einem Schalldämpfer für das Motorengeräusch ausgerüstet, über starke Lautsprecher unechte Botschaften eines ebenso unechten Christus an die kubanische Bevölkerung senden, sie solle ihre Regierung stürzen und dem Kommunismus abschwören.

Richtig ausgeführt, hätte eine derartige höchst unkonventionelle Operation die Kubaner durchaus überzeugen können, dass Christus selbst sie rufe – und dass er keine guten Nachrichten für Fidel Castro bringe. Aber obwohl die ganze Unternehmung für zweifellos genial gehalten wurde, war man letzten Endes doch der Meinung, dass die Operation durchaus auch ein katastrophaler Misserfolg werden konnte. Und wenn die Kubaner Wind davon bekämen, dass sich ein amerikanisches U-Boot in unmittelbarer Nähe aufhielt und eine erfolgreiche Militäraktion gegen sie durchführte, würden die katastrophalen Verluste in Form von getöteten Amerikanern weit größer sein als jeder mögliche Erfolg der Operation. Folglich wurde diese sonderbare biblische Kalte-Kriegs-Scharade abgesagt.

Sie wurde aber während des ersten Golfkriegs kurz wieder aus dem Archiv geholt. Für diesen Fall musste Jesus allerdings abtreten, und Allah kam ins Spiel. Wichtiger ist allerdings, dass an die Stelle des erheblich simpleren Verfahrens, einfach wie mit einem Suchscheinwerfer Bilder auf eine Wolke zu projizieren, eine anspruchsvolle holografische Technologie treten sollte. Bevor wir uns dieser Geschichte zuwenden, zunächst aber noch die faszinierende Enthüllung eines UFO-Forschers namens Ray Boeche über die Fortschritte, die die US-Regierung bei der geheimen Entwicklung von holografischer Technologie für den Kriegseinsatz gemacht hat.

Visionen im Wald

In den letzten Dezembernächten des Jahres 1980 trugen sich in einem ausgedehnten Waldgebiet an der englischen Ostküste namens Rendlesham Forest zahlreihe seltsame Begegnungen zu, die denen in den letzten Minuten von Steven Spielbergs Film *Unheimliche Begegnung der Dritten Art* von 1977 beklemmend ähnlich waren. Dass der Wald sich beiderseits des Militärkomplexes von Bentwaters-Woodbridge erstreckt, der von der britischen und der US-Luftwaffe gemeinsam genutzt wird, ist von Bedeutung: Die zahlreichen Zeugen waren fast ausnahmslos Angehörige des Militärs, die in den Wald kommandiert worden waren, nachdem Bewegungen von unerklärlichen Lichtern zwischen den Bäumen beobachtet worden waren.

Viele der mittlerweile pensionierten Militärangehörigen glauben, in jenen längst vergangenen Nächten in Rendlesham Forest das Erscheinen und die Landung eines auf einem anderen Planeten gebauten Fahrzeugs beobachtet zu haben – mit anderen Worten, ein Raumschiff von Außerirdischen oder UFO. Die Geschichte wird immer wilder und seltsamer durch Berichte über zwergenhafte Wesen mit großen Köpfen, die dem Raumschiff entstiegen, und einer riesigen Vertuschungsaktion der ganzen Angelegenheit durch die Regierungen Großbritanniens und der USA. Aber sind vor mehr als 30 Jahren *wirklich* Außerirdische in Rendlesham Forest gelandet?

Es ist behauptet worden, dass das Ganze nichts anderes als ein holografisches Experiment war, das an ahnungslosen Militärangehörigen getestet wurde, um herauszufinden, ob sie an die vorgetäuschte Begegnung mit gelandeten außerirdischen Raumschiffen und deren Besatzungen aus anderen Welten glaubten. Zweck des Experiments: die Operation in heimischer, sicherer Umgebung durchzuführen, wo man die Reaktionen der Beteiligten genau beobachten und einschätzen konnte, bevor etwas Ähnliches auf mögliche Feinde Amerikas losgelassen wurde.

»Eine furchterregende Erscheinung«

Ende 1991 traf sich der UFO-Forscher Ray Boeche mit zwei Physikern des Verteidigungsministeriums, die ihm mitteilten, dass das Ereignis von Rendlesham nichts mit Außerirdischen, sondern ausschließlich mit modernster terrestrischer Technologie zu tun hatte. Boeche berichtet über die Aussagen seiner beiden Whistleblower: »Sie sagten, sie hätten den Verdacht, die ganze Sache sei irgendwie inszeniert gewesen. Dass es einigen der höheren Chargen mehr um die Reaktion der Soldaten – wie sie sich in der Situation verhielten – gegangen sei, als um das eigentliche Geschehen. Dass es sich um eine Art psychotronischen Kunstgriff gehandelt habe, ein Hologramm, um zu sehen, welche Verwirrung sie unter den Leuten anrichten könnten. Aber selbst wenn es ein Hologramm war, so sagten sie, könne es mit der Umgebung interagieren. Das zeigten die Spuren an den Bäumen und die Abdrücke der Landebeine am Landeplatz. Aber wie kann ein projiziertes Objekt wie ein Hologramm gleichzeitig materielle, physische Eigenschaften besitzen? Dazu wollten sie sich nicht näher äußern« (Redfern, 2010).

Die britische UFO-Forscherin und Autorin Jenny Randles traf sich 1992 mit Boeche in Lincoln, Nebraska. Bei dem Treffen kam die Diskussion rasch auf die Behauptungen, das Ereignis in Rendlesham sei auf raffinierte Geheimexperimente und nicht auf dem Besuch von Außerirdischen zurückzuführen. Nach ihrem Gespräch mit Boeche notierte sich Randles bezüglich der verwendeten Technologie, sie »verursache lebhafte Halluzinationen im Gehirn, aber gleichzeitig auch physische Effekte in der realen Welt, die ein ähnliches Aussehen wie die halluzinierten Objekte annehmen könnten. Mit anderen Worten: Das, was man sah, spielte sich hauptsächlich im Gehirn ab – und war mit Sicherheit eine Projektion des Unbewussten –, aber es war nicht völlig ohne physische Form und teilweise substanziell, ebenso wie ein Hologramm real ist, aber weder Gewicht noch Masse hat. Das Ergebnis ist eine furchterregende Erscheinung« (Randles, 1998).

Sofern Boeches Informanten aus dem Verteidigungsministerium ihm die Wahrheit gesagt haben (was zugegebenermaßen noch nicht geklärt ist), haben wir vielleicht Beweise für das Gerücht, dass Pläne für den Einsatz dieser Technologie während des ersten Golfkriegs 1990–1991 – oder zumindest bis die Operation zurückgepfiffen wurde – existierten. Und genau wie im Fall von Edward Lansdales Operationen auf den Philippinen Mitte der 1950er und auf Kuba Anfang der 1960er bezog die US-Regierung ihre Inspirationen aus uralten Lehren und heiligen Büchern. Interessanterweise gehörten die Planer der Operation zur US-Luftwaffe, deren Angehörige an den Begegnungen im englischen Rendlesham Forest in den 1980er-Jahren beteiligt waren.

Stimmen im Kopf

Die *Defense Advanced Research Projects Agency* (DARPA) hat eingeräumt, dass sie an einem Programm zur Perfektionierung des sogenannten *Sonic Projector* arbeitet. Die DARPA erklärt: »Ziel des *Sonic-Projector*-Programms ist es, den *Special Forces* eine Methode zur heimlichen Audiokommunikation über Distanzen von mehr als einem Kilometer an die Hand zu geben. Die *Sonic-Projector*-Technologie basiert auf der nicht-linearen Interaktion des Schalls mit der Luft, durch die ein Ultraschallsignal in hörbaren Schall umgewandelt wird. Der *Sonic Projector* wird als personenspezifisch einsetzbares System mit leistungsfähiger akustischer Signalwandlertechnologie und Signalbearbeitungsalgorithmen ausgelegt, die außer am beabsichtigten Ziel keinen oder einen unverständlichen Schall erzeugen. Das *Sonic-Projector*-System könnte eingesetzt werden, um die Kommunikation von Spezialeinsatzkräften oder Aktionen zur Geiselbefreiung zu verdecken und um feindliche Aktionen zu stören« (*Defense Technical Information Center*, 2009).

Die schlichte und erschreckende Realität ist, dass es nicht unbedingt ein Zeichen von Geisteskrankheit ist, wenn man im Kopf Stimmen hört. Es kann auch das Ergebnis von gezieltem Profiling und präziser Zielauswahl durch das Pentagon sein – und genau das war im ersten Golfkrieg für den Irak geplant. Warum wurde dann die Operation gestoppt? Vielleicht war die optische und akustische Technologie noch nicht so einsatzbereit wie von der Luftwaffe erhofft. Aber es gab noch einen weiteren Grund: Bildliche Darstellungen Allahs sind im Islam ausdrücklich verboten. Der Bevölkerung von Bagdad ein Bild von Allah an den Himmel zu projizieren hätte folglich keine nennenswerte Wirkung gehabt, da künstlerische Darstellungen Allahs den Menschen nicht viel gesagt hätten.

Aber 1991 ist mehr als 20 Jahre her. Vielleicht hat sich die Lage inzwischen geändert, und die technischen Probleme sind endlich gelöst. Willkommen beim *Project Blue Beam*.

Teuflische Täuschungen

Verschwörungstheoretiker halten *Project Blue Beam* für ein Geheimprogramm zur Erlangung der Weltherrschaft, bei dem inszenierte Täuschungen und raffinierte Hologramme dafür sorgen sollen, dass sich bestimmte biblische Endzeitprophezeiungen erfüllen. Diesen finsteren Theorien zufolge werden – in naher Zukunft – zahlreiche hoch entwickelte, im Weltraum stationierte Satelliten mit Laserstrahlen von einer erdnahen Umlaufbahn aus gleichzeitig Bilder einer ganzen Reihe von Göttern und Gottheiten – unter anderem Mohammed, Krishna, Christus und Buddha – bis in den letzten Winkel unseres Planeten projizieren.

Diese Bilder werden dann zu einer einzigen von allen gefürchteten Gestalt verschmelzen: dem Antichrist, der – mit Donnerstimme – der entsetzten Menschheit mitteilen wird, dass all die vielen unterschiedlichen religiösen Schriften, Legenden, Geschichten und Texte, die im Laufe der Geschichte von den Gläubigen studiert wurden, völlig falsch verstanden worden und der einzige Grund für die Konflikte in unserer ständig kriegführenden Welt seien. Dann wird der Antichrist verkünden, dass deswegen alle irdischen Religionen einer einzigen, völlig neuen weichen müssen – mit ihm am Steuer, selbstverständlich.

Diejenigen, die sich mit den Einzelheiten des *Project Blue Beam* befasst haben, behaupten, dass diese Ankündigung zu weltweiter Panik und einem erschreckend raschen Zerfall der Gesellschaft führen würde – das heißt, bis eine Neue Weltordnung entsteht und (mithilfe ihre zahlreichen geheimen Handlanger in den Vereinten Nationen und im Militär- und Polizeiapparat zahlreicher Länder) die Welt versklavt – entweder unter der Herrschaft des *wahren* Antichrist oder einer mächtigen Gestalt innerhalb der NWO, die sich als

Antichrist *ausgibt,* um die endgültige Kontrolle über die gesamte Menschheit zu erlangen. Eine Variation dieses Themas behauptet, dass mit dem *Project Blue Beam* ein finsteres Zeitalter für uns alle anbrechen wird, in dem wir von wahnsinnigen alttestamentarischen Eiferern beherrscht werden, die nichts anderes im Sinn haben als nie endende Manipulation und totale Versklavung. Oder zumindest erzählen uns die Gerüchte im Internet, so werde es kommen.

Die erste Reaktion der meisten Menschen wäre sicher, diese merkwürdigen Theorien als einen auf die Spitze – oder noch weit darüber hinaus – getriebenen geschmacklosen Aprilscherz abzutun. Aber wie wir gesehen haben, haben bestimmte Leute im US-Militär seit einem halben Jahrhundert tatsächlich versucht, nicht nur Regierungen, sondern ganze Kulturen durch inszenierte, vorgetäuschte religiöse Phänomene zu manipulieren, die wiederum von den alten Kulturen und Glaubensvorstellungen Babylons und Ägyptens beeinflusst waren. *Project Blue Beam* könnte demnach durchaus eine im 21. Jahrhundert stattfindende, weltweite Version von Edward Lansdales ehrgeizigen Plänen aus den 1960er-Jahren sein, bei denen er einen fingierten Christus am Himmel über Kuba erscheinen lassen wollte.

KAPITEL 17

Dschinn, Sternentore und Unsterblichkeit

Dschinn sind eindeutig paranormale Wesen. Sie haben einen festen Platz in den Lehren und Glaubensvorstellungen des Islam, werden im *Koran* ausführlich erwähnt und bewohnen eine unheimliche Welt der Dämmerung, die parallel zu der unseren existiert und sich gelegentlich mit ihr überschneidet – eine andere Dimension, wäre man versucht zu sagen. Während wir allerdings ganz aus Fleisch und Blut sind, sind die allmächtigen Dschinn Wesen aus Flammen und Feuer, und sie können ebenso gut verspielt und freundlich wie böse und todbringend sein. Manche Dschinn sollen von einem alles verschlingenden, nahezu psychotischen Hass auf die Menschheit besessen sein. Dieser Hass soll die Dschinn dazu treiben, uns zu quälen, zu manipulieren und zu täuschen, wie es ihnen gerade in den Sinn kommt.

Dennoch sollen die Dschinn – wovon sich der besser bekannte Begriff »Genien« ableitet, was so viel heißt wie »sich verbergen« oder »verborgen sein« – eine Reihe überraschend menschlicher Eigenschaften haben: Es gibt sowohl männliche als auch weibliche Dschinn, sie haben Familien, sie betrauern ihre Toten und besitzen genauso wie die Menschen einen freien Willen. So beschreibt die Legende, dass der legendäre Dschinn Iblis, der heute als das islamische Äquivalent des Teufels gilt, als er diesem freien Willen folgte und sich weigerte, sich auf Allahs Befehl vor Adam niederzuwerfen, für immer aus dem Paradies ausgestoßen wurde. Dschinn sollen an entlegenen Orten ihr Unwesen treiben, in Höhlen, Tälern, Gebirgen, Tunnellabyrinthen und Wüsten. Außerdem können sie ihre Gestalt ändern und in vielen unterschiedlichen Formen auftreten, unter anderem als geflügelte fratzenhafte Ungeheuer, schwarze Geisterhunde und sich windende Schlangenwesen. Sie sind also nicht unbedingt die Art Wesen, mit denen man gern zu tun hat – es sei denn, man gehört ausgewählten geheimen Dienststellen der US-Regierung an, wie wir sehen werden.

Dschinn als Reisende zwischen den Dimensionen

1995 unternahm der Anomalieforscher Philip Imbrogno eine Reise nach Saudi-Arabien, in deren Verlauf er erfuhr, dass eine verdeckte Eliteeinheit des US-Militärs schon seit Langem versucht hatte, tatsächlich einen Dschinn gefangenzunehmen. Zweck des riskanten Unternehmens (so hörte Imbrogno von offizieller Seite) sei es, der US-Regierung ein hochmodernes technisches Gerät zu sichern, mit dem Dschinn feste Materie und sogenannte Fenster zwischen den Dimensionen passieren konnten. Es erübrigt sich zu erwähnen, dass der militärische Einsatz einer derartigen Technologie, falls sie denn tatsächlich existiert, praktisch unkalkulierbare Folgen haben könnte.

Inwieweit eine solche Operation erfolgreich war, fand Imbrogno leider nicht heraus. Allerdings wurde ihm sehr deutlich erklärt, dass, falls ein derartig ungewöhnliches Ziel tatsächlich erreicht worden wäre, die Ergebnisse einer sehr hohen Geheimhaltungsstufe unterlegen hätten. Ebenso hörte Imbrogno auf dieser Reise, dass sowohl die Regierung von Oman als auch die der Vereinigten Staaten Kenntnis davon hatten, dass Dschinn tatsächlich existieren und sogar versuchten, eine Art Deal mit ihnen abzuschließen. Man muss ja wohl keinem sagen, dass das eine katastrophale Aktion wäre. Aber sagen Sie das mal der Regierung.

Auf der Suche nach den Sternentoren

Bei den bisher geschilderten Ereignissen und Informationen ging es – zumindest größtenteils – um Forschungen der Regierung im 20. Jahrhundert, deren Gegenstand die Mysterien der fernen Vergangenheit waren. Manche Aussagen und Informationen lassen allerdings vermuten, dass derartige Geheimforschung auch im 21. Jahrhundert noch sehr aktiv weiterbetrieben wird. Bei vielen der Behauptungen über diesen späteren Zeitraum, die unbestreitbar weit brisanter und außergewöhnlicher sind als alles, womit wir uns bisher befasst haben, geht es um das wahre Wesen und Ziel des Krieges gegen den Terror und die Gründe für die Invasion im Irak 2003. Einfach ausgedrückt: Eine wachsende Zahl von Verschwörungsforschern glaubt, dass es im Irak-Krieg gar nicht um Saddam Husseins unauffindbare Massenvernichtungsmittel ging oder auch darum, sich unter der Hand die Kontrolle über Förderung und Export des arabischen Öls zu sichern. Vielmehr greift die Überzeugung um sich, dass der Irak die Heimat uralter Geheimnisse und Technologien ist, die die USA nur zu gern in ihre gierigen Hände bekommen würden. Ob das nun stimmt oder nicht – wir wollen sehen, was da behauptet wird und von wem.

2003, im ersten Jahr des Irak-Kriegs, begannen im Internet wilde und finstere Gerüchte zu kursieren, hinter dem Einmarsch in das Land stehe ein ganz anderes, verdecktes Ziel, das mit Öl und Massenvernichtungswaffen denkbar wenig zu tun habe. Der Geschichte zufolge, die vor allem von Michael Salla, dem Verfasser von *Islamic Radicalism, Muslim Nations and the West*, verbreitet wurde, erfuhren Angehörige der Bush-Regierung zu einem nicht bekannten Zeitpunkt vor dem Einmarsch, dass irgendwo tief im Zentralirak ein uraltes technisches Wunderwerk verborgen sei, bekannt als Sternentor. Es wurde, einfach ausgedrückt, als eine Art Portal oder Tor beschrieben, durch das der Benutzer nahezu augenblicklich von unserer Welt in eine andere und umgekehrt reisen konnte, gewissermaßen wie mit einer höchst futuristischen New Yorker U-Bahn. Dabei ist auch zu erwähnen, dass dies stark der Geschichte ähnelt, von der Philip Imbrogno bei seinem Aufenthalt 1995 in Saudi-Arabien erfuhr, dass das US-Militär auf der Jagd nach einem hochmodernen technischen Gerät sei, mit dem Dschinn die sogenannten Fenster zwischen den Dimensionen passieren konnten.

Falls hinter der sensationellen Geschichte vom Sternentor ein bisschen Wahrheit steckt, wer hat es dann erbaut? Bestimmt nicht Saddam Hussein, das ist sicher. Laut Gerüchteküche waren es die legendären Anunnaki, was so viel heißt wie »die, die vom Himmel auf die Erde kamen«. Ihre Landung auf der Erde soll sich vor vielen Jahrtausenden in Sumer zugetragen haben, das im südlichen Mesopotamien zwischen den Flüssen Euphrat und Tigris lag, einem Teil des heutigen Südirak. Die Einwohner Sumers hielten die Anunnaki für mächtige Götter, und es heißt, die Gegenwart dieser nahezu magischen Herrscher vom Himmel habe praktisch über Nacht zu einer erheblichen Veränderung und Weiterentwicklung der sumerischen Gesellschaft, Wissenschaft, Landwirtschaft und Technologie geführt. Allerdings waren nicht alle davon überzeugt, dass die Anunnaki echte Götter waren. 1976 kam der Präastronautikexperte Zecharia Sitchin zu dem Schluss, die Anunnaki seien mächtige Außerirdische gewesen, die die Erde besucht hätten. Nachdem sie im fernen Altertum ihre Spuren in der sumerischen Kultur und Geschichte hinterlassen hätten, so schreibt er, verließen die Anunnaki die Erde wieder, um nie zurückzukehren – bis heute oder vielleicht in sehr naher Zukunft.

Über den Grund für die Errichtung des Sternentors heißt es, dass die Anunnaki eine Welt namens Nibiru bewohnen, deren Umlaufbahn so gewaltig ist, dass sie nur etwa alle 3600 Jahre unser Sonnensystem durchläuft. Und ja, Sie haben richtig geraten: Nibiru ist endlich wieder auf dem Weg zu uns, so versichern uns die Anhänger dieser Theorie, und damit auch die Anunnaki, und sie können durch das Sternentor unsere Welt erneut betreten, so wie sie es vor so vielen tausend Jahren schon einmal taten.

Informanten behaupten, dass die Vereinigten Staaten das höchst ungern hörten, denn es konnte alle Pläne jener kaltherzigen, gefühllosen und mächtigen Leute in aller Welt durchkreuzen, die die Menschheit letzten Endes unter der Herrschaft einer allumfassenden Orwellschen Neuen Weltordnung unterjocht sehen wollten und *immer noch* wollen. Damit war für die Vereinigten Staaten der Kampf eröffnet, das Sternentor zu finden und unter ihre Kontrolle zu bringen, bevor die Anunnaki im Triumph zurückkehrten.

Aber wo genau befand sich das Sternentor, wenn die Geschichte stimmte? Eine Theorie lautet, es befinde sich tief unter einem sehr alten, von Menschen errichteten Bauwerk an einem Fluss namens Kleiner Zab, der vom iranischen Zagrosgebirge in den Tigris fließt. Eine andere Möglichkeit war eine sehr alte Krypta unterhalb einer sumerischen Zikkurat (einer Art Stufenpyramide) in Dur-Kurigalzu. Sie liegt etwa 30 Kilometer von Bagdad entfernt und wurde im 14. Jahrhundert von Kurigalzu I. erbaut, einem König des vorderorientalischen Kassitenvolks, und wäre zugegebenermaßen ein idealer Ort gewesen, ein derartig unglaubliches Gerät zu verbergen.

Es gab noch weitere Gerüchte. Michael Salla informiert über interessante Entwicklungen im Hinblick auf Berichte, nach denen das Sternentor an einem sicheren Ort in Uruk, einer sehr alten sumerischen Stadt, verborgen sei. Ob die Berichte über das Sternentor begründet sind oder nicht, Tatsache ist, dass 2002 ein deutsches Archäologenteam eine Grabungserlaubnis für genau dieses Gebiet erhielt, angeblich um unsere Kenntnis konkreter historischer und archäologischer Fakten zur frühen Geschichte dieses Gebietes und seiner Menschen zu erweitern.

Salla war allerdings gar nicht so sicher, ob das wirklich alles war: »Angesichts der bedeutenden Stellung von Uruk und der Wahrscheinlichkeit, dass es Standort eines sumerischen Sternentors ist, wirft die Wiederaufnahme der Grabungen die Frage danach auf, warum sie gerade zu diesem Zeitpunkt erfolgte und wonach gesucht wird.« Er fügte hinzu, es könne wichtige verborgene Gründe für etwas geben, »das auf den ersten Blick eine rein wissenschaftliche Grabung in einer alten sumerischen Stadt zu sein scheint« (Salla, 2003).

Ebenso waren Gerüchte im Umlauf, denen zufolge bestimmte Informationen über das Sternentor, die Anunnaki und ihre Rückkehr im Nationalmuseum des Irak in Bagdad geheim gehalten würden – in dem zahlreiche Artefakte von unschätzbarem Wert lagerten, die mehr als 5000 Jahre alt waren und zahlreiche Kulturen und Völker repräsentierten, die über einen Zeitraum von vielen Jahrtausenden in Mesopotamien gelebt hatten. Die Plünderung des Museums zwischen dem 10. und 12. April 2003 durch nicht identifizierte Täter ließ Theorien aufkommen, dass einige der Verantwortlichen Daten und Material suchten – und auch fanden –, das zur Entdeckung des geheimen Standorts des Sternentors führen könnte.

Fest steht, dass in der Vorbereitungsphase des Krieges der *American Council for Cultural Policy* in klarer Voraussicht des mit Beginn der Kampfhandlungen zu erwartenden Chaos das Pentagon förmlich angefleht hatte, für einen gewissen Schutz des Museums und seiner bedeutenden historischen Schätze vor etwaigen Dieben zu sorgen. Eine solche Zusicherung wurde nie gegeben, was den Theorien Nahrung gab, es habe sich um geplante Überfälle gehandelt, hinter denen eine ganz andere Motivation stand als die von ein paar Zufallsplünderern, die mit ein paar sumerischen Antiquitäten ein bisschen Geld verdienen wollten. Wie dem auch immer sei, zahlreiche Objekte von unschätzbarem Wert aus der Frühzeit der sumerischen, mesopotamischen und irakischen Kulturen verschwanden auf Nimmerwiedersehen; ob allerdings eines oder mehrere dieser Objekte bei einer Suche nach dem Sternentor eingesetzt wurden, bleibt unbekannt.

Und so stehen die Dinge im Wesentlichen bis heute: Die Rückkehr von Nibiru steht noch aus, das Sternentor (wenn es überhaupt je existiert hat) wurde anscheinend noch nicht geöffnet, und weder die Anunnaki noch die Neue Weltordnung herrschen über den Planeten – bisher.

Das Gold der Götter

Jim Marrs, einer der weltweit führenden Verschwörungstheoretiker, hat einen weiteren möglichen Grund für den Einmarsch im Irak ins Spiel gebracht. Dabei geht es um das sogenannte Monoatomische Gold, ein Produkt der antiken Alchemie, dem erstaunliche Eigenschaften zugeschrieben werden. Marrs' Theorie zufolge könnte es sich um das ge-

Das Sammeln von Manna *(Copyright: James Tissot, 1896)*

heimnisvolle weiße Pulver handeln, das als Manna berühmt geworden ist. Zu kleinen Kuchen gebacken oder gekocht, diente es den Israeliten bei ihrem Auszug aus Ägypten als Nahrung, was bewies, dass es in der Lage war, Leben und Gesundheit zu erhalten.

Nach einer weiteren Theorie handelt es sich auch bei dem rätselhaften Produkt, das im *Ägyptischen Totenbuch* als Brot des Lebens bezeichnet wird, um Monoatomisches Gold. Diese geheimnisumwobene Speise, die vielleicht gleichermaßen körperliche und spirituelle Nahrung war, nahmen die Pharaonen bei ihren rituellen Reisen ins Jenseits zu sich. Angeblich wurde sie mittels Alchemie aus Gold gewonnen, also durch jene alte sagenumwobene Wissenschaft zur Umwandlung von niederen Metallen in alles, was die Geheimnisse der Alchemie erlaubten. Zudem soll bei bestimmten alten alchemistischen Experimenten eine wahrhaft sensationelle Entdeckung in Bezug auf Gold gemacht worden sein.

Wer will ewig leben?

Der Legende zufolge ist Monoatomisches Gold wesentlich mehr als körperliche Nahrung und Medizin. Ihm wird die Fähigkeit nachgesagt, Zellen, Organe, das Blut und sogar die DNS zu verjüngen, die uns als Individuen und als Spezies definiert. Und diese Verjüngung könne ewig Bestand haben. Monoatomisches Gold könnte buchstäblich der Schlüssel zur Unsterblichkeit sein.

Es ist interessant, dass es auf der ganzen Welt jahrhundertealte Geschichten über lebensverlängernde Elixiere gibt, die mittels Alchemie hergestellt wurden. So glaubten chinesische Alchemisten, dass ein geheimnisvoller Trank aus alchemistisch aufbereiteter Jade oder Quecksilber dem Trinkenden Unsterblichkeit oder zumindest ein erheblich längeres Leben verlieh. Die frühe indische Überlieferung kennt ihren eigenen lebensverlängernden Cocktail, das Amrita. Dann gibt es die biblischen Gestalten wie Noah oder Methusalem. Von Ersterem heißt es, er sei 950 Jahre alt geworden, Zweiterer wandelte, so sagt man uns, 969 Jahre auf Erden. Wussten die Alten vielleicht etwas über Alchemie und Unsterblichkeit, über ein unglaubliches, längst verlorenes Geheimnis, das bestimmte mächtige Leute in der Regierung aber vielleicht wiederentdecken und für ihre eigenen selbstsüchtigen Ziele einsetzen wollen? Jim Marrs schließt eine solche Möglichkeit keineswegs aus.

Im Jahr 1999 wurde bei archäologischen Ausgrabungen etwa 160 Kilometer von Bagdad eine erstaunliche Anzahl wertvoller Gegenstände aus der Zeit der Sumerer entdeckt. Einige standen im Zusammenhang mit dem legendären König Gilgamesch, dem fünften König von Uruk, der um 2500 bis 2400 v. Chr. 120 Jahre lang regiert haben und demnach auch ein ungewöhnlich hohes Alter erreicht haben soll, was ebenfalls alchemistischen Verfahren zugeschrieben wurde. Wohin wurden diese erstaunlichen Entdeckungen gebracht? Ausgerechnet in das Irakische Nationalmuseum in Bagdad, das, wie bereits erwähnt, im April 2003 möglicherweise in ganz bestimmter, verborgener Absicht geplündert wurde.

Waren die Diebstähle im Museum bei Kriegsausbruch vielleicht mehr als ein Nebeneffekt des unvermeidlichen Zustands von Chaos und Regellosigkeit in einem turbulenten Kriegsgebiet? Gab es vielleicht bestimmte Kräfte innerhalb der US-Regierung, die fest entschlossen waren, alle erdenklichen Informationen in ihren Besitz zu bringen, die Licht in die Fragen von Unsterblichkeit, Alchemie und den Grund für Gilgameschs unglaublich langes Leben bringen könnten? Wenn die archäologischen Funde von 1999 Antworten auf derart unglaubliche Fragen lieferten, war die Plünderung des Museums vielleicht keineswegs ein Zufallsakt, behauptet Marrs, sondern vielmehr eine sehr sorgfältig organisierte Aktion. Es gibt Hinweise, dass diejenigen, die das Museum einiger seiner vielen Geheimnisse beraubten, nicht nur genau wussten, wonach sie suchten, sondern auch, wo sie es finden würden.

Nach den umfangreichen Plünderungen des Irakischen Nationalmuseums wurde Oberst Matthew Bogdanos vom *US Marine Corps* mit einer Untersuchung der Vorfälle beauftragt.

Anfang 2004 berichtete Oberst Bogdanos, dass 40 Exponate aus den öffentlichen Ausstellungsräumen verschwunden waren, von denen bis dahin elf gefunden wurden. Aus den Lagerräumen des Museums hatten die Plünderer mehr als 3000 Objekte mitgenommen. Glücklicherweise tauchten die meisten dieser Gegenstände später wieder auf. Am brisantesten ist allerdings Bogdanos' Aussage über die Kellerräume des Museums: »… es erscheint mir undenkbar, dass ohne genaue Insiderkenntnis des Museums der Keller geöffnet und die Objekte entwendet werden konnten. Etwa 10 000 Stücke wurden von dort entfernt. Wir haben nur etwa 650 wiedergefunden« (*Archeological Institute of America*, 2004).

Könnten einige der weiterhin verschwundenen Gegenstände aus dem Museumskeller vielleicht etwas mit Gilgamesch, der Unsterblichkeit und Monoatomischem Gold zu tun haben? Um diese Frage wenigstens teilweise zu beantworten, ist es vielleicht angebracht, Jim Marrs' eigene Worte zu zitieren: »Die uralte Suche nach Gold und dessen alchemistischen Geheimnissen, alten Texten, in denen von einem lebensspendenden Pulver die Rede ist, und die Nähe des Irak zu den Quellen dieses Wissens liefern sicher ein mögliches

Motiv für die Invasion und Plünderung des Irak« (Marrs, 2004).

Noch ein letzter Punkt zu dieser seltsamen Geschichte: Sie erinnern sich, dass 1947 einige Leute bei der CIA ein starkes, geheim gehaltenes Interesse an bestimmten Qumran-Rollen und alten Texten zeigten, in denen es um das Buch Daniel ging. Wie bereits erwähnt, handelt das Buch Daniel von dessen seltsamen Visionen und Träumen. Viele dieser Visionen und Träume hatte er während seiner Zeit in Babylon am Hof des legendären Königs Nebukadnezar II., der von 605 bis 562 v.Chr. über das Neubabylonische Reich herrschte und sich von Daniel seine eigenen Träume und Albträume deuten ließ. Mittlerweile wurde bekannt, dass Saddam Hussein sich für niemand Geringeren als die buchstäbliche Reinkarnation von Nebukadnezar II. hielt. Wenn Hussein, der das Leben, die Geschichte und die Überlieferungen über Nebukadnezar II. genau kannte, bestimmte uralte Geheimnisse besaß wie die, die anscheinend 1947 die CIA beschäftigt hatten, könnte das auf einen weiteren Grund hinweisen, warum der Irak Invasionsziel wurde: sich ebendiese Geheimnisse zu verschaffen.

Nachdem wir die seltsame und bedeutende Rolle der US-Regierung im Zusammenhang mit Artefakten aus dem Altertum, archäologischen Geheimnissen und den Rätseln einer fernen Vergangenheit genau analysiert und bewertet haben, ist es nun an der Zeit, sich der Frage zuzuwenden, was andere Nationen vielleicht über verborgene, verblüffende, archäologische und archaische Angelegenheiten wissen.

KAPITEL 18

Auf der Suche nach alten Artefakten

Hitlers Besessenheit

Sieht man einmal von den Vereinigten Staaten von Amerika ab, so waren ohne Zweifel die Nazis diejenigen, die die ehrgeizigsten und umstrittensten Forschungen und Untersuchungen zu antiken Geheimnisse betrieben. Vieles von dem, was darüber geschrieben wurde, ist allerdings übertrieben, historisch ungenau oder völlig verzerrt. Dennoch hat das Interesse, das die Deutschen während des Krieges an den Rätseln der Vergangenheit entwickelt hatten, einige erstaunliche Körnchen Wahrheit zutage gefördert, die wir nicht unbeachtet und unkommentiert lassen dürfen.

Wir gehen deshalb erst einmal zurück in das Jahr 1925, als ein gewisser Dr. Ernst Schertel ein Exemplar seines Buchs *Magie – Geschichte, Theorie, Praxis* an niemand anderen als den Mann sandte, der zwischen 1939 und 1945 Chaos und Tod über die Welt bringen sollte: Adolf Hitler. Offensichtlich war Hitler von Schertels Buch zutiefst fasziniert und beeindruckt. Er las es gründlich und unterstrich und markierte bestimmte Passagen und Sätze, die seine Aufmerksamkeit erregten. Eine der unterstrichenen Passagen lautete: »Wer keinen dämonischen Samen in sich trägt, wird auch nie eine magische Welt gebären.« Eine andere: »Satan ist der Anbeginn.« Das war ein unheilvoller und verstörender Vorbote des Blutvergießens, das nur wenige Jahre später über die Welt kommen sollte (Schertel, 1923).

Interessant ist, dass August Kubizek, einer von Hitlers engsten Freunden aus Jugendtagen, berichtet, Hitler habe schon als Heranwachsender vorhergesagt, er werde Deutschland zurück zu seiner früheren Größe und zur Weltherrschaft führen. Kubizek erinnert sich, dass Hitler manchmal während seiner nahezu manischen Tiraden von einer geheimnisvollen okkulten Wesenheit besessen schien, die den Nazi-Führer als Medium für ihre Pläne und Komplotte für die Welt benutzte. Zu diesem Thema haben einige Personen die Vermutung geäußert, Hitler sei vielleicht buchstäblich von übernatürlichen, bösen Mächten besessen gewesen. Pater Gabriele Amorth, ein katholischer Priester und kompetenter und erfahrener Exorzist der Diözese von Rom, ist persönlich überzeugt, die Nazis seien »alle besessen« gewesen. Er fügt hinzu: »Man denke nur daran, was Hitler – und Stalin – getan haben. Es ist fast sicher, dass sie vom Teufel besessen waren« (Pisa, 2006).

Der Heilige Gral

Ebenso wie der machtbesessene Hitler selbst zeigten auch viele andere führende Nazis, unter ihnen Richard Walter Darré, Rudolph Heß, Otto Rahn und Heinrich Himmler, eine tief sitzende und beharrliche Obsession für alte Artefakte, mystische Legenden und die finstere Domäne des Übernatürlichen und Paranormalen. Rahn war ein klassischer Fall: Er stieg in eine Machtposition in einem Hauptamt der gefürchteten SS auf und verbrachte viel Zeit mit der Erforschung und der Suche nach dem Heiligen Gral, von dem die christliche Lehre erzählt, er sei der Teller oder Kelch, den Christus beim legendären Letzten Abendmahl benutzte.

Dass dem Heiligen Gral außergewöhnliche Kräfte zugeschrieben wurden, war den Nazis natürlich erst recht ein Ansporn, dieses unglaubliche Wunder zu finden und dann seine Kräfte als Waffe gegen die Alliierten einzusetzen. Glücklicherweise wurden die Pläne der Nazis nie verwirklicht. Der Heilige Gral fiel Rahn, der SS und Hitler nicht in die Hände, und die westliche Welt wurde nicht von der mysteriösen Kraft Gottes vernichtet. Das hielt die Nazis aber nicht davon ab, andere uralte, umstrittene Spuren zu verfolgen.

Obsessionen des Ahnenerbes

Vielen Historikern, die sich mit dem Zweiten Weltkrieg befassen, gilt Heinrich Himmler als die treibende Kraft hinter der Suche der Nazis nach religiösen Objekten mit angeblich furchteinflößenden Kräften. Unter den führenden Funktionären des Dritten Reichs war er wahrscheinlich am stärksten von der Welt des Okkulten fasziniert. Im Juli 1935 wurde Himmler zusammen mit Richard Walter Darré und Dr. Herman Wirth eine der Schlüsselfiguren bei der Gründung des Ahnenerbes, der Abteilung der SS für altes germanisches Kulturgut. Interessant ist besonders eine der fixen Ideen Himmlers: Er glaubte, der Ursprung der Arier liege im legendären Atlantis, das Edgar Cayce so fasziniert hatte, dessen Stiftung in Virginia die CIA Anfang der 1960er-Jahre infiltriert hatte.

Eines der vorrangigen Zielen des Ahnenerbes war es zu beweisen, dass prähistorische nordische Rassen – genau diejenigen, die Himmler für die Bewohner von Atlantis hielt – zahlreiche frühe Zivilisationen zeugten und deren gewaltigen Bauwerke schufen. Oder nach der Interpretation des Ahnenerbes: die ursprünglichen Herrscher des Planeten, von denen die Nazi-Elite ihre persönliche Abstammung ableitete und als deren Erben sie sich betrachtete.

Es ist durchaus bemerkenswert, dass 1939 das Ahnenerbe im Rahmen seiner Bestrebungen, die Existenz einer sehr alten arischen Rasse von Supermenschen nachzuweisen, Forschungen und Ausgrabungen im Bergland von Bolivien plante. Wir haben gesehen, dass auch Morris K. Jessup im Kontext seiner Überlegungen zur Präastronautik stark von Bolivien fasziniert war. Das Projekt ging weitgehend auf die Arbeiten eines deutschen Archäologen namens Edmund Kiss zurück, des Verfassers eines Buches mit dem Titel *Die letzte Königin von Atlantis*. Wie so viele Mitglieder der SS, der er nach Kriegsausbruch beitrat, hatte auch Kiss die fixe Idee, die Arier hätten in prähistorischer Zeit eine weltweite Zivilisation hervorgebracht.

Kiss reiste Ende der 1920er-Jahre nach Tiahuanaco in Bolivien, einer archäologisch bedeutenden Stätte aus der Vor-Inka-Zeit, die bereits Morris K. Jessup interessiert hatte. Im Gegensatz zur konventionellen Geschichtsforschung und Archäologie war Kiss davon überzeugt, dass einige der beeindruckenden Bauwerke der Bolivianer bereits 17 000 v. Chr. von überlegenen nordischen Rassen geschaffen worden seien. Auf der Basis dieser Theorie wurde im Jahr 1939 eine von der SS finanzierte Expedition ins Bergland von Bolivien geplant. Allerdings musste das Projekt endgültig aufgegeben werden, als im September des genannten Jahres die Nazis in Polen einmarschierten, Großbritannien Deutschland den Krieg erklärte und Hitler sich gezwungen sah, dringend benötigte Menschen, Ressourcen und Finanzmittel anderweitig einzusetzen.

Der Speer des Schicksals

Der Investigativautor Trevor Ravenscroft ging jahrelang den Verbindungen zwischen Nazi-Deutschland und dem sagenumwobenen römischen Speer beziehungsweise der Lanze nach, mit dem oder der angeblich der Leib Christi während der Kreuzigung durchbohrt wurde – dem Speer des Schicksals, wie sein berühmtester Name lautet. Ravenscrofts Recherchen, die von einigen Forschern auf dem Gebiet der Kriegsmaschinerie der Nazis und ihrer Verbindungen zum Okkultismus angefochten werden, lassen vermuten, dass Hitler den Zweiten Weltkrieg bewusst vom Zaun brach, um diesen Speer in die Hände zu bekommen, von dem er nachgerade bis zur Besessenheit fasziniert war. So schildert es jedenfalls Ravenscroft, aber Hitler erlitt einen katastrophalen Fehlschlag. Als der Zweite Weltkrieg sich dem Ende näherte, so behauptet Ravenscroft, und die Nazis vor einer überwältigenden Niederlage durch die Alliierten standen, gelangte der Speer in den Besitz des US-Generals George Smith Patton Junior. Die Legende besagt, dass der Verlust des Speers den Tod bringt – eine Prophezeiung, die sich angeblich dadurch erfüllte, dass Hitler 1945 Selbstmord beging.

Die Bundeslade

Die Bundeslade, die in der *Bibel* im Buch Exodus als Behältnis für die steinernen Gesetzestafeln mit den Zehn Geboten beschrieben wird, war ein wahrhaft geheimnisvoller Gegenstand. Den Berichten zufolge wurde sie sorgfältig und präzise nach den Anweisungen Gottes erbaut, die Moses auf dem Berg Sinai erhalten hatte. Als geeignete Personen für den Bau der Lade wurden Bezalel und Oholiab von Gott ausgewählt. Leider weiß man so gut wie nichts über diese beiden, die religiösen Texte beschreiben lediglich den Ersten als vom Stamme Judah, Sohn des Hur und Kollegen von Moses, und den Zweiten als Sohn des Ahisamach vom Stamme Dan.

Die Lade wurde den Berichten nach aus dem Holz des Schittimbaums gezimmert – heute als Rote Akazie bezeichnet –, sie war mit Gold überzogen, und an ihren Füßen waren vier goldene Ringe befestigt. Auf der Oberseite der Lade befand sich der sogenannte Gnadenthron, eine ebenfalls aus Gold gefertigte Abdeckung, auf der übernatürliche religiöse Wesen, genannt Cherubim, abgebildet waren. Die fertige Lade war etwa 1,15 Meter lang, 70 Zentimeter breit und 70 Zentimeter hoch. Ihr Zweck ist ein gewaltiges Rätsel.

Anscheinend fungierte die Bundeslade als Gefäß, durch das Gott unmittelbar zu einem Menschen sprechen konnte, den er als würdig befand und wenn er es für notwendig erachtete. Einfach ausgedrückt: Sie fungierte wie ein Funksprechgerät. Manche Leute haben behauptet, dass sie *genau das* war. Aber angeblich war sie weit mehr als ein kosmisches Kommunikationsgerät.

In der *Bibel* heißt es, die Priester hätten während des Auszugs aus Ägypten die Lade hoch erhoben getragen, aber mindestens 2000 Ellen oder – in heutigen Maßen – etwa 800 Meter entfernt von der dahinziehenden Menschenmenge. Das bedeutet vielleicht, dass die Bundeslade etwas an sich hatte, das es für jeden, der mit den Anweisungen Gottes nicht vertraut war, gefährlich machte, ihr zu nahe zu kommen. Auf jeden Fall wurden der Bundeslade eindrucksvolle Eigenschaften nachgesagt: Erstens konnte sie offensichtlich die Wasser des Jordan teilen, sodass die Israeliten ihn durchqueren konnten, ohne befürchten zu müssen zu ertrinken (was an die legendäre Teilung des Roten Meeres erinnert). Zweitens soll es den Israeliten um das Jahr 1400 v. Chr. gelungen sein, die mächtigen Mauern von Jericho zu zerstören, einer Stadt im Land Palästina nahe dem Jordan, indem sie sieben Tage lang deren massive Wälle umkreisten und dabei die Bundeslade hoch auf den Schultern und gegen die Mauern gerichtet trugen. Am letzten Tag wurden schließlich zahlreiche Posaunen aus Widderhorn in Richtung der Mauer geblasen, die daraufhin in sich zusammenfiel. Ist die Geschichte von den Zauberposaunen vielleicht eine verzerrte Legende über eine prähistorische akustische Technik, die

Der Bundeslade wurden tödliche Kräfte nachgesagt.

nicht wie bei den ägyptischen Pyramiden eingesetzt wurde, um Steine zu heben, sondern um sie krachend zu Boden stürzen zu lassen? Mindestens ist das eine interessante Theorie, über die man nachdenken könnte.

Von einem sind Forscher allerdings mittlerweile überzeugt: dass nämlich die Bundeslade ein technischer und kein göttlicher Gegenstand war. Kommentator Paul Schroeder schreibt, es gebe hinreichend Belege, dass die Lade als »extraterrestrische Sendeanlage« konzipiert wurde und als eine Art Waffe gedient habe. Schroeder fügt hinzu: »Eine der Goldplatten war positiv, die andere negativ geladen, und zusammen bildeten sie den Kondensator. Wenn einer der oberhalb des Gnadenthrons platzierten Cherubim als Magnet fungierte, haben wir die rudimentären Voraussetzungen für ein Funksprechgerät« (Schroeder, 2010).

Zudem befahl die Stimme des Schöpfers hinter der Lade denjenigen, die ihr möglicherweise nahekommen könnten, bestimmte Kleidungsstücke zu tragen beziehungsweise andere ausdrücklich zu vermeiden. Schroeder kommt zu dem Schluss, diese Warnungen seien vielleicht ausgesprochen worden, um die Gefahr tödlicher Stromschläge zu verringern. Tatsächlich erzählt die *Bibel* von etlichen Menschen, die die Lade berührten und sofort getötet wurden. Theologen sagen, diese Todesfälle seien durch die Macht Gottes verursacht worden, andere sehen die Ursache in elektrischem Strom, der durch den Körper einer unglücklicherweise nicht geerdeten Person gegangen sei (ebenda).

Ob es sich hier nun um das Werk Gottes, das von Außerirdischen oder von Menschen des Altertums mit überraschend hoch entwickeltem Wissen über Elektrizität handelte, eines wissen wir über die Bundeslade: Adolf Hitler wollte sie unbedingt haben. Das überrascht nicht, schließlich konnte sie Gewässer teilen, ganze Stadtmauern zum Einsturz bringen und sofort töten. In den falschen Händen konnte die Lade also zur furchtbarsten Massenvernichtungswaffe werden.

Es ist bekannt, dass Hitler dem Ahnenerbe Anweisung erteilte, die Bundeslade zu finden. Das Problem war nur, dass, während Nazi-Deutschland fieberhaft nach der Lade suchte, es gleichzeitig Krieg gegen Länder Westeuropas, die Sowjetunion und die Vereinigten Staaten führte. Außerdem war die Lade den Berichten zufolge Jahrhunderte zuvor verschwunden und befand sich jetzt – je nachdem, wem man glaubte – streng bewacht irgendwo in Frankreich, Jordanien, Italien, Afrika oder Irland, um nur einige Versteckmöglichkeiten zu nennen. Als die Ressourcen knapp wurden und das Nazi-Reich unter den zunehmenden Angriffen der Alliierten zu wanken begann, scheiterten daher Hitlers Pläne, die Lade in seine Gewalt zu bringen. Allerdings machte Steven Spielberg sie unsterblich mit seinem Film *Jäger des verlorenen Schatzes* aus dem Jahr 1981, in dem Harrison Ford alias Indiana Jones verhinderte, dass die Lade in die Hände der Nazis fiel und als Waffe gegen die Alliierten eingesetzt wurde. Im Film landet die Lade schließlich in einem geheimen US-Regierungsgebäude, hinter verschlossenen Türen und fern von allen neugierigen Blicken und Nachforschungen.

Amerikanische Parallelen

Als kurze Nebenbemerkung zum Thema Bundeslade und US-Regierung ist noch die Aussage des bereits zitierten H. P. Albarelli Junior zu erwähnen, der von einem »ausgeprägten Interesse der CIA« an der Bundeslade sprach sowie von der Faszination, die der »Felsen am Horeb« auf sie ausgeübt habe (Albarelli Junior, 2009).

Letzteres bezieht sich auf den Berg Horeb, auf dem nach den Berichten des Deuteronomiums in der hebräischen *Bibel* Moses von Gott die Zehn Gebote erhielt. Obwohl einige *Bibel*-Forscher den Horeb mit dem Sinai gleichsetzen, tun zahlreiche andere Wissenschaftler das keineswegs. Vielleicht werden wir also nie genau wissen, wo Moses angeblich die legendären Gebote erhielt.

In einer weiteren Geschichte um den Horeb wird berichtet, dass Moses, als den Israeliten in der Wüste frisches Trinkwasser gefährlich knapp wurde, angeblich auf den Berg gestiegen sei und auf einen ganz bestimmten Felsen geschlagen habe. Dieser barst, und – siehe da – Wasser strömte heraus und rettete die Israeliten vor dem sicheren Tod durch Verdursten. Aufgrund dieser Geschichte wandte sich die CIA der Untersuchung des umstrittenen Rutengehens zu, also der Suche nach Wasser mit unkonventionellen (manche würden sogar meinen: übernatürlichen) Mitteln.

So seltsam die Behauptung klingt, dass die CIA sich für Rutengehen interessiert habe, ist sie doch eindeutig wahr. 1987 verfassten Mitarbeiter der *Foreign Technology Division* (FTD) auf der *Wright-Patterson Air Base* in Dayton, Ohio, eine umfangreiche Dokumentation mit dem Titel *Paraphysics R&D – Warsaw Pact* (wobei R&D für Research and Development, also Forschung und Entwicklung, steht). Auf Seite 23 dieser Dokumentation werden positive Ergebnisse von amerikanischen und sowjetischen Forschungen zum Thema Rutengehen aufgelistet. Bemerkenswerterweise wurde ein vollständiges Exemplar des FTD-Dokuments kurz nach dessen Veröffentlichung an das *Office of Science and Technology* (OSI) der CIA gesandt. Erwähnenswert ist außerdem, dass in 1. Könige 8, Vers 9 der hebräischen *Bibel* berichtet wird, die Bundeslade beherberge die steinernen Tafeln mit den Zehn Geboten, die Moses am Berg Horeb erhielt.

Wir sehen also, dass in mehreren Punkten die Suche der CIA untrennbar mit der Hitlers übereinstimmt, unter anderem, was die Zehn Gebote betrifft, das Interesse an der Technik des Rutengehens (möglicherweise die, die Moses am Berg – Horeb oder Sinai – erfolgreich anwandte) und – unangefochten an der Spitze – an der Bundeslade.

Der andere Kasten

Noch ein weiterer Kasten hatte Hitlers Interesse erregt. Es war allerdings ein Kasten von ganz anderer Art als die Bundeslade. Wir sind ihm auf unserer seltsamen Reise in die Vergangenheit schon einmal begegnet. Falls Sie es noch nicht erraten haben: Es ist die Arche Noah. Warum die Nazis die Arche an ihrem Ruheplatz auf dem türkischen Berg Ararat ausfindig machen und von dort bergen wollten, ist leider keineswegs klar. Aber dass sie den Versuch dazu unternahmen, ist sicher. Akten des britischen Auslandsgeheimdienstes *Secret Intelligence Service* (SIS, besser bekannt unter der Bezeichnung MI6 – *Military Intelligence, Section 6*) bestätigen diese außergewöhnliche Tatsache. Die betreffenden Dokumente entstanden 1948, also drei Jahre nach Kriegsende, und sie berichten von hochinteressanten Verhören von Nazi-Wissenschaftlern, die in einer Geheimoperation namens *Paperclip* unmittelbar nach dem Krieg in die Vereinigten Staaten gebracht wurden.

Aus den Daten des SIS geht hervor, dass in den späteren Jahren des Zweiten Weltkriegs Mitglieder des deutschen Militärs planten, einen hochmodernen, nach neuartigen japanischen Entwürfen angefertigten Spionageballon den Ararat überfliegen zu lassen. Das Projekt war Teil einer präzise geplanten und gezielten Aktion zur Entdeckung der Arche

Noah und Erbeutung bestimmter seltsamer Geheimnisse (über die nie Näheres bekannt wurde), die das Ahnenerbe in den Tiefen ihres alten Rumpfes verborgen glaubte.

Ein derartiges Szenario ist keineswegs undenkbar. Die Japaner, die im Zweiten Weltkrieg – und besonders nach ihrem Angriff auf Pearl Harbor 1941 – enge Verbündete Nazi-Deutschlands waren, waren sehr versiert im Bau von hoch entwickelten und ungewöhnlichen Ballons. Eines der wohl bestgehüteten Geheimnisse des Zweiten Weltkriegs, die Ballonbombe – oder *Fugo*, wie sie meist genannt wurde –, war eine geheime, vom japanischen Militär gebaute und geflogene Waffe. 9000 dieser Apparate wurden hergestellt und gegen die USA eingesetzt.

Die Ballons, die gefüllt einen Durchmesser von über zehn Metern hatten, bestanden aus Papier oder beschichteter Seide und trugen kleine Bomben, die stark genug waren, erhebliches Unheil und Chaos zu verursachen, wenn man im falschen Moment über sie stolperte. Sie wurden ab Ende 1944 sechs Monate lang in großer Zahl von der Ostküste der Insel Honshu aus eingesetzt und flogen mehr als 6000 Meilen in östlicher Richtung über den Pazifik nach Nordamerika. Die allermeisten *Fugos* erreichten ihr Ziel nicht, aber nach Schätzungen der US-Armee schafften es 1000 von ihnen bis in die Vereinigten Staaten, wo die meisten in Westküstenstaaten wie Oregon und Washington landeten, einige von ihnen auch in British Columbia.

Nach dem, was wir von ihren diesbezüglichen Fähigkeiten wissen, könnte die japanische Regierung also ihren deutschen Partnern durchaus bei der Suche nach der Arche Noah behilflich gewesen sein. Zudem scheint die Vorstellung, dass sie einen hoch entwickelten, robusten Aufklärungsballon geliefert hätte, mit dem man den Ararat hätte überfliegen können, nicht ungewöhnlich. Obwohl die Dokumente des SIS in diesem Punkt bedauerlich lückenhaft sind (vielleicht *verdächtig* lückenhaft), zeigen sie immerhin, dass es ein seltsames Suchunternehmen der Nazis nach der Arche Noah gab. Wie alle Pläne Hitlers und des Ahnenerbes, fand auch die Suche nach dem sagenhaften Schiff glücklicherweise ein jähes Ende. 1945 wurden Hitlers Horden endlich geschlagen, und er selbst wählte den feigen Ausweg des Selbstmords.

Die Suche Nazi-Deutschlands nach den Mysterien des Altertums war damit so tot wie der Führer selbst. Allerdings hat eine weitere Nation genauso wie die Vereinigten Staaten und Deutschland solche Fragen erforscht – auch sie unter strengster Geheimhaltung.

KAPITEL 19

Die tanzenden Steine Englands

Ebenso wie wir eindeutige und unwiderlegbare Beweise dafür gefunden haben, dass sich die US-Regierung intensiv für prähistorische Stätten, Artefakte, Mythen und Legenden interessierte, gilt das für die Aktivitäten der britischen Regierung. Dieses Interesse scheint sich hauptsächlich auf drei Orte von besonderer archäologischer Bedeutung konzentriert zu haben: Avebury und Stonehenge, die beide in der Grafschaft Wiltshire liegen, und die Rollright Stones in Oxfordshire.

Das Ensemble von Avebury

Avebury ist eines der faszinierendsten prähistorischen Bodendenkmäler in Europa. Die erste Phase, in der drei Steinkreise errichtet wurden, begann um 2600 v. Chr. und umfasste ebenso den Bau der Grabenanlage oder des Henge, wie sie auch genannt wird. Es wird geschätzt, dass innerhalb der Gräben ursprünglich 400 Monolithen standen.

Die geheimnisvollen Steine von Avebury, England
(Copyright: Nick Redfern)

Nachdem die Steine (wie manche annehmen, mit Walzen) zum Gelände transportiert worden waren, wurden sie an bestimmte, durch Kalk markierte Positionen gebracht und mithilfe von Stangen aufgerichtet. Die ursprüngliche Anordnung bestand aus einem äußeren Kreis, der das Innere des Henge umgab und aus 98 Steinen aufgebaut war. Innerhalb dieses Kreises wurden zwei weitere errichtet, die beide den gleichen Durchmesser hatten. Die Frage nach den Erbauern des Komplexes ist sehr schwer zu beantworten: Ein einheimischer Stamm, amerikanische Ureinwohner, die England besuchten, die Gefährten und Anhänger des legendären Königs Artus (dessen sterbliche Überreste nach Meinung einiger Wissenschaftler möglicherweise irgendwo auf dem Gelände begraben sind) und sogar Phönizier des Altertums, die das Land zivilisieren wollten, wurden alle als mögliche Kandidaten ins Gespräch gebracht. Aber trotz der diversen Theorien ist die Frage, *wer* Avebury *warum* erbaute, bisher nicht beantwortet.

Der berühmteste Steinkreis der Welt

Was Stonehenge angeht, so gelangten zwar fast alle Wissenschaftler zu dem Schluss, dass das legendäre Ensemble um 3100 v. Chr. erbaut wurde. Nachweise bestimmter Aktivitäten lassen jedoch die Anwesenheit von Menschen bereits um 8000 v. Chr. vermuten. Und auch aus diesen unglaublich frühen Zeiten gibt es Spuren ritueller Handlungen. Unabhängig vom genauen Zeitpunkt, an dem der Bau von Stonehenge in großem Stil begonnen wurde, kann man allerdings mit Sicherheit sagen, dass es aus einem Graben, einem Wall und den sogenannten Aubrey Holes besteht: runden, in einem riesigen Kreis angeordneten Vertiefungen im Kalk. Zudem sind da natürlich diese gigantischen Steinblöcke.

Es wird angenommen, dass 82 der sogenannten Blausteine von Stonehenge, von denen manche bis zu vier Tonnen wiegen, von den Preseli Mountains in Südwest-Wales über eine Entfernung von etwa 370 Kilometern zum Standort in Wiltshire transportiert wurden. Über die tatsächliche Zahl der Steine besteht keine Einigkeit, da heute nur noch 40 erhalten sind. Selbst in der heutigen Zeit wäre die Mammutoperation des Transports derart riesiger Steine keine geringe Leistung, erst recht nicht vor Tausenden von Jahren. Und dennoch wurde dieses unglaubliche und rätselhafte Unternehmen erfolgreich bewerkstelligt. Die 30 gigantischen Sarsensteine von Stonehenge dagegen wurden von den etwa 40 Kilometer entfernt liegenden Marlborough Downs herantransportiert. Das mag sich wie eine sehr viel leichtere Aufgabe anhören als der Transport der Blausteine über den langen Weg von Wales. Mitnichten. Wie bereits erwähnt, haben die Steine aus Wales ein Gewicht von etwa vier Tonnen. Einige der Sarsensteine von den Downs dagegen kommen auf 25 Tonnen, die schwersten sogar auf etwa 50. Angesichts solcher Tatsachen wundern sich die Leute, dass der Bau von Stonehenge mysteriös und faszinierend ist.

Bei Ausgrabungen an der Stätte wurden in einigen der Kalkaufschüttungen Überreste eingeäscherter menschlicher Knochen gefunden, was die Debatte über den Zweck des Baus von Stonehenge stark beflügelt hat. Es ist nicht überraschend, dass die Theorien ungeheuer weit auseinandergehen, vermutet werden unter anderem eine Kultstätte, eine Sternwarte, ein Ort heidnischer Rituale und sogar ein Raumhafen für außerirdische Besucher. Oder vielleicht sogar von allem ein bisschen! Das Gesamtergebnis all dieser unglaublichen Anstrengungen: die Erschaffung des in der ganzen Welt bekannten, unverwechselbaren Inbegriffs eines prähistorischen Steinkreises, den Jahr für Jahr unzählige Menschen aufsuchen und bewundern.

Vom König zum Stein

Damit kommen wir zu den etwas weniger bekannten, aber keineswegs weniger beeindruckenden Rollright Stones in der Nähe von Long Compton, einem jahrhundertealten kleinen Dorf in der Grafschaft Oxfordshire. Zu dem Ensemble gehören ein Grab, die sogenannten Whispering Knights (Flüsternde Ritter), ein klassischer Steinkreis, der King's Men (Männer des Königs) genannt wird, und ein einzelner Stein, der King's Stone (Königsstein). Die Datierung der Rollright Stones scheint eindeutig: Sie stammen aus der Jungsteinzeit und der Bronzezeit.

Ebenso wie bei Stonehenge und Avebury kreisen auch um die Ursprünge der Rollright Stones zahlreiche Legenden. Die des Historikers William Camden aus dem Jahr 1610 ist mit Sicherheit die interessanteste. Darin heißt es, die Steine seien nicht immer Steine gewesen. Ursprünglich habe es sich um einen unbekannten durchreisenden König und seine getreuen Ritter gehandelt, die von Mother Shipton, einer Hexe aus der Gegend, in Gorgonenmanier in Stein verwandelt wurden. Der König wurde, wenig überraschend, zum King's Stone. Die meisten seiner Männer wurden in die King's Men verwandelt. Einige, denen es zunächst – allerdings nur kurz – gelungen war, Mother Shiptons Macht zu entkommen, wurden kurz darauf und *en groupe* zu den Whispering Knights.

Merlins tanzende Säulen

Bedenkt man den dichten Schleier des Geheimnisses, der bis heute über Stonehenge liegt, ist es nicht überraschend, dass eine Fülle von höchst unterschiedlichen fantastischen Legenden über den Bau des berühmten Steinensembles aufgetaucht sind. In vieler Hinsicht ähneln sie sehr stark dem, was über die Rolle der Levitation beim Bau der ägyptischen Pyramiden berichtet wird.

Im zwölften Jahrhundert erschien *The History of the Kings of Britain,* geschrieben von einem Mann namens Geoffrey of Monmouth, und erzählte ein tolle und unterhaltsame Geschichte. Sie lief darauf hinaus, dass die riesigen Steine, aus denen Stonehenge besteht, eigentlich aus Afrika stammten und magische Kräfte besaßen, mit denen man Kranke heilen konnte. Nach Geoffreys Schilderung wurden die Steine in längst vergangener Zeit von einer Rasse geheimnisvoller Riesen vom afrikanischen Kontinent nach Irland geschafft. Nach Stonehenge gelangten sie, so schreibt Geoffrey, dank der Zauberkräfte Merlins, des legendären Magiers aus der König-Artus-Sage. Interessanterweise scheitert in Geoffreys Schilderung jeder Versuch, die Steine mit konventionellen Mitteln (Soldaten, Seile und Walzen) von der Stelle zu bringen, an – wen wundert's – ihrer Größe und ihrem Gewicht. Das einzige Mittel, mit dem man in Geoffreys Sage die Steine von Irland nach Stonehenge bewegen konnte, war der sogenannte Tanz der Riesen.

Der Tanz der Riesen war zwar zutiefst geheimnisumhüllt, aber angeblich ein uraltes Ritual, bei dem der, der das magische Wissen der Zauberer alter Zeiten kannte (begehrte Geheimnisse aus vergangenen, geheimnisumwobenen Zeiten, die Merlin der Sage nach besaß und eifersüchtig hütete), die schweren Steine relativ mühelos bewegen konnte. Interessanterweise war beim Tanz der Riesen sogenannte magische Musik nötig, um die gewaltigen Säulen zu bewegen.

Das weltberühmte Stonehenge *(Copyright: Nick Redfern)*

Die Vorstellung, die riesigen Steine von Stonehenge seien zuerst aus Afrika und über Irland schließlich nach Wiltshire gekommen, ist nicht nur unwahrscheinlich. Sie ist nachweislich falsch. Falls allerdings bruchstückhafte und verzerrte Geschichten von einer hoch entwickelten akustischen Technologie, die bei der Erbauung von Stonehenge eine Rolle spielte, von Generation zu Generation weitergegeben wurden, könnte das wenigstens teilweise erklären, wie und unter welchen Umständen die von Geoffrey erzählte Geschichte entstanden war – viele Jahrhunderte, nachdem der Bau des vielleicht berühmtesten Steinkreises der Welt begonnen hatte.

Heilende Steine

Es lohnt sich, daran zu erinnern, dass in den von Geoffrey of Monmouth entdeckten Legenden von heilenden Kräften der möglicherweise akustisch bewegten Steine von Stonehenge die Rede ist. Interessanterweise wurde in den vergangenen Jahren viel über die Wirkung akustischer Phänome auf den menschlichen Körper geforscht. So heißt es beispielsweise auf der Website des *Center for Neuroacoustic Research* in Encinitas, Kalifornien: »Durch modernste wissenschaftliche Klangtechnik in Verbindung mit profunden Kenntnissen über den Einsatz von Klang zur Heilung und Erweiterung des Bewusstseins in der Antike ist das CNR in der Lage, in Echtzeit ein Gleichgewicht im autonomen Nervensystem zu bewirken« (Jo Thompson, 2011).

Es gibt auch das exakte Gegenteil: die negativen Wirkungen akustischer Technik auf den menschlichen Körper. In einem ehemals geheimen Dokument der *Defense Intelligence Agency* (DIA) von 1972 geht es um bestimmte Wirkungen von Ultraschall auf den menschlichen Körper – Wirkungen, die Benommenheit und abnormes Schlafbedürfnis verursachen. Bei von der DIA durchgeführten Experimenten mit akustischen Richtwaffen zeigte sich, dass manche Personen sogar im Stehen einschliefen. Noch beunruhigender ist die Aussage in dem Dokument, dass bereits in den 1960er-Jahren das Verteidigungsministerium eingehende Studien über den möglichen Einsatz von sowohl hoch- als auch niederfrequenten Schallwellen durchführte, um bei ansonsten gesunden Menschen Herzanfälle auszulösen.

Möglicherweise wussten die Menschen alter Zeiten also genauso viel über die Wirkung akustischer Phänomene auf den menschlichen Körper wie über den Transport riesiger Steinblöcke. Denkt man an die Forschungen des *Center for Neuroacoustic Research* und der *Defense Intelligence Agency*, dann sind die alten Legenden über Stonehenge und seine heilenden Kräfte vielleicht doch mehr als Mythen und Volksmärchen.

Ebenso bedenkenswert sind die Worte von Paul Devereux, einem Fachmann für prähistorische Stätten und Steinkreise in Großbritannien und andernorts: »Die Archäologen haben endlich erkannt, dass die prähistorischen Menschen Ohren hatten, und haben entdeckt, dass verschiedene akustische Effekte – von unheimlichen Echos bis zu Resonanzfrequenzen, die auf das Gehirn einwirken können – anscheinend ein bewusst geplanter Bestandteil einer Reihe von prähistorischen Stätten in allen Teilen der Welt sind, von zerfallenen Tempeln bis zu Stätten mit Felsmalereien« (Devereux, 2011).

Ebenso wie die großen Steine von Stonehenge durch Zauberei an ihren Platz manövriert worden sein sollen, existieren auch zu vielen anderen Steinkreisen in Großbritannien entsprechende Legenden. So soll sich der Cockcrow Stone in Looe im englischen Cornwall dreimal um sich selbst drehen, wenn in der Nähe ein Hahn kräht. Ebenso behauptet eine Legende über den Whetstone in der englischen Grafschaft Hertfordshire, man habe ihn am Ufer des Flusses Wye entlanggehen sehen. Eine ähnliche Geschichte existiert über das

Schwergewicht von Avebury, den Swindon Stone: Passenderweise zur Geisterstunde beginnt er sich von selbst zu bewegen, wobei er sich erst um sich selbst dreht und dann im Schutz der Dunkelheit durch die alten Straßen von Avebury wandert.

Natürlich sollten wir diese Geschichten nicht wörtlich nehmen. Was sie aber alle gemeinsam haben, ist die feste Überzeugung, dass sich in längst vergangener Zeit die Steine, die noch heute alte Steinkreise und historische Stätten in Großbritannien bilden, auf magische oder übernatürliche Weise bewegen konnten. Waren solche Geschichten Ausdruck bloßen Volksglaubens oder in Wirklichkeit abgewandelte Berichte über eine verlorene und vergessene Technologie in den Händen der Menschen vergangener Zeiten? Wurden diese Geheimnisse in der Folge über viele Generationen weitergegeben und allmählich Stück für Stück verändert, bis sie nur noch Legenden und Geschichten fürs Lagerfeuer waren? Wenn man bedenkt, dass ganz ähnliche Schilderungen in Ägypten, Böotien und Uxmal aufgetaucht sind, spricht durchaus einiges dafür, dass diese weitverbreiteten Erzählungen zumindest teilweise auf Realität gründeten, auch wenn das entsprechende technische Wissen nach und nach durch Volksglauben und Mythos im Verlauf der Jahrhunderte Übertreibungen und Verzerrungen erfuhr.

Darüber hinaus haben anscheinend einige Leute im britischen Verteidigungsministerium ebenfalls begonnen, sich für das Thema zu interessieren.

KAPITEL 20

STONEHENGE UND GEHEIMDOSSIERS

Das Plasma-Projekt

Im Mai 2006 wurde bekannt gegeben, dass das britische Verteidigungsministerium nach Jahren geheimer Ermittlungen zu dem Schluss gekommen war, dass *keine* Außerirdischen das Vereinigte Königreich besucht hatten. Die Aussagen des Verteidigungsministeriums fanden sich in einem früher geheimen Dokument mit dem Titel »Unidentified Aerial Phenomena in the UK Defence Region« (»Unidentifizierte Phänomene im Luftraum über dem Verteidigungsbereich des Vereinigten Königreichs«), das unter dem Codenamen *Project Condign* 1996 in Auftrag gegeben und im Februar 2006 abgeschlossen wurde. Das 465-seitige Dokument, das dank der Arbeit des Doktors der Volkskunde David Clarke und des UFO-Forschers Gary Anthony gemäß dem *Freedom of Information Act* freigegeben wurde, zeigt, wie die Luftverteidigungsexperten zu dem Schluss gekommen waren, dass UFO-Sichtungen vermutlich auf natürliche, aber sehr seltene Phänomene wie Kugelblitze und Plasma in der Atmosphäre zurückzuführen waren. Einige UFOs, so schrieb der bis heute unbekannte Verfasser des Berichts, waren vielleicht ungewöhnlich, aber nicht verteidigungsrelevant.

Zwangsläufig behaupteten viele UFO-Forscher, der Bericht des Verteidigungsministeriums sei lediglich eine Finte, um geheimes Wissen über Begegnungen mit Außerirdischen, abgestürzte UFOs und Verschwörungen im Stil von *Akte X* auf allerhöchster Ebene zu verheimlichen. Obwohl die Regierung derartige Behauptungen entschieden bestritt, finden sich in dem Bericht dennoch eine Reihe wichtiger und hochinteressanter Schlussfolgerungen. Die Plasmen in der Atmosphäre, die als Ursache so vieler Berichte über UFOs angenommen wurden, waren noch nicht vollständig erforscht, hieß es in dem Bericht, und die von ihnen ausgehenden magnetischen und elektrischen Felder könnten negative Auswirkungen auf das menschliche Nervensystem haben. Und das war noch nicht alles. Clarke und Anthony schrieben: »Band 3 des Berichts erwähnt Forschungen und Untersuchungen, die von verschiedenen anderen Nationen zu UAPs [Unidentified Aerial Phenomena], Plasmen in der Atmosphäre und deren mögliche militärische Anwendungen durchgeführt wurden« (Clarke, 2006).

Noch bemerkenswerter ist die Tatsache, dass eine Reihe von Berichten des Verteidigungsministeriums über die psychischen und physischen Auswirkungen seltener Plasmen – einschließlich ihrer möglichen Fähigkeit, Halluzinationszustände zu verursachen – ihren Ursprung in Avebury und Stonehenge hatten. Sie wurden von einer Eliteabteilung der Luftwaffe untersucht, deren Hauptquartier sich jahrelang in einem strategischen Militärstützpunkt namens *Royal Air Force Rudloe Manor* befand.

Geheime Basis

Royal Air Force (RAF) Rudloe Manor in der grünen Hügellandschaft von Wiltshire, England, nicht einmal 50 Kilometer von Stonehenge und nur 27 Kilometer von Avebury entfernt, ist bereits seit Jahren Gegenstand verschiedener Geschichten über geheime UFO-Forschungen britischer Behörden. Offiziell wird behauptet, diese Geschichten seien völliger Unsinn und nichts weiter als moderne Folklore. Andere wiederum behaupten, tief unter Rudloe Manor in dem Labyrinth von Tunneln und Höhlen, das zweifellos den Untergrund des Stützpunkts und seiner Umgebung durchzieht, würden mehrere abgestürzte UFOs und eine unbekannte Anzahl von Leichen Außerirdischer verborgen gehalten. Es ist schwer zu entscheiden, wo die Geschichten enden und die Wahrheit beginnt. Eines kann man allerdings mit Sicherheit sagen: Diese Region von Wiltshire ist die Heimat des sogenannten Bath-Steins, der hier seit Jahrhunderten abgebaut wird; dies ist auch der Ursprung der riesigen unterirdischen Steinbrüche, in denen der Stein gewonnen wurde.

Bis zum Jahr 1998 gehörten zu den Aufgaben des Sicherheitsdiensts von Rudloe Manor (*Provost & Security Services* – P&SS) unter anderem Ermittlungen zu Straftaten und Disziplinarvergehen, an denen *Royal-Air-Force*-Angehörige beteiligt waren, Sicherheitsüberprüfungen von Mitarbeitern und die Ausgabe von Ausweisen und Berechtigungsscheinen. Viel wichtiger ist allerdings, dass die dem P&SS angegliederten Ermittler auch für Gegenspionage (C/I) ausgebildet werden. Diese Ausbildung erfolgt an der *RAF Police School.* Mögliche Kandidaten für Gegenspionageaufgaben müssen Spezialkurse in Fächern wie IT-Sicherheit und Überwachung belegen. Bevor sie für C/I-Aufgaben in Betracht gezogen werden, müssen die Betreffenden mindestens den

Dienstgrad eines Corporal der *RAF Police* erreicht haben. C/I-Ermittler sind für Sicherheitsangelegenheiten der britischen Luftwaffe verantwortlich, dazu zählen der Verlust und Diebstahl geheimer Dokumente, Fragen im Zusammenhang mit Spionagefällen und der Schutz von Angehörigen des Königshauses und Prominenten bei deren Besuchen auf Stützpunkten der *Royal Air Force.*

Ebenfalls im Hauptquartier des P&SS angesiedelt ist eine Abteilung namens *Flying Complaints Flight,* die in erster Linie Beschwerden über militärische Tiefflieger über Großbritannien untersucht. Der UFO-Forscher Timothy Good berichtet von der Schilderung eines ehemaligen Spezialermittlers beim P&SS, der behauptete, genaue Kenntnisse über die Beteiligung der Abteilung bei UFO-Fragen zu haben. »Für mich steht absolut zweifelsfrei fest«, so hörte Good von seinem Informanten, »dass sämtliche Erstermittlungen zu UFOs von Ermittlern der P&SS durchgeführt werden, die in einer kleinen geheimen Dienststelle beim *Flying Complaints Flight* im Hauptquartier des P&SS in Rudloe Manor angesiedelt sind« (Good, 1991).

Während Goods Informant anonym bleiben wollte, enthüllten meine eigenen ihre Identität ganz offen. Jonathan Turner diente 21 Jahre bei der Luftwaffe als Sanitäter und ging 1993 in den Ruhestand. Während seiner Stationierung in *RAF Lyneham* erfuhr Turner, dass Berichte von UFO-Sichtungen durch Militärpiloten nie im Flugbuch eingetragen wurden. Stattdessen wurden die Angaben zunächst dem Kommandanten der Staffel zugeleitet, der daraufhin den Stationskommandanten darüber informierte. Von dort gingen alle relevanten Informationen an den P&SS zur weiteren Prüfung. Auch die Berichte meines Informanten Neil Rusling, immerhin Schatzmeister der *Royal Air Force Police Association,* waren aufschlussreich. Er war sich absolut sicher, dass die

Abteilung *Flying Complaints Flight* des P&SS an UFO-Forschungen beteiligt war.

Aber nicht nur UFO-Forscher hörten Gerüchte über geheime Aktivitäten im Rudloe Manor. Am 17. Oktober 1996 stellte der mittlerweile verstorbene Abgeordnete Martin Redmond im britischen Parlament eine Reihe von Fragen zu UFOs, bei denen er auch auf die Geschichten über Rudloe zu sprechen kam. Elf Tage später erhielt er die Teilinformation, dass in Rudloe mehrere Abteilungen mit interessantem Hintergrund und Aufgabenbereichen existierten, darunter die *Detachment of 1001 Signals Unit*, verantwortlich für den Betrieb des britischen Systems militärischer Nachrichtensatelliten, ferner die *No. 1 Signals Unit*, verantwortlich für den Sprach- und Datenverkehr der RAF, Marine, Armee und des Verteidigungsministeriums, und das *Controller Defense Communications Network*, eine Einheit, die für die drei Streitkräfte die weltweite militärische Kommunikation überwacht. Das DCN lag 37 Meter unter der Erde und konnte bei einem nationalen Notstand bis zu 55000 Menschen aufnehmen.

Den wirklichen Coup landete ich allerdings mit der Entdeckung eines Dossiers im *Public Record Office* in Kew, das den eindeutigen Beweis lieferte, dass die Berichte über geheime UFO-Forschungen durch den P&SS stimmten und bis mindestens 1962 zurückgingen. Besonders ein Dossier, auf das ich in meinem Buch *The Real Men in Black* ausführlich eingehe, ließ vermuten, dass sich einige der sogenannten MIB-Berichte in Großbritannien direkt zu den Aktivitäten der *Special Investigation Section* des P&SS zurückverfolgen ließen. Ganz offensichtlich spielten sich irgendwelche geheimen Aktivitäten zum Thema UFO in Rudloe ab und vielleicht auch tief darunter. Aber das ist noch nicht alles. Es ist an der Zeit, sich genauer anzusehen, was der P&SS über die seltsamen Geheimnisse von Avebury und Stonehenge herausfand.

Das Monster bei den Steinen

Aus einem mittlerweile freigegebenen sechsseitigen Dossier des P&SS mit dem Titel »Unexplained Event« at Avebury, Wilts.« (»Unerklärter Vorfall« in Avebury, Wiltshire«) geht hervor, dass sich bei den alten Steinen von Avebury an einem Septembertag des Jahres 1962 ein geradezu monströser Vorfall zutrug. Am frühen Morgen jenes Tages ging ein hysterischer Anruf bei *RAF Melksham* ein, das keine 25 Kilometer von Avebury entfernt liegt. Die Anruferin behauptete, am Vorabend ein UFO gesehen zu haben, das in der Nähe der alten Menhire von Avebury schwebte, und verlangte, das Militär solle unverzüglich jemanden zu einem Gespräch zu ihr schicken.

In der Akte wird berichtet, dass die Zeugin, deren Name aus dem freigegebenen Dokument gestrichen wurde, eine »unverheiratete Frau mittleren Alters« gewesen sei, die seit Beginn des Erwachsenenalters in Avebury gewohnt habe und sich sehr für Archäologie und Geschichte interessierte. Sie erzählte dem ermittelnden Beamten, sie gehe häufig abends bei den Steinen spazieren, staune über ihre Errichtung und denke über ihre Geschichte nach. Am Vorabend habe sie zwischen den Steinen zu ihrem Schrecken und Erstaunen eine kleine Lichtkugel von einem guten halben Meter Durchmesser gesehen, die langsam auf sie zuschwebte. Es war eine Art Plasmakugel, ganz ähnlich denen, die Jahrzehnte später von den Verfassern des Berichts des Verteidigungsministeriums über das *Project Condign* untersucht wurden.

Starr vor Schreck und unfähig, sich zu bewegen, sah die Frau zu, wie die Plasmakugel sich ihr in einer Höhe von etwa dreieinhalb Metern näherte. Schließlich hielt sie etwa viereinhalb Meter (in der Horizontalen) von ihr entfernt an, und geringe Mengen von etwas, das wie flüssiges Metall aussah, tropften langsam und lautlos heraus und auf die Erde. Dann explodierte die Kugel plötzlich in einem hellen Blitz. Die Zeugin war einen Augenblick von der Helligkeit geblendet und fiel instinktiv auf die Knie. Als sie wieder sehen konnte, bot sich ihr jedoch ein schrecklicher Anblick. Die Lichtkugel war verschwunden, aber auf der Erde von ihr wand sich etwas, das sie nur als einen riesigen Wurm bezeichnen konnte. Das Tier, sagte die Frau, sei etwa 1,50 Meter lang gewesen, vielleicht 20 bis 22 Zentimeter dick, und habe eine milchweiße Haut gehabt. Während sie langsam auf die Füße kam, wandte das Tier ihr plötzlich seinen Kopf zu, in dem sich zwei hervorstehende Augen öffneten. Als es mit unsicheren, raupenartigen Bewegungen auf sie zukam, stieß die Frau einen hysterischen Schrei aus und ergriff die Flucht.

Die Zeugin rannte nach Hause und warf die Tür zu. In den Akten ist vermerkt, dass die Frau sich in ihrem Haus förmlich verbarrikadiert hatte, vor Angst kaum ein klares Wort herausbrachte und erst nach langem Zureden bereit war, an den Ort des Geschehens zurückzukehren. Nachdem er ihr versichert hatte, dass ihr Fall sehr ernst genommen werde, und sie gebeten hatte, mit niemandem darüber zu sprechen, kehrte der Beamte nach Melksham zurück. Ordnungsgemäß wurde ein geheimer Bericht verfasst, der den Dienstweg nach oben nahm. Über eine Woche lang wanderten Militärangehörige in Zivil unauffällig zwischen den Steinen herum und suchten nach Beweisen für irgendetwas Besonderes. Es wurden allerdings nie Beweise gefunden.

Die Schlussfolgerung des ermittelnden Beamten lautete

jedoch bemerkenswerterweise: »Fräulein [geschwärzt] erlebte etwas für ihre normale Umgebung Ungewöhnliches. Was immer es auch gewesen sein mag, liegt jenseits der Kompetenzen der Ermittler der *Royal Air Force*. Es erinnert an Fliegende Untertassen, und Fräulein [geschwärzt] gibt das auch zu.« Der Beamte schloss seinen Bericht mit den scherzhaften Worten: »Was den Wurm betrifft: Vielleicht ist das Ungeheuer von Loch Ness umgezogen!« (*Provost & Security Services*, 1962).

Aber nicht jeder fand die Angelegenheit komisch.

Geheimuntersuchungen bei den Steinen

Eine Kopie des Avebury-Berichts ging an das *AI5b*, eine Abteilung für Luftaufklärung (A. I.) im britischen *Air Ministry* in Whitehall, London. In einem handschriftlichen Memorandum teilte ein Mitarbeiter dem P&SS HQ mit: »Wir stimmen mit dem Vergleich mit Fliegenden Untertassen überein. A. I. äußert sich prinzipiell nicht öffentlich zu seinem Interesse, denn falls es öffentlich bekannt wird, würden uns die UFO-Detektive unweigerlich vorwerfen, ›die Wahrheit über Fliegende Untertassen zu leugnen‹. Wir haben nie den geringsten Anhaltspunkt dafür gefunden, dass wir Vettern im Universum haben. Allerdings ist A. I. an Fällen von Sichtungen interessiert, bei denen sich bei der berichtenden Person Sehveränderungen, Halluzinationen und akustische Ereignisse einstellten, wie es bei Fräulein [geschwärzt] anscheinend [geschwärzt]. A. I. bittet, alle Berichte, die den Äußerungen von Fräulein [geschwärzt] ähneln, an dieses Amt weiterzuleiten« (*AI5b*, 1962).

Aus dem weiteren Schriftwechsel zwischen dem *AI5b* und dem P&SS geht etwas noch Wichtigeres hervor: Jemand in der britischen Armee hatte unauffällig eine Reihe von Berichten über die Sichtungen ähnlicher Lichter in und um Stonehenge in den Jahren 1958 und 1959 untersucht. Und in diesen Fällen waren die Augenzeugen Militärangehörige. Die Salisbury Plain ist ein riesiges Gebiet (mit einer Ausdehnung von 777 Quadratkilometern) in der Grafschaft Wiltshire, das seit der Jungsteinzeit von Menschen besiedelt ist. Stonehenge selbst liegt innerhalb dieses Gebietes. Aber die Salisbury Plain hat mehr zu bieten als Stonehenge. Seit dem ausgehenden 19. Jahrhundert nutzt das britische Militär die weite Ebene als Übungsgelände. Heute gehören dem Verteidigungsministerium fast 400 Quadratkilometer Land in diesem Areal, von denen etwa 100 Quadratkilometer Sperrgebiet sind.

Nach Akten der Regierung berichteten zwischen März 1958 und August 1959 Soldaten, die an Übungen in der

Das britische Verteidigungsministerium untersuchte insgeheim die Rätsel von Avebury, Stonehenge und den Rollright Stones.
(Copyright: Nick Redfern)

Salisbury Plain teilgenommen hatten, bei insgesamt sieben Gelegenheiten von Sichtungen (immer spätabends oder frühmorgens) von seltsamen, etwa basketballgroßen Lichtkugeln in der Luft über ihnen, wobei die Höhenangaben stark schwankten: von über 100 Metern bis lediglich zwölf oder 15 Metern. Bei vier dieser Gelegenheiten verfolgten die Soldaten die Lichtkugeln vorsichtig – wobei die Vorgesetzten den strikten Befehl erteilt hatten, ihnen nicht zu nahe zu kommen –, und zwar ausgerechnet nach Stonehenge, wo die Kugeln kurz anhielten, in der Luft über den riesigen Steinblöcken verharrten und dann senkrecht in den Nachthimmel aufstiegen.

Sehr beunruhigend war, dass bei zwei dieser Gelegenheiten einige der jungen Rekruten sich in ihrer Aufregung dazu hinreißen ließen, die seltsamen plasmaartigen Erscheinungen genauer anzusehen, besonders, wenn sich diese dem Boden näherten. Alle, die dem Plasma sehr nahekamen, berichteten mehr oder weniger das Gleiche: eine Halluzination von fantastischen Ausmaßen. Einer sah, wie die Kugel sich in etwas verwandelte, das dem Drachen der klassischen Mythologie ähnelte. Einem anderen erschien ein Engel. Ein Dritter beschrieb, er habe die Jungfrau Maria gesehen (Sie erinnern sich, dass 1950 Jean Hungerford von der RAND in einem US-Geheimdokument Marienerscheinungen behandelte). Und ein vierter behauptete, eine oktopusartige Kreatur gesehen zu haben, die aussah, als habe sie sich gerade aus den Seiten eines Romans von H. P. Lovecraft herausgewunden. Währenddessen sahen diejenigen Truppen, die auf Abstand geblieben waren, nur ihre reglosen Kameraden, die die Lichtkugeln anstarrten, als seien sie gelähmt oder von einer fremden, unheimlichen Macht hypnotisiert, die in der Lage war, ihre Wahrnehmung dessen, was sie tatsächlich vor sich sahen, zu verändern – und vielleicht war genau das der Fall.

Außerdem zeigen die Akten, dass speziell diese Begegnungen in den höchsten Rängen des britischen Militärs große Besorgnis auslösten. Das ging so weit, dass ein kleines Projekt zur Klärung dieser seltsamen Erfahrungen eingerichtet wurde. Merkwürdigerweise haben wir allerdings nur eine sehr knappe Information hierzu, denn, so steht in einem internen Memorandum des Verteidigungsministeriums: »Bedauerlicherweise sind wir auf das institutionelle Gedächtnis angewiesen – die Akte, von der uns gesagt wurde, sie sei verwahrt worden, war trotz unserer Suche nicht auffindbar« (*Defense Intelligence Staff*, 1978).

Visonen und das Verteidigungsministerium

Obwohl seltsamerweise die entscheidende Dokumentation fehlt, die auf Grundlage der Erlebnisse des britischen Militärs bei Stonehenge erstellt wurde, muss man kein Genie sein, um zu begreifen, warum die britische Armee, die Luftaufklärung und in späteren Jahren die Militärische Aufklärung (*Defence Intelligence Service*) ein so ausgeprägtes Interesse an diesen Berichten hatten. Der Grund wurde offiziell und geheim in einem Bericht von März 1978 dargelegt, der die Vorfälle Ende der 1950er-Jahre für die Angehörigen der Militärischen Aufklärung zusammenfasste, die Ende der 1970er- und bis in die frühen 1980er-Jahre an der Entwicklung neuer, alternativer Waffenformen beteiligt waren.

Der Verfasser des Berichts (dessen Name in den verfügbaren Akten geschwärzt ist) schrieb: »... Männer, die dem Phänomen am nächsten standen, berichteten ›Visionen‹ der verschiedensten Art – optische und akustische. Aus der Tatsache, dass jeder der Augenzeugen eine eigene, nur von ihm wahrgenommene Vision hatte, schließen wir, dass das Phänomen auf Bereiche des Gehirns wirkt, die geprägt sind durch [zwei Zeilen gestrichen]. Das Potenzial einer Reproduktion dieser Wirkungen für militärische Anwendung und M/A-Forschung liegt auf der Hand. Dies sind anspruchsvolle Forschungsgebiete, auf denen die Sowjetunion seit den 1960er-Jahren tätig ist« (ebenda).

Zudem fügte der Verfasser des DIS-Dokuments am Fuß folgenden handschriftlichen Vermerk an: »Obwohl wir sehr gern darauf verzichten würden, diese Richtung weiterzuverfolgen, besteht doch eine Verbindung zwischen den Be-

Stonehenge: Ort visionärer Begegnungen

(Copyright: Nick Redfern)

richten von 1958 und 1959 und den Monumenten Großbritanniens (Stonehenge, Rollright). Ich sehe bereits Probleme auf uns zukommen, wenn es darum geht [geschwärzt] zu überzeugen, Mittel für [geschwärzt] bereitzustellen, auch ohne dass wir die ›Präastronauten‹ ins Spiel bringen müssen. Außerdem sind da die Kommentare zu den Rollright-Berichten, dass die Phänomene ›leben‹. All das muss im Detail untersucht werden – ausreichende Mittel vorausgesetzt, wie üblich« (ebenda).

Dieser Teil des Berichts ist frustrierend knapp, aber höchst aufschlussreich. Erstens zeigt er, dass zwei Jahrzehnte nach den Ereignissen in und um Stonehenge das Ministerium plante, diese alten Fälle wieder aufzurollen, um herauszufinden, ob man sich diese Phänomene nutzbar machen und sie für militärische Zwecke einsetzen konnte. Zweitens ist wahrhaft bemerkenswert, dass der DIS versuchen wollte, finanzielle Mittel für die Erforschung der Verbindungen zwischen bewusstseinsverändernden Plasmen und den prähistorischen Stätten zu erhalten. Drittens fiel die Bemerkung, dass die Plasmaphänomene lebendig seien. Und viertes ist da die kurze Erwähnung sogenannter Visionserlebnisse in Rollright.

Ein Ungeheuer in Rollright

1977 gründete der bereits erwähnte Paul Devereux das später als *Dragon Project* bekannte Vorhaben, das den Behauptungen nachgehen sollte, bestimmte prähistorische Stätten in Großbritannien besäßen ungewöhnliche Kräfte oder Energien, unter anderem magnetische, sowie Infrarot- und Ultraschallanomalien. Devereux berichtete, dass während der Untersuchung der Rollright Stones eines der Teammitglieder, das als bekannter Archäologie bezeichnet wurde, in einem

Lieferwagen saß und plötzlich ein nicht-identifiziertes, schwerfälliges, behaartes Tier vorbeitrotten sah. Einen Augenblick später verschwand es.

Wurde diese Sichtung von etwas, das der Augenzeuge als ein riesiges, unbekanntes Tier wahrnahm, in Wirklichkeit von plasmaartigen Phänomenen hervorgerufen, die bei den alten Steinen präsent waren? Die Tatsache, dass beim britischen Verteidigungsministerium anscheinend frühere visionsartige Erfahrungen bei den Rollright Stones aktenkundig waren, lässt diese Möglichkeit durchaus wahrscheinlich erscheinen. Falls aber solche Plasmaphänomene wie die beschriebenen tatsächlich visionäre Zustände hervorrufen können, wie genau werden diese dann erzeugt? Einige Forscher glauben die Antwort auf diese Frage zu kennen. Aber bevor wir uns diesen Forschern zuwenden, sind noch zwei Beobachtungen zu den Rollright Stones festzuhalten.

Ein sonderbares Ereignis bei diesen alten Steinen wurde von Murry Hope berichtet, dem Verfasser zahlreicher Bücher, unter anderem *Practical Egyptian Magic*, *Ancient Egypt: The Sirius Connection* und *Atlantis: Myth or Reality?* Nachdem er die Steine besucht hatte, schrieb Hope, sie schienen »programmiert zu sein, auf einen bestimmten Klang zu reagieren (oder mit ihm zu schwingen), der nichts mit der uns bekannten Zeit zu tun hat. Die ursprüngliche Programmierung muss entweder von einer hoch entwickelten Rasse aus der fernen Vergangenheit stammen, deren Wissen über Klangphänomene weit über die Grenzen der heutigen Wissenschaft hinausging, oder aus einer extraterrestrischen Quelle.« Hope entschied sich letztlich für die erste Möglichkeit als die wahrscheinlichere von beiden (Richardson, 2001).

Zudem gibt es über die Rollright Stones eine interessante Legende, die uns geradewegs zurückführt zu der Geschichte von Abu al-Hasan Ali al-Mas'udi und denen der alten Griechen und Phönizier, in denen riesige Steinblöcke von den Göttern, alten Ritualen oder akustischen Technologien in Bewegung versetzt wurden. Es heißt, die Rollright Stones erwachen manchmal zum Leben – um Mitternacht natürlich – und führen dann in der unmittelbaren Umgebung seltsame Tänze auf. Oder sie bewegen sich mithilfe einer verlorenen Technologie. Und nun zurück zu jenen Visionen.

Spielerische Neugier

Dr. David Clarke und Gary Anthony schrieben über die geheime Untersuchung des Verteidigungsministeriums, das *Project Condign*: »Mr. X [Clarkes und Anthonys Bezeichnung für den immer noch unbekannten, vom Verteidigungsministerium geförderten Verfasser] geht noch weiter und zitiert die umstrittenen Forschungen von Michael Persinger an der *Laurentian University* und seine Schlussfolgerungen daraus« (Clarke, 2006).

Über Persingers Arbeiten schreibt Dr. Greg Little: »Persingers Forschungen zeigen, dass Personen, die mit diesen geladenen Plasmen in Berührung kommen, Bewusstseinsveränderungen erleben, die eine Vielzahl seltsamer Visionen hervorrufen: Entführungen durch UFOs, Geisterphänomene, Sichtungen unwahrscheinlicher Tiere (zum Beispiel Bigfoot), Feen- und Alien-ähnliche Wesen« (Little, 2003).

Was genau ist der Schläfenlappen, der nach Persingers Ansicht hier eine wichtige Rolle spielt? Im Wesentlichen handelt es sich um eine Region der Großhirnrinde auf beiden Hirnhälften unterhalb der Sylviusschen Furche des Sulcus cerebri lateralis, die an der Verarbeitung akustischer Signale beteiligt ist. Weiterhin hat der Schläfenlappen eine wichtige Funktion bei der semantischen Verarbeitung sowohl von Sprache als auch von optischen Signalen sowie bei der Bildung des Langzeitgedächtnisses und der Übertragung von Erinnerungen aus dem Kurzzeit- ins Langzeitgedächtnis. Mit anderen Worten: Der Schläfenlappen hat entscheidenden Anteil an dem Prozess, mit dem wir audiovisuelle Phänomene deuten und einordnen, und spielt eine bedeutende Rolle dabei, wie wir diese Phänomene über unser Gedächtnis wieder abrufen.

Erscheinungen, die ein so komplexes Instrument wie den Schläfenlappen beeinflussen oder gar manipulieren können, wären wohl durchaus imstande, uns alles sehen, hören und später erinnern zu lassen, was sie wollen. Das würde auch so fantastische Dinge einschließen, wie sie in den 1950er-Jahren von britischen Armeeangehörigen in der Nähe von Stonehenge berichtet wurden (einschließlich der Jungfrau Maria, eines Engels, eines Drachen und einer riesigen krakenartigen Bestie), ebenso wie das große wurmartige Tier bei Avebury Anfang der 1960er und das behaarte Tier bei den Rollright Stones in den 1970ern, das Paul Devereux beschrieb.

Devereux schreibt, dass bisher nicht völlig verstandene Spannungen und Belastungen in der Erdkruste als Nebenprodukt auch solche Plasmen erzeugen können; für andere Fälle schließt er allerdings auch die faszinierende Möglichkeit nicht aus, dass es sich bei diesen Plasmen durchaus um buchstäbliche Lebensformen handeln könnte. Sofern solche Berichte als glaubwürdig gelten dürfen, so Devereux, zeigen zumindest einige dieser Lichter eine »spielerische, tierischem Verhalten ähnelnde Neugier« (Devereux, 2011).

Devereux führt diesen Aspekt weiter aus, indem er hinzufügt: »Damit erhebt sich die heikle Frage, was Bewusstsein ist …, auch nur die Vorstellung zu äußern, dass Bewusstsein sich nicht nur in biologischen, sondern auch in geophysikalischen Zusammenhängen manifestieren könnte, überschreitet alle

Grenzen« – allerdings nicht für den DIS des Verteidigungsministeriums im Jahr 1978, der sich um ausreichende Mittel für die Erforschung genau des Phänomens bemühte, dass die mysteriösen Plasmen in Rollright Anzeichen eines gewissen Empfindungsvermögens an den Tag legten (ebenda).

Eine Frage von entscheidender Bedeutung bleibt jedoch unbeantwortet: Warum wurden alle diese Erfahrungen, die früher ausschließlich offiziellen Stellen bekannt waren, an alten historischen Stätten und Formationen (Stonehenge in den 1950ern, Avebury in den 1960ern und die bei den Rollright Stones) gemacht? Die Antwort bleibt unbekannt. Oder vielleicht richtiger ausgedrückt: Außerhalb der Tresore des britischen Verteidigungsministeriums bleibt sie unbekannt. Dennoch ist die Schlussfolgerung wohl berechtigt, dass es innerhalb der Regierung Großbritanniens einige Leute gibt, denen eine ebenso erstaunliche wie verstörende Tatsache bekannt ist: Prähistorische Steinkreise sind Orte von oder anscheinend Anziehungspunkte für außergewöhnliche Phänomene, die die Fähigkeit haben, die menschliche Wahrnehmung erheblich zu manipulieren.

SCHLUSS-BEMERKUNGEN

Vergangenheit, Gegenwart und Zukunft

Können wir, nachdem wir eine Vielfalt von wahrhaft außergewöhnlichen Informationen hinsichtlich des Interesses offizieller Stellen an den verschiedensten Mysterien der Vergangenheit sorgfältig zusammengetragen haben, eine sichere Aussage zu den Gründen für dieses ausgeprägte, anhaltende Interesse machen? Das wollen wir uns näher anschauen.

Es ist ja wirklich nicht anzunehmen, dass Regierungen zu ihrem Vergnügen viele Jahre, Mitarbeiter und Dollars in die Erforschung der Geschichte und Taten längst untergegangener Zivilisationen aus vergangenen Jahrtausenden investiert haben (und immer noch investieren). Es muss ein wichtiges Motiv für die Versuche geben, den Hintergründen der Arche Noah, für den Bau der Pyramiden, die Natur der Dschinn, die Behauptungen über Verbindungen zwischen frühen Zivilisationen und den sogenannten Präastronauten, das Mysterium des englischen Stonehenge, die Qumran-Rollen und so vieler anderer Phänomene auf die Spur zu kommen. Was genau war also dieses Motiv?

Im Fall der Arche-Noah-Sage haben wir gesehen, dass sie von (neben vielen anderen in der Regierung) den Beteiligten an einer geheimen Militäroperation mit dem Codenamen *Project Moon Dust* untersucht wurde. Zweck dieses Projekts war es, hoch entwickelte, völlig neuartige Technologien in die Hand zu bekommen, die für Amerikas militärisches Arsenal und für die wissenschaftlichen und technologischen Fähigkeiten der Regierung von Nutzen sein konnten.

Die Motivation für das Bemühen, die Dschinn des Mittleren Ostens zu verstehen und vielleicht sogar mit ihnen zu interagieren, war eine ganz ähnliche, wenn nicht überhaupt dieselbe: Man wollte die außergewöhnlichen übersinnlichen Fähigkeiten der Dschinn und ihre angebliche Fähigkeit, zwischen den Dimensionen hin- und herzuwechseln, zum militärischen Vorteil der Vereinigten Staaten nutzen.

Ganz Ähnliches kann man auch über das offizielle Interesse an den Theorien und Schlussfolgerungen von Dr. Morris K. Jessup und Bruce Cathie feststellen, die besagten, dass in ferner Vergangenheit erstaunliche Technologien existierten, die man heute unter den Kategorien »Antigravitation« und »Levitation« einordnen könnte.

Verlassen wir die Vereinigten Staaten, dann finden wir, dass es bei den Untersuchungen des britischen Verteidigungsministeriums zu visionsartigen Erlebnissen in Stonehenge darum ging, solche faszinierenden, aber nicht vollständig geklärten Technologien möglicherweise auf dem Schlachtfeld einzusetzen. Und Adolf Hitler wollte unbedingt ein Arsenal von uralten, religiösen Artefakten mit unbegrenzten Kräften schaffen, die er auf der Höhe des Zweiten Weltkriegs auf die Alliierten loslassen konnte.

Daraus ergibt sich für uns eine eindeutige und ganz unbestreitbare Schlussfolgerung, mit der das zentrale Motiv für diese ausgedehnte Reise des Pentagons in die Vergangenheit klar wird: Regierungen haben wirklich versucht, sich das, was sie für die Macht der Götter hielten, die verlorenen Wissenschaften ganzer längst vergangener Völker und die furchtbare und zerstörerische Macht der Präastronauten aus fernen Welten zunutze zu machen und als Waffe einzusetzen. Warum sonst sollten sich Regierungen für die Rätsel der Vergangenheit interessieren? Zur Erweiterung unseres archäologischen Wissens? Wohl kaum! Die Nutzung der Vergangenheit für die Entwicklung von immer mehr Waffen jetzt und in Zukunft ist dagegen ein absolut plausibles, wenn auch sehr bedauerliches Motiv.

Da dem Normalmenschen Antigravitationstechnologie, Geräte, mit denen man zwischen den Dimensionen hin- und herreisen kann, oder irgendwelche sonstigen in diesem Buch beschriebenen Wundertechnologien der Vergangenheit nicht zur Verfügung stehen, haben wir die Wahl zwischen zwei Annahmen: 1), dass Regierungen tatsächlich die prähistorischen Geheimtechnologien nachgebaut haben, es aber vorziehen, sie der Öffentlichkeit vorzuenthalten und sie so lange hinter Schloss und Riegel zu halten, bis sie eines Tages für den Kampfeinsatz gebraucht werden, oder 2), dass trotz der ausgiebigen Suche, Forschung und aufmerksamen Lektüre alter Manuskripte die Regierungen noch immer nicht sehr weit damit gekommen sind, sich das genaue Wesen der alten Zivilisationen und ihrer Technologien zunutze zu machen, die lange vor unserer ihre Blüte erreichten und wieder untergingen.

Das erste Szenario ist nie auszuschließen, und es wäre nur logisch, dass das Militär echte und radikale Fortschritte auf dem Gebiet von Antigravitation, Levitation und anderem geheim hielte. Allein die Befürchtung, der Feind oder ein potenzieller Feind könnte, falls solche Technologien frei verfügbar wären, sein eigenes Pendant dazu entwickeln, wäre bereits ein sehr guter Grund, sämtliche derartigen Erkenntnisse und Entwicklungen der allerhöchsten Geheimhaltungsstufe zu unterstellen.

Was das zweite Szenario angeht, so halten wir unsere Regierungen vielleicht manchmal für schlauer, als sie sind. Betrachtet man die Fälle, in denen ganz offenkundig Interesse an völlig unterschiedlichen prähistorischen Rätseln bestand, gelangt man fast zu dem Eindruck, dass die Regierungen zwar sehr viele Vermutungen haben und sehr fasziniert sind von den Menschen, die unsere Vorgänger waren, aber vielleicht nicht viel mehr wissen als wir interessierte Außenstehende. Sicherlich haben offizielle Stellen zahlreiche außergewöhnliche Informationen über unglaublich hoch entwickelt klingende, uralte Wissenschaften gesammelt, die alle heutigen in den Schatten stellen. Sie vermuten, dass vor Jahrtausenden Atomwaffen in lokalen Auseinandersetzungen eingesetzt wurden. Sie blicken mit ausgesprochenem Unbehagen auf die Verbindung zwischen dem Mars und Ägypten. Und sie haben sich offensichtlich mit dem Rätsel des Pyramidenbaus befasst. Aber vielleicht ist damit dann auch schlagartig Schluss – mit Massen von Daten, vielen Vermutungen ohne harte Beweise und nichts als frustrierender Verwirrung, weil so ungeheuer viel Zeit vergangen ist und die uralten Geheimnisse, die sie so gerne ergründen würden, vielleicht seit Jahrtausenden verloren, verborgen oder vernichtet sind.

Es gibt allerdings noch ein drittes Szenario. Eines, das den beiden ersten eine bestimmte Gültigkeit zugesteht und gleichzeitig die unbestreitbare Geheimhaltung und Verschleierung rund um diese Thematik erklärt. Ein Nebeneffekt der Beschäftigung der Regierung mit der Vergangenheit könnte durchaus die Erkenntnis sein, dass unser heutiges Geschichtsbild in hohem Grade falsch ist. Vielleicht haben die Regierungen alle Antworten zu dem, was vor uns war, vielleicht haben sie einige der Antworten dazu und vielleicht auch nur ganz wenige, aber gleichzeitig viele Theorien und Ideen. Die Erforschung der Vergangenheit durch das Pentagon könnte uns jedoch lehren, dass unsere Geschichtsbücher neu geschrieben werden müssen. Manche könnten sogar argumentieren, die Erkenntnisse der Regierung machten ein völliges Umdenken in Bezug auf die Religion erforderlich.

Ob wir nun gläubig, Agnostiker oder Atheisten sind, keiner von uns kann leugnen, dass die Religion einerseits die Menschen erbaut, ganze Völker vereint und Milliarden von Menschen in Zeiten der Not Trost gespendet hat. Andererseits hat die Religion auch ein immenses Ausmaß von Krieg, Zerstörung und Tod gebracht. Sie ist einer der unwidersprochenen Eckpfeiler menschlicher Kultur. Aus dem, was wir in diesem Buch gesehen haben, könnte man ableiten, dass einige der Entdeckungen des Pentagons darauf schließen lassen, dass dieser Eckpfeiler vielleicht nicht von den Göttern (oder von *einem* Gott) errichtet wurden, sondern von fernen Außerirdischen oder sehr frühen menschlichen Kulturen, die erstaunliche Technologien entdeckten und einsetzten, die uns bis heute verschlossen sind und als Werk der Götter gedeutet wurden.

Vielleicht liegt der Grund für den Schleier der Geheimhaltung, der so vieles von dem verhüllt, was das Pentagon über Pyramiden, Vimanas und viele andere uralte Wunderwerke weiß, nicht in den erstaunlichen Technologien, mit denen sie erschaffen wurden. Das Geheimnis hängt vielleicht mit etwas anderem zusammen: Wenn die Regierungen eines Tages ihr Wissen über die Zeiten offenlegen, in denen sich unsere Zivilisation entwickelte, müssten möglicherweise praktisch alle Weltreligionen völlig neu geschrieben werden. Man kann sich nicht einmal im Entferntesten ausmalen, welches Chaos weltweit ausbräche, wenn verkündet würde, dass alle

Glaubenssysteme – Christentum, Islam, Buddhismus, Hinduismus, die Liste lässt sich fortführen – auf verzerrten Erzählungen von Besuchen außerirdischer Äquivalente der *Apollo*-Astronauten der NASA beruhen.

Ähnliches gilt, wenn das Pentagon glaubt, dass die bemerkenswerten Steinbauten der Vergangenheit das Werk sehr irdischer (im Gegensatz zu außerirdischen) Menschen waren, die sich in einem atomaren Inferno selbst zerstörten. Auch die offizielle Enthüllung einer solchen Theorie würde Chaos und Unruhe verursachen. Im Falle, dass uns Beweise vorgelegt würden, dass lange vor unserer eigenen bereits zahlreiche Gesellschaften und Kulturen aufstiegen, sich eine nach der anderen selbst zerstörten und nur noch der Stoff von Legenden und Volksmärchen sind, würde sich einigen von uns sicher die Frage aufdrängen, wie lange es dauern kann, bis wir unweigerlich denselben Weg gehen. Depression und Verzweiflung könnten sich sehr schnell über den gesamten Planeten verbreiten. Natürlich sollte man diese Szenarien als die Spekulation verstehen, die sie sicher sind. Bevor die Regierung all ihre Karten auf den Tisch legt, werden wir es nicht wissen.

Mit einem Film – *Jäger des verlorenen Schatzes* – haben wir dieses Buch begonnen, und wir werden es mit einem anderen beenden. In den letzten Minuten des 1968 gedrehten Films *Planet der Affen* macht sich der von Charlton Heston gespielte Astronaut Taylor auf den Weg in eine geheimnisvolle Wüstenregion in der albtraumartigen, von Affen regierten Welt, in die er geraten ist. Es ist ein finsteres, furchteinflößendes Reich, das die Affen die Verbotene Zone nennen. Was Taylor nicht weiß, ist, dass er nicht durch den Raum, sondern durch die Zeit gereist ist. Er befindet sich gar nicht in einer fernen Welt. Vielmehr ist er hier, auf der Erde, aber Millionen von Jahre in die Zukunft versetzt, in eine Zeit, in der die

Menschheit auf ein primitives Dasein reduziert ist und mächtige, sprechende Affen mit harter Hand über den Planeten herrschen.

Was Taylor ebenfalls noch nicht weiß, ist, dass tief im Innern der Verbotenen Zone die letzten radioaktiv verstrahlten Überreste unserer längst vergangenen Zivilisation liegen – einschließlich einer halb vergrabenen, verschrammten Freiheitsstatue –, die Jahrtausende zuvor in einer gnadenlosen atomaren Auseinandersetzung mit den Sowjets vernichtet wurde. Als Taylor sich zu der Suche nach den Antworten aufmacht, warnt ihn Dr. Zaius – der Wissenschaftsminister der Affen – angesichts der fernen Vergangenheit und der vergessenen und verlorenen Geschichte der Menschheit: »Was du findest, wird dir vielleicht nicht gefallen.«

Genauso wie Taylor, der schließlich die schockierende Wahrheit entdeckt, wie und warum seine Kultur und seine Welt vor so langer Zeit vernichtet wurden, hat vielleicht auch das Pentagon etwas Schockierendes über die ferne Vergangenheit erfahren, das keinem von *uns* gefallen wird.

QUELLENANGABEN

Alle Websites wurden letztmalig im Dezember 2011 überprüft.

»Acoustic Levitation«, http://videos.mitrasites.com/acoustic-levitation.html, 2011

AI5b Memorandum, Reports on Aerial Phenomena, 28. September 1962

Al-Ashquar, Umar Suleiman, *The World of the Jinn and Devils*, Al Basheer Company, Boulder, Colo., 1998

Albarelli, H. P. Junior, *A Terrible Mistake*, Trine Day, Waterville, Ore., 2009

Alford, Alan F., »The Mystery of the Stones at Baalbek«, www.worldmysteries.com/mpl_5b1.htm, 2009

Alleged Assassination Plots Involving Foreign Leaders, Interim Report of the Select Committee to Study Government Operations with Respect to Intelligence Activities, U. S. Government Printing Office, Washington, D. C., 1975

Allen, Thomas George, *Horus in the Pyramid Texts*, University of Chicago Libraries, Chicago, Ill., 1916

Al-Mas'udi, Abu al-Hasan Ali, *Meadows of Gold and Mines of Gems* (Übers. von Paul Lunde und Caroline Stone), Kegan Paul International, London 1989

Alouf, Michael M., *History of Baalbek*, American Press, Boston, Mass., 1944

»›Aluka‹, The Demoniacal«, http://thedemoniacal.blogspot.com/2010/07/aluka.html, 7. Juli. 2010

Anderson, Floyd, »Jim Marrs Lecture – Ancient Technology from the Past: White Powder Gold«, 5. Mai 2007

Anderson, Ken, *Hitler and the Occult*, Prometheus Books, New York 1995
»Anti-gravity Booming«, *Areo Digest*, März 1956
»Anunnaki«, www.hiddencodes.com./anunnaki.htm, 2011
»The Anunnaki, Ancient Gods«, www.zetatalk.com/index/blog09 26.htm, 2011
Arnold, Kenneth, Aussage vor dem Federal Bureau of Investigation (FBI), Washington, D. C., 28. Juni 1947
»Avebury: A Present from the Past«, www.avebury-web.co.uk/, 2011
»Baalbek Stone of the Pregnant Woman«, 2011
Badrinath, Chaturvedi, *The Mahabharata*, Orient Longman, New Delhi, Indien, 2006
Bahn, Paul G., *Lost Cities*, Welcome Rain, New York 1999
Baigent, Michael, *The Jesus Scrolls*, Harper, London 2007
Baigent, Michael und Leach, Richard, *The Dead Sea Scrolls Deception*, Simon & Schuster, London 1993
Baigent, Michael, Leach, Richard und Lincoln, Henry, *Holy Blood, Holy Grail*, Dell Publishing, New York 1983
Bailey, Regina, »Temporal Lobes«, http://biology.about.com/od/anatomy/p/temporal-lobes.htm, 2011
Bamford, James, *The Puzzle Palace*, Sidgwick & Jackson, London 1983
Barber, Richard, *The Holy Grail: Imagination and Belief*, Harvard University Press, Cambridge, Mass., 2004
Battles, Dominique, *The Medieval Tradition of Thebes*, Routledge, New York 2004
Berendt, H. C., »Dr. Puharich and Uri Geller«, *Journal of The Society for Psychic Research*, Bd. 48, Nr. 768, Juni 1976
Berlitz, Charles, *The Lost Ship of Noah*, Fawcett Crest, New York 1987
Berlitz, Charles und Moore, William L., *The Philadelphia Experiment*, Panther Books, London 1980
—, *The Roswell Incident*, Panther Books, London 1980
Binder, Eando, *Puzzle of the Space Pyramids*, Curtis Books, New York 1971
Binder, Otto O., *Victory in Space*, Walker, New York 1962
»Birthplace of America's Missile Space Activity«, 2011
Blank, Wayne, »Bread of the Presence«, www.keyway.ca/htm2004/20040824.htm, 24. August 2004
Boeche, Raymond W., *Caught in a Web of Deception*, University of Nebraska Press, Lincoln, Nebr., 1994

Bogdanos, Matthew mit Patrick, William, *Thieves of Baghdad*, Bloomsbury, New York 2005

Bollinger, B., »Vrykolakas: The Bloodless Vampire«, www.ufodigest.com/news/0209/vrykolakas.php, 20. Februar 2009

Brandenberg, John und Paxson, Monica Rix, *Dead Mars, Dying Earth*, Crossing Press, Berkeley, Calif., 2000

Brennan, Herbie, *Martian Genesis*, Dell Publishing, New York 2000

Brier, Bob und Houdin, Jean-Pierre, *The Secret of the Great Pyramid*, Harper Paperbacks, New York 2009

Bruce, Alexandra, *The Philadelphia Experiment Murder*, Sky Books, New York 2001

Burger, Richard und Salazar, Lucy (Hrsg.), *Machu Picchu: Unveiling the Mystery of the Incas*, Yale University Press, New Haven, Conn., 2004

Burl, Aubrey, *A Guide to the Stone Circles of Britain, Ireland and Brittany*, Yale University Press, New Haven, Conn., 2005

Callimahos, Lambros D., *The Harmonic Theory of Cathie, Bruce*, National Security Agency, 3. Juni 1972

Cameron, Grant, »President John F. Kennedy« www.presidentialufo.com/john-f-kennedy/72/president-john-f-kennedy, 1. August 2009

Campbell, Roland, *Noah's Ark: Select Rumours from the Front*, Secret Intelligence Service, 28. November 1948

Cantwheel, Thomas, Schreiben an Timothy Cooper, 29. Februar 1996

Carew, Mairead, *Tara and the Ark of the Covenant*, Royal Irish Academy, Dublin, Irland, 2003

Carlotto, Mark, *The Martian Enigmas*, North Atlantic Books, Berkeley, Calif., 1991

Carney, Scott, »Did a Comet Cause the Great Flood?«, *Discover Magazine*, November 2007

Cassidy, David, *J. Robert Oppenheimer and the American Century*, Pi Press, New York 2005

Cathie, Bruce, *The Energy Grid: Harmonic 696*, Adventures Unlimited Press, Kempton, Ill., 1997

—, *The Harmonic Conquest of Space*, Adventures Unlimited Press, Kempton, Ill., 1998

Cayce, Edgar und Cayce, Hugh Lynn (Hrsg.), *Edgar Cayce on Atlantis*, Paperback Library, New York 1968

Central Intelligence Agency, Memorandum, 7. Februar 1994

—, Memorandum, 21. Januar 1993

—, »Noah's Ark 1974–1982«, www.foia.cia.gov/docs/DOC_00007 28028/DOC_0000728028.pdf. Der Link führt zu einer von der CIA erstellten Zusammenfassung der Arche-Noah-Dokumentation, die von ihr gemäß FOIA freigegeben wurde. Die vollständige Doku, die in diesem Buch zitiert wird und aufgrund derer auch die Zusammenfassung erstellt wurde, wurde von der CIA noch nicht online gestellt, ist aber via FOIA erhältlich.

Child, James R., *The Voynich Manuscript Revisited*, National Security Agency (undatiert). Das Dokument kann über den Link www.nsa.gov/applications/search/index.cfm?q=Voynich von der Website der NSA heruntergeladen werden.

Childress, David Hatcher, *Vimana Aircraft of Ancient India & Atlantis*, Adventures Unlimited Press, Kempton, Ill., 1995

Chippindale, Christopher, *Stonehenge Complete*, Thames & Hudson, London 2004

»The CIA, Andrija Puharich, & the Council of the Nine«, www.worldenlightendenment.com/The-Order-of-Things/CIA-Andrija-Puharich-Council-of-Nine.htm, 2011

Clark, Ronald W., *The Man Who Broke Purple: The Life of Colonel William F. Friedman, Who Deciphered the Japanese Code in World War II*, Little Brown & Co., New York 1977

Clarke, Dr. David und Anthony, Gary, »The British MoD Study: Project Condign«, *International UFO Reporter*, Bd. 30, Nr. 4, 2006

Cleaver, A., »›Electro-Gravitics‹: What it Is – or Might Be«, *Journal of the British Interplanetary Society*, April–Juni 1957

»Clooney Plans Movie About Fake Movie«, 3. Mai 2007

Coe, Michael D. und Koontz, Rex, *Mexico: From the Olmecs to the Aztecs*, Thames & Hudson, New York 2002

Collins, Andrew, *Beneath the Pyramids*, Association of Research and Enlightenment Press, Virginia Beach, Va., 2009

—, »Egypt's Lost Legacy and the Genesis of Civilization«, *New Dawn Magazine*, Nr. 49, Juli–August 1998

—, *Gods of Eden*, Headline, London 1999

Collins, Robert M., Doty, Richard C. und Cooper, Tim (Ko-Autor), *Exempt from Disclosure*, Peregrine Communications, Vandalia, Ohio, 2005

»A Conversation with Matthew F. Bogdanos«, www.archaeology.org/online/interviews/bogdanos/, 16. Oktober 2003

Cook, Edward M., *Solving the Mysteries of the Dead Sea Scrolls*, Zondervan, Grand Rapids, Mich., 1994

Cooper, Timothy S., »Suppression of Extraterrestrial Knowledge and the Translation of the Bible Conspiracy«, www.internetarchaeology.org/saufor/otherpapers/bibleconspiracy.html, 1. April 2000

Cooper, Timothy, »The MJ-12 Report«, www.bibliotecapleyades.net/sociopolitica/esp_sociopol_mj12_7.htm, 13. Juni 1999

Coppens, Philip, *The Ancient Alien Question*, New Page Books, Pompton Plains, N. J., 2011

—, »The Stargate Conundrum«, www.philipcoppens.com/starconundrum_0.html, 2011

»Coral Castle Demystified«, www.coralcastle.com.au/Tibetan.html, 27. November 2010

»Crop Circles Are Back and This Time They're in 3-D!«, www.dailymail.co.uk/news/article-465540/Crop-circles-time-theyre-3-D.html, 1. Juli 2007

»Crop Circles«, Telegramm, U. S. Department of State, 13. Dezember 2010

D'Imperio, Mary E., »An Application of Cluster Analysis and Multidimensional Scaling to the Questions of ›Hands‹ and ›Languages‹ in the Voynich Manuscript«, National Security Agency (undatiert). Das Dokument kann über den Link www.nsa.gov/applications/search/index.cfm?q=Voynich von der Website der NSA heruntergeladen werden.

—, »An Application of PTAH to the Voynich Manuscript«, National Security Agency (undatiert). Das Dokument kann über den Link www.nsa.gov/applications/search/index.cfm?q=Voynich von der Website der NSA heruntergeladen werden.

—, *The Voynich Manuscript: An Elegant Enigma*, Aegean Park Press, Laguna Hills, Calif., 1978

—, »The Voynich Manuscript: An Elegant Enigma«, National Security Agency, 1978. Das Dokument kann über den Link www.nsa.gov/applications/search/index.cfm?q=Voynich von der Website der NSA heruntergeladen werden.

Dames, Michael, *The Avebury Cycle*, Thames & Hudson, London 1996

David, Leonard, »EXCLUSIVE: Satellite Sleuth Closes in on Noah's Ark Mystery«, www.space.com/2134-exclusive-satellite-sleuth-closes-noah-ark-mystery.html, 9. März 2006

Davies, Philip R., Brooke, George J. und Callaway, Philip R., *The Complete World of the Dead Sea Scrolls*, Thames & Hudson, London 2011

Defense Intelligence Agency, »Analysis of ›Anomaly‹ on 1949 Mt. Ararat Imagery and response to FOIA taker 95-007122«, 21. Juli 1995

—, »Imagery of Mt. Ararat, Turkey (1949)«, www.dia.mil/public-affairs/foia/pdf/mt_ararat.pdf, 2011

—, Report on the Society for Scientific Exploration conference, August 7–8, 1992; 14. August 1992

Defence Intelligence Staff, »Unusual Aerial Phenomena/Salisbury Plain«, 1958/59, 30. Juli 1978

Defense Technical Information Center, www.dtic.mil/descriptiv esum/Y2010/DARPA/0602702E.pdf, Mai 2009

Demarest, Arthur Andrew, *Ancient Maya: The Rise and Fall of a Rainforest Civilization*, Cambridge University Press, New York 2004

Department of the Air Force, AFCIN Intelligence Team Personnel, 3. November 1961

Department of the Navy, »Information Sheet: Philadelphia Experiment«, www.wwww.history.navy.mil/faqs/faq21-2.htm, 8. September 1996

—, »The ›Philadelphia Experiment‹«, www.wwww.history.navy.mil/faqs/faq21-1.htm, 28. November 2000

Devereux, Paul, »Archaeoacoustics : Spirits in the Stones«, www.for teantimes.com/features/articles/143/archaeoacoustics_spirits_in_the_stones.html, Oktober 2004

—, »Seeing the Light«, www.forteantimes.com/features/articles/58/unidentified_atmospheric_phenomena.html, 2011

—, *Stone Age Soundtracks*, Vega, London 2001

Dick, Steven J., »Under the Moons of Mars«, www.nasa.gov/explo ration/whyweexplore/Why_We_27.html, 19. November 2007

Dikshitar, V. R. Ramachandra, *War in Ancient India*, Motilal Banarsidass, New Delhi, Indien, 1944

Dixon, Jeane und Noorbergen, Rene, *Jeane Dixon: My Life and Prophesies*, William Morrow, New York, 1969

»Djinn Universe«, www.djinnuniverse.com/, 2011

»Dr. Andrija Puharich«, www.puharich.nl/, 2011

»Dr. Andrija Puharich and the Only Planet of Choice – Essential Briefings from Deep Space«, www.theonlyplanetofchoice.com/puharich.htm, 2011

»Dr. Wernher von Braun« http://history.msfc.nasa.gov/vonbraun/bio.html, 2011

Drew, David, *The Lost Chronicles of the Maya Kings*, Phoenix Press, London 2004

Ebtekar, Masoumeh und Reed, Fred, *Takeover in Tehran: The Inside Story of the 1979 U.S. Embassy Capture*, Talonbooks, Burnaby, British Columbia, 2000

»Electrogravitics: Science or Daydream?«, *Product Engineering*, 30. December 1957

Elkins, Don, Rueckert, Carla und McCarty, James Allen, *The Ra Material*, West Chester, Pa., 1984

Elliston, Jon, »Asuang or Vampire«, www.jobernz.com/sacramentofilams/?p=850, 10. April 2011

»The Enterprise Mission«, www.enterprisemission.com/, 2011

Evanier, Mark und Sherman, Steve, *Kirby Unleashed*, Communicators Unlimited, Newbury Park, Calif., 1972

Farrell, Joseph P., »The Puzzle of ›The Puzzle of the Pyramids‹«, Giza-deathstar.com/2011/01/the-puzzle-of-the-puzzle-of-the-space-pyramids/, 16. Januar 2011

Federal Bureau of Investigation, gemäß Freedom of Information Act freigegebene Akten, Van Tassel, George W., »Unidentified Flying Objects«, Washington, D.C., 26. April 1960

Fair, Isaiah, »The Ararat Anomaly: Is This The Real Noah's Ark At Last?« www.freerepublic.com/focus/news/667298/posts, 16. April 2002

Flindt, Max H. und Binder, Otto O., *Mankind: Child of the Stars*, Ozak Mountain Publishing, Huntsville, Alab., 1999

»Flood Legends from Around the World«, www.newcreation.net/noahlegends.html, 1973

Folklore, Myths, and Legends of Britain, The Readers Digest Association Ltd., London 1973

Genzlinger, Anna Lykins, *The Jessup Dimension*, Saucerian Press, Clarksburg, W.V., 1981

Geoffrey of Monmouth, »History of the Kings of Britain«, www.yorku.ca/inpar/geoffrey_thompson.pdf, 2011

Gerig, Bruce L., »Searching for Noah's Ark«, http://epistle.us/articles/noah.html, 2003

Gertz, Bill, »CIA Spy Photos Sharpen Photos on Ararat Anomaly«, *Washington Times*, 18. November 1997

Goldwater, Senator Barry, Schreiben an den CIA-Direktor Stansfield Turner, 1. September 1978

—, Schreiben an Shlomo Arnon, 28. März, 1975

Good, Timothy, *Above Top Secret*, Sidgwick & Jackson, London 1987
—, *Alien Liaison*, Random Century Ltd., London 1991
Goodrick-Clarke, Nicholas, *Black Sun*, New York University Press, 2002
—, *The Occult Roots of Nazism*, New York University Press, 1993
»The Great Ziggurat of Dur-Kurigalzu, Aqar-Ouf, Iraq«, www.skyscraper-city.com/showthread.php?t=871190, 15. Mai 2009
Guerber, H. A., *The Myths of Greece and Rome*, American Book Company, New York 1983
Guest, E. A., »The Other Paradigm«, *Fate*, April 2005
Guiley, Rosemary Ellen und Imbrogno, Philip J., *The Vengeful Djinn*, Llwellyn Publications, Woodbury, Minn., 2011
Haddingham, Evan, »Uncovering Secrets of the Sphinx«, *Smithsonian Magazine*, Februar 2010
Hancock, Graham, *The Mars Mystery*, Three Rivers Press, New York 1999
—, *The Sign and the Seal*, Touchstone Books, New York 1993
Hancock, Graham und Bauval, Robert: *The Message of the Sphinx*, Three Rivers Press, New York 1997
Hassan, Selim, *The Sphinx: Its History in the Light of Recent Excavations*, Government Press, Kairo, Ägypten, 1949
Heron, Patrick, *The Nephilim and the Pyramid of the Apocalypse*, Ashfield Press, Dublin, Irland, 2004
Higbee, Douglas, *Military Culture and Education*, Ashgate, Farnham, Großbritannien, 2010
Hill, J., »Pyramids of Giza«, www.ancientegyptonline.co.uk/giza.html, 2010
Hoagland, Richard C., *The Monuments of Mars*, North Atlantic Books, Berkeley, Calif., 2001
Hoagland, Richard C. und Bara, Mike, *Dark Mission*, Feral House Books, Port Townsend, Wash., 2007
Die Heilige Schrift, Luther-Originaltext von 1545, Rogner & Bernhard, München 1972
Hoppe, Rand, »1958 – The Face on Mars«, http://kirbymuseum.org/thefaceonmars, 15. März 2006
»The Huk Rebellion in the Philippines«, www.onwar.com/aced/data/papa/philippines1946.htm, 16. Dezember 2000
Hungerford, Jean M., »The Exploitation of Superstitions for Purposes of Psychological Warfare«, RAND, 14. April 1950
Hunter, Chase K., »NWO Project Blue Beam: False Holographic

Second Coming«, http://2012poleshift.wetpaint.com/page/NWO Project+Blue+Beam%3A+False+Holographic+Second+Coming, 9. März 2010

J. Robert Oppenheimer, »Now I am become death …«, www.atomic archive.com/Movies/Movie8.shtml, 2011

Jessup, Morris K., *The Case for the UFO*, Citadel Press, New York 1955

—, *The Expanding Case for the UFO*, Citadel Press, New York 1957

—, *The UFO Annual*, Citadel Press, New York 1956

—, *UFOs and the Bible*, Citadel Press, New York 1956

—, Schreiben an Manson J. Valentine, 26. März 1957

»Jim Marrs Lecture on Monoatomic Gold, Part 1«, www.youtube.com/watch?v=YAGzbYxH5GQ, 19. Mai 2009

»Jim Marrs Lecture on Monoatomic Gold, Part 2«, www.youtube.com/watch?v=gSAWXSegbOc&feature=related, 19. Mai 2009

»Jim Marrs Lecture on Monoatomic Gold, Part 3«, www.youtube.com/watch?v=3XF5eDfWIN0&feature=related, 19. Mai 2009

Johnson, Obed Simon, *A Study of Chinese Alchemy*, Martino Publishers, Eastford, Conn., 2009

Johnson, W. J., *The Sauptikaparvan of the Mahabharata*, Oxford University Press, Oxford, Großbritannien, 1998

Jones, Marie, *2013*, New Page Books, Pompton Plains, N. J., 2008

Jones, Marie und Flaxman, Larry, *The Resonance Key*, New Page Books, Pompton Plains, N. J., 2009

»Joseph McCabe, 1867–1955«, www.infidels.org/library/historical/joseph_mccabe/, 2011

Jyotirmayananda, Swami, *Mysticism of the Mahabharata*, Yoga Research Foundation, Miami, Fla., 1993

Kasten, Len, »Is there a Disturbing Hidden Agenda in Global Events?«, *Atlantis Rising*, Nr. 41, September/Oktober 2003

Kelly, Joyce, *An Archaeological Guide to Central and Southern Mexico*, University of Oklahoma Press, Norman, Okla., 2001

Kendrick, Sue, »Stonehenge: The Giants' Dance«, www.timetravel-britain.com/articles/stones/stonehenge1.shtml, 2011

Kennedy, Gerry und Churchill, Rob, *The Voynich Manuscript*, Orion, London 2004

Keyhoe, Donald E., *Aliens From Space*, New American Library, New York 1974

Kneisler, Mathhew, »Noah's Ark: United States Government«, www.ark-search.com/naus.gov.htm, 2010

Knight, Kevin, »Book of Daniel«, www.newadvent.org/cathen/04621b.htm, 2009
Kolata, Alan L., *The Tiwanaku*, Wiley-Blackwell, Hoboken, N.J., 1993
Kolb, Larry, *Overworld*, Bantan Press, New York 2004
Kreisberg, Glenn (Hrsg.), *Lost Knowledge of the Ancients*, Bear & Company, Rochester, Vt., 2010
Kubizek, August, *Adolf Hitler, mein Jugendfreund*, Stocker, Graz 1953
Lamb, Andrew, »The Aratat Anomaly«, http://creation.com/the-ararat-anomaly, März 2001
Lambrick, George, *The Rollright Stones*, English Heritage, London 1988
»Lambros D. Callimahos (1910–1977)«, www.nasa.gov/about/cryptologic_heritage/hall_of_honour/2003/callimahos.shtml, 15. Januar 2009
Lansdale, Edward Geary, *In the Midst of Wars*, Fordham University Press, New York 1991
Lehner, Mark, *The Complete Pyramids*, Thames & Hudson, New York 2008
Letcher, Andy, »Shroom: A Cultural History of the Magic Mushroom«, Faber and Faber, London 2006
Levy, Thomas und Friedman, David Noel, »William Foxwell Albright: 1981–1971, A Biographical Memoir«, www.bibleinterp.com/articles/albright5.shtml, Februar 2009
»Ley«, www.astronautics.com/astros/ley.htm, 2011
Ley, Willy, *Rockets, Missiles and Men in Space*, Viking Press, New York 1968
Liberalis, Antoninus, *The Metamorphosis of Antoninus Liberalis*, Routledge, New York 1992
Little, Greg, »The Brown Mountain, NC Lights Videotaped: A Field Observation – July 2003«, *Alternate Perceptions Magazine*, Ausgabe 70, Juli 2003
»Looters Ransack Baghdad Mudeum«, http://news.bbc.co.uk/2/hi/middle_east/2942449.stm, 12. April 2003
Lorey, Frank, »The Flood of Noah and the Flood of Gilgamesh«, www.icr/org/article/noah-flood-gilgamesh/, 2011
MacDonald, G. Jeffrey, »Does Maya Calendar Predict 2012 Apocalypse?«, www.usatoday.com/tech/science/2007-03-27-maya-2012_N.htm, 27. März 2007
MacQuarrie, Kim, *The Last Days of the Incas*, Simon & Schuster, New York 2007

Maestri, Nicoletta, »The Pyramid of the Magician (Mexico)«, http://archaeology.about.com/od/archaeologic7/a/Pyramid-Of-The-Magician.htm, 2011

Maier, Timothy, »Anomaly or Noah's Ark?«, http://findarticles.com/p/articles/mi_m1571/is_43_16/ai_72274814/pg_2/, 20. November 2000

Majimdar, R. C. (Hrsg.), *The Vedic Age*, George Allen & Unwin, Ltd., London 1951

Mapenza, T. A., »Saddam Hussein Prophecy and Reincarnation?«, www.associatedcontent.com/artice/7700786/saddam_hussein_prophecy_and_reincarnation.html, 8. Februar 2011

Marrs, Jim, »Future technology from the Past«, www.bibliotecapleyades.net/ciencia/esp_ciencia_futuretechnology.htm, September 2004

»Mayan ›Apocalypse‹ Crop Circle Appears at Silbury Hill«, 8. Juli 2009

»Mayan Myth: The Dwarf of Uxmal«, http://yucatantoday.com/en/topics/mayan-myth-dwarf-uxmal, 2008

McDaniel, Stanley und Paxson, Monica Rix (Hrsg.), *The Case for the Face*, Adventures Unlimited Press, Berkeley, Calif., 1998

McEwan, Gordon Francis, *The Incas: New Perspectives*, W. W. Norton & Co., 2008

McKillop, Heather, *The Ancient Maya*, ABC-Clio, Santa Barbara, Calif., 2004

Mendez, Antonio J., »CIA goes Hollywood: A Classic Case of Deception«, *Studies in Intelligence*, Central Intelligence Agency, Winter 1999–2000

Merkur, Dan, *The Mystery of Manna*, Park Street Press, Rochester, Vt., 2000

Michael, Donald N., *Proposed Studies on the Implications of Peaceful Space Activities for Human Affairs*, Brookings Institution Press, Washington, D. C., Dezember 1960

Mikesh, Robert C., *Japan's World War II Balloon Bomb Attacks on North America*, Smithsonian Institute Press, Washington, D. C., 1997

»Milestones: 1945–1952. National Security Act of 1947« http://history.state.gov/milestones/1945-1952/NationalSecurityAct, 2011

Miller, Mary und Taube, Karl, *The Gods and Symbols of Ancient Mexico and the Maya*, Thames and Hudson, London 1993

Monaste, Serge, »Project Blue Beam«, http://educateyourself.org/cn/projectbluebeam25jul05.shtml, 1994

Monteith, Henry und Monteith, Erica, *Soulmate Cosmological Action*, Authorhouse, Bloomington, Ind., 2005
Montgomery, Ruth, *A Gift of Prophecy*, William Morrow, New York 1965
Mooney, Richard E., *Colony Earth*, Stein and Day, New York 1974
Moore, William L., *The Roswell Investigation*, William L. Moore Publications and Research, Burbank, Calif., 1982
Morrison, David, »Nibiru: Armageddon Planet or Astronomical Baloney?«, http://news.discovery.com/space/david-morrison-nibiru-2012.html, 1. Oktober 2008
Munro-Hay, Stuart, *The Quest for the Ark of the Covenant*, I. B. Tauris & Co. Ltd., New York 2006
National Security Agency, »Fields of Controversy«, 9. Januar 2010
Navarra, Fernand, *Noah's Ark: I Touched It*, Logos International, Plainfield, N. J., 1974
Newall, R. S., *Stonehenge, Wiltshire – Ancient Monuments and Historic Buildings*, Her Majesty's Stationery Office, London 1959
Noorbergen, Rene, *Secrets of the Lost Races*, Teach Services, Inc., Ringgold, Ga., 2001
Olcott, Henry S., Vortrag, 1881
Oliphant, Samuel Grant, »The Story of the Strix«, *Transactions and Proceedings of the American Philological Association*, Johns Hopkins University Press, Baltimore, Md., 1913
»Operation Paperclip«, www.operationpaperclip.info/, 2006
Oppenheimer, J. Robert, *The Open Mind*, Simon and Schuster, New York 1955
—, *Science and Common Understanding*, Simon and Schuster, New York 1954
Pais, Abraham, *J. Robert Oppenheimer: A Life*, Oxford University Press, Oxford, Großbritannien, 2006
»Paul Devereux Speaking at the Rollright Stones: Part 1, The Dragon project«, www.megakithic.co.uk/mm/book/devereux1trans.htm, 2011
»Paraphysics R & D – Warsaw Pact«, Defence Intelligence Agency. Verfügbar zum Download unter www.earthpulse.com/epulse uploads/articles/ParaphysicsR&DWarsawPact.pdf, 1978
»The Phobos Mysteries«, http://wikirazing.net/ufologie.net/htm/phobswi.htm, 24. Dezember 2000
»Phoenix Crop Circle May Predict End of the World«, www.telegraph.co.uk/news/newstopics/howaboutthat/5540634/Phoenix-crop-circle-may-predict-end-of-the-world.html, 15. Juni 2009

Pickett, Lynne und Clive Prince, *The Stargate Conspiracy*, Berkley Trade, New York 2001
Pippin, Ed, »Tom Corbett Space Cadet«, www.solarguard.com/tchome.htm, 2002
Pisa, Nick, »Hitler and Stalin Were Possessed by the Devil, Says Vatican Exorcist«, 28. August 2006
»Planet der Affen«, www.ofdb.de/film/2386, 1968
Pollard, Joshua und Reynolds, Andrew, *Avebury: Biography of a Landscape*, The History Press, Stroud, England, 2002
Pringle, Heather, »Hitler's Willing Archaeologists«, www.archaeology.org/0603/abstracts/nazis.html, Bd. 59, Nr. 2, März/April 2006
—, *The Master Plan*, Hyperion, New York 2006
Protzen, J. P. und Nair, S. E., »On Reconstructing Tiwanaku Architecture«, *The Journal of the Soiety of Architectural Historians*, Bd. 59, Nr. 3, 2000
Provost & Security Services, »›Unexplained Event‹ at Avebury«, Wilts., 22. September 1962
Puharich, Andrija, *The Sacred Mushroom*, Doubleday and Company, Inc., New York 1959
—, *Uri. A Journal of the Mystery of Uri Geller*, Bantam Books, New York 1975
Pye, Michael und Dalley, Kirsten, *Exposed, Uncovered, and Declassified: Lost Civilizations and Secrets of the Past*, New Page Books, Pompton Plains, N. J., 2012
»The Pyramids of Giza Metropolis«, www.experience-ancient-egypt.com/pyramids-of-giza.html, 2011
»Jäger des verlorenen Schatzes«, www.ofdb.de/review/81,522699, 1981
Randall, David, »Revealed: The Real Story Behind the Great Iraq Museum Thefts«, www.independent.co,uk./news/world/middle-east/revealed-the-real-story-behind-the-great-iraq-museum-thefts-515067.html, 13. November 2005
Randles, Jenny, *UFO Crash Landing?*, Blandford, London 1998
Ravenscroft, Trevor, *The Spear of Destiny*, Weiser Books, Newburyport, Mass., 1982
Recluse, »The Nine«, http://visupview.blogspot.com/2010/11/nine.html, 20. November 2010
Redfern, Nick, *Body Snatchers in the Desert*, Paraview-Pocket, New York 2005
—., *Contactees*, New Page Books, Pompton Plains, N. J., 2009

—, *Final Events*, Anomalist Books, San Antonio, Tex., 2010
—, »Is this Really Noah's Icy Tomb?«, *Western Daily Press*, 3. Juli 2001
—, *Keep Out!*, New Page Books, Pompton Plains, N. J., 2011
—, *The NASA Conspiracies*, New Page Books, Pompton Plains, N. J., 2010
—, »Nazis, Aryans and More …«, in: Edmund Shaftesbury, *Mystic Utopian Supermen*, Global Communications, New Brunswick, N. J., 2008
—, »Project Moon Dust«, in: *Fifth Annual UFO Crash Retrieval Conference Proceedings,* Wood & Wood Enterprises, Broomfield, Colo., 2007
—, *The Real Men in Black*, New Page Books, Pompton Plains, N. J., 2011
—, »The Sound of a UFO«, http://mysteriousuniverse.org/2011/04/the-sound-of-a-ufo/, 16. April 2011
—, *On the Trail of the Saucer Spies*, Anomalist Books, San Antonio, Tex., 2006
—, Interview mit Mac Tonnies, 14. März 2004
—, Interview mit Mac Tonnies, 9. September 2006
Redfern, Nick und Roberts, Andy, *Strange Secrets*, Paraview-Pocket, 2003
Reinhard, Johan, *Machu Picchu: Exploring an Ancient Sacred Center*, Cotsen Institute of Archaeology, Los Angeles, Calif., 2007
Rhodes, Richard, *The Making of The Atomic Bomb*, Simon & Schuster, New York 1986
Richardson, Alan, *Spirits of the Stones*, Virgin Books, London 2001
Roberts, Andy, *Albion Dreaming*, Marshall Cavendish, Ltd., London 2008
Roland, Paul, *The Nazis and the Occult*, Cartwell Books, Inc., Minneapolis, Minn., 2009
»The Rollright Stones«, www.rollrightstones.co.uk/index.php/stones/, 2011
Royal Air Force, *Royal Air Force Provost & Security Services Brochure*, Her Majesty's Stationery Office, London 1994
Rux, Bruce, *Architects of the Underworld*, Frog Ltd., Berkeley, Calif., 1996
Ryan, William und Pitman, Water, *Noah's Flood: The New Scientific Discoveries About The Event That Changed History*, Simon & Schuster, New York 1997

»Salisbury Plain«, www.mod.uk/DefenceInternet/AboutDefence/WhatWeDo/DefenceEstateandEnvironment/AccessRecreation/SouthWest/SalisburyPlain.htm, 2011

»The Salisbury Plain Training Area«, www.eng-h.gov.uk/archrev/rev95_6/salisbury.htm, 2011

Salla, Michael, »An Exopolitical Perspective on Preemptive War against Iraq«, www.exopolitics.org/study-paper2.htm, 3. Februar 2003

—, *Islamic Radicalism, Muslim Nations and the West*, Indian Ocean Centre for Peace Studies, Perth, Australien, 1993

Schertel, Ernst, *Magie – Geschichte, Theorie, Praxis*, Anthropos-Verlag, Prien 1923

Schiffman, Lawrence H., *Reclaiming the Dead Sea Scrolls*, Yale University Press, New Haven, Conn., 1995

Schoch, Robert M., »New Studies Confirm Very Old Sphinx«, www.robertschoch.net/New%20Studies%20Confirm%20Very%20Old%20Sphinx.htm, 2000

—, »The Great Sphinx«, www.robertschoch.net/sphinxcontent.html, 2011

Schoch, Robert M. und Aquinas McNally, Robert, *Pyramid Quest*, Tarcher, New York 2005

Schroeder, Paul, »Ancient Aliens and the Ark of the Covenant«, www.ufodigest.com/article/ancient-aliens-and-ark-of-covenant, 31. Dezember 2010

Schul, Bill und Pettit, Ed, *Pyramid Power*, Stillpoint, Walpole, NH, 1986

»The Scroll of Daniel«, www.biblehistory.net/newsletter/BookOfDaniel.htm, 2011

»Search for Noah's Ark«, www.666soon.com/search_for_noah.htm, 2011

Seawright, Caroline, »Wadjet, Goddess of Lower Egypt, Papyrus, and Protector of Pharaoh …«, www.thekeep.org/~kunoichi/kunoichi/themestream/wadjet.html, 19. November 2011

Security Service, »Examples of Ground Markings Investigated«, Aktenzeichen WO199/1982, 26. Mai 1946

Senate Select Committee on Intelligence and the Committee on Human Resources, *The Senate MK-Ultra Hearings*, United States Printing Office, Washington, D. C., 1977

Shafer, Byron und Arnold, Dieter, *Temples of Ancient Egypt*, I. B. Tauris, London 2005

Sitchin, Zecharia, *Divine Encounters*, Avon Books, New York 1995
—, *The End of Days*, William Morrow, New York 2007
—, *Genesis Revisited*, Avon Books, New York 1990
—, *When Time Began*, Avon Books, New York 1993
Sky, Eden, »20 Questions on 2012«, www.13moon.com/prophecy %20page.htm#nav4, 2009
The Sleeping Prophet, »Who Was Edgar Cayce and What Are Edgar Cayce Readings?«, www.edgarcayce.org/edgar-cayce1.html, 2011
Soames, Nicholas, Verteidigungsminister, Bericht an den Abgeordneten Martin Redmond, 27. Oktober 1996
Soddy, Frederick, *Interpretation of Radium*, J. Murray, London 1912
»The Star Gates«, www.thelivingmoon.com/42stargate/menu.html, 2008
Steiger, Brad, Bielek, Alfred und Steiger, Sherry Hanson, *The Philadelphia Experiment and Other UFO Conspiracies*, Inner Light, New Brunswick, N. J., 1990
Steinman, William S., und Stevens, Wendelle C., *UFO Crash at Aztec*, UFO Photo Archives, Boulder, Colo., 1986
Stone-Miller, Rebecca, *Art of the Andes: from Chavin to Inca*, Thames and Hudson, Ltd, London 2002
»Stonehenge, Black Giants and Magical Powers«, stonehenge guide.com/2011/02/23/stonehenge-black-giants-and-magical-powers/, 23. Februar 2011
Sutton, David, »From Deep Space to the Nine«, www.forteantimes.com/specials/star-trek/1661/from_deep_space_to_the_nine.html, 2011
Svoboda, Elizabeth, »Faces, Faces Everywhere«, *New York Times*, 13. Februar 2007
Swift, Jonathan, *Gullivers Reisen*, Adolph Krabbe, Stuttgart 1843
Temple, Robert, *The Sirius Mystery*, Destiny Books, Rochester, Vt., 1998
Temple, Robert und Temple, Olivia, *The Sphinx Mystery*, Inner Traditions, Rochester, Vt., 2009
»Tetrahedrons, Faces on Mars, Exploding Planets, Hyperdimensional Physics – and Tom Corbett, Space Cadet?! Or What Did They Know And When Did They Know It?«, 2011
»Thebes: Amphion and Zethod Began the Wall of Thebes«, www.freek-mythoholy.net/modules.php?name=News&file=article&sid=19, 2004

Theoferrum, »Adam's Body in Noah's Ark«, http://theoferrum.hubpages.com/hub/Adam's-Body-in-Noahs-Ark, 2011

Thompson, R. Campbell und Hutchinson, R. W., *A Century of Exploration at Niniveh*, Luzac and Co., London 1929

Thompson, Jeffrey, »Center for Neuroacoustic Research«, www.neuroacoustic.com/research.html, 2011

Thompson, Reginald C., *Devils and Evil Spirits of Babylonia*, AMS Press, New York 1973

Tiltman, John H., »The Voynich Manuscript«, National Security Agency (undatiert). Das Dokument kann über den Link www.nsa.gov/applications/search/index.cfm?q=Voynich von der Website der NSA heruntergeladen werden.

Tonnies, Mac, *After the Martian Apocalypse*, Paraview-Pocket, New York 2004

—, *The Cryptoterrestrials*, Anomalist Books, San Antonio, Tex., 2010

Trever, John C., *The Untold Story of Qumran*, Fleming H. Revell Company, Ada, Mich., 1965

»Unidentified Aerial Phenomena (UAP) in the UK Air Defence Region«, www.mod.uk/defenceinternet/freedomofinformation/publicationscheme/searchpublicationscheme/unidentifidaerialphenomenaintheukairdefenceregion.htm, 2011

U. S. Air Force, *Project Blue Book Fact Sheet*, 1966

Ussishkin, David, »Observations on Some Mountains from Carchemish«, *Journal of Near Estern Studies*, Bd. 26, Nr. 2, 1967

V. Jayaram, » The Concepts of Hinduism – Amrit«, www.hinduwebsite.com/hinduism/concepts/amrit.asp, 2010

Van Tassel, George, *The Council of Seven Lights*, De Vorss and Company, Camarillo, Calif., 1958

Vergano, Dan, »Maya Pyramids Pose Acoustic Riddle«, www.usatoday.com/tech/science/columnist/vergano/2010-11-14-mayan-pyramids_N.htm, 14. November 2010

Vermes, Geza, *The Complete Dead Sea Scrolls in English*, Penguin Classics, New York 2004

Verner, Miroslav, *The Pyramids: The Mystery, Culture, and Science of Egypt's Great Monuments*, Grove Press, New York 2001

von Däniken, Erich, *Die Augen der Sphinx*, Bertelsmann, Gütersloh, 1989

—, *Im Namen von Zeus*, Bertelsmann, Gütersloh 1999

von Franz, Marie-Louise, *Alchemy*, Inner City Books, Toronto, Kanada, 1980

Wagner, Stephen, »All About the Djinn«, http://paranormal.about.com/od/demonsandexorcism/a/aa060506.htm, 2011

Walker, Lewis H., *Global Grid Theory*, Department of Defence, 8. Februar 1968

Ward, Dan Sewell, »Mount Horeb«, www.halexandria.org/dward482.htm, 2003

Ward, Vanessa, »Nationalist Uses of the Atlantis Myth in a Nordic Framework«, http://pseudoarchaeology.org/a10-ward.html, 26. Januar 2008

Wasson, R. Gordon, *The Wondrous Mushroom*, McGraw-Hill, New York 1980

Webster, David L., *The Fall of the Ancient Maya*, Thames & Hudson, London 2002

»Who are the Council of Nine?«, http://floating-world.org/council_of_nine.htm, 2011

Wilson, Colin, *Atlantis and the Kingdom of the Neanderthals*, Bear & Company, Rochester, Vt., 2006

Wingate, Richard, *Atlantis in the Amazon*, Bear & Company, Rochester, Vt., 2011

Wood, Bryan G., »The Walls of Jericho«, www.biblearchaeology.org/post/2006/06/the-walls-of-jericho-aspx#Article, 9. Juni 2008

Wood, Juliette, »The Holy Grail: From Romance Motif to Modern Genre«, *Folklore*, Bd. 111, Nr. 2, Oktober 2000

Wood, Lamont, *Out of Place in Time and Space*, New Page Books, Pompton Plains, N. J., 2011

Wood, Ryan, *Majic Eyes Only*, Wood Enterprises, Broomfield, Colo., 2005

—, »Timothy S. Cooper«, www.majesticdocuments.com/sources/timcooper.php, 2011

Worthington, Andy, *Stonehenge: Celebration and Subversion*, Alternative Albion, Market Harborough, England, 2004

Yenne, Bill, *Hitler's Master of the Dark Arts*, Zenith Press, Minneapolis, Minn., 2010

»Zab River«, http://encyclopedia2.thefreedictionary.com/Little+Zab+river, 2011

Zelazny, Roger, *Lord of Light*, Eos, New York 2011

Zubrin, Robert und Wagner, Richard, *The Case for Mars*, Free Press, New York 1997

INDEX